A PRODUÇÃO LITERÁRIA E A FORMAÇÃO DE LEITORES EM TEMPOS DE TECNOLOGIA DIGITAL

A PRODUÇÃO LITERÁRIA E A FORMAÇÃO DE LEITORES EM TEMPOS DE TECNOLOGIA DIGITAL

Ernani Terra

2ª EDIÇÃO

Rua Clara Vendramin, 58 – Mossunguê
CEP 81200-170 – Curitiba – PR – Brasil – Fone: (41) 2106-4170
www.intersaberes.com
editora@intersaberes.com

CONSELHO EDITORIAL
Dr. Alexandre Coutinho Pagliarini; Dr.ª Elena Godoy;
Dr. Neri dos Santos; M.ª Maria Lúcia Prado Sabatella

EDITORA-CHEFE
Lindsay Azambuja

GERENTE EDITORIAL
Ariadne Nunes Wenger

ASSISTENTE EDITORIAL
Daniela Viroli Pereira Pinto

EDIÇÃO DE TEXTO
Monique Francis Fagundes Gonçalves

CAPA
Silvio Gabriel Spannenberg (*design*) | Olya Detry/Shutterstock (imagem)

PROJETO GRÁFICO
Silvio Gabriel Spannenberg

Dados Internacionais de Catalogação na Publicação (CIP)
(Câmara Brasileira do Livro, SP, Brasil)

Terra, Ernani
  A produção literária e a formação de leitores em tempos de tecnologia digital / Ernani Terra. -- 2. ed. -- Curitiba, PR : InterSaberes, 2024.

  Bibliografia.
  ISBN 978-85-227-0926-7

  1. Leitores – Formação 2. Literatura 3. Tecnologias digitais I. Título.

23-184953   CDD-370

Índices para catálogo sistemático:
1. Formação de leitores : Educação   370

Eliane de Freitas Leite – Bibliotecária – CRB 8/8415

1ª edição, 2015.
2ª edição, 2024.
Foi feito o depósito legal.
Informamos que é de inteira responsabilidade do autor a emissão de conceitos.
Nenhuma parte desta publicação poderá ser reproduzida por qualquer meio ou forma sem a prévia autorização da Editora InterSaberes.
A violação dos direitos autorais é crime estabelecido na Lei n. 9.610/1998 e punido pelo art. 184 do Código Penal.

SUMÁRIO

9... *Apresentação*

CAPÍTULO 1

14... **Novas tecnologias, novos suportes**

14... 1.1 **Desenvolvimento tecnológico e leitura**

18... 1.2 **Novos formatos para os textos**

22... 1.3 **A leitura tem uma história**

27... 1.4 **A leitura na era da internet**

CAPÍTULO 2

46... **Mas, afinal, o que é literatura?**

47... 2.1 **Reflexões sobre um conceito**

58... 2.2 **Gêneros e literatura**

60... 2.3 **Literatura e linguagem**

65... 2.4 **Ficção e literatura**

70... 2.5 **Literatura e arte**

CAPÍTULO 3

82... **Reflexões sobre a noção de texto**

82... 3.1 **O triângulo autor-texto-leitor**

84... 3.1.1 O autor

86... 3.1.2 O leitor

87... 3.1.3 O texto

99... 3.2 **Os dois planos do texto**

107... 3.3 **Textos figurativos e textos temáticos**

112... 3.4 **Texto e contexto**

114... 3.5 **Tipos de textos: modos de organizar o discurso**

115... 3.5.1 O texto descritivo

118... 3.5.2 O texto narrativo

121... 3.5.3 O texto argumentativo

122... 3.5.4 O texto expositivo

123... **3.6 Intertextualidade**

CAPÍTULO 4

136...**Figuras de retórica**

137... **4.1 A retórica**

141... **4.2 Língua e fala**

143... **4.3 Figuras de som**

148... **4.4 Figuras de construção (ou de sintaxe)**

158... **4.5 Figuras de palavras (tropos)**

167... **4.6 Figuras de pensamento**

CAPÍTULO 5

178...**Os gêneros literários**

178... **5.1 Os gêneros do discurso**

183... **5.2 Um breve histórico sobre os gêneros**

186... **5.3 Classificação dos gêneros literários**

191... 5.3.1 O poema lírico

199... 5.3.2 Gêneros literários do discurso narrativo

CAPÍTULO 6

204...**A enunciação**

204... **6.1 Enunciação: do virtual ao real**

212... **6.2 Debreagem**

213... 6.2.1 Debreagem actancial

215... 6.2.2 Debreagem temporal

221... 6.2.3 Debreagem espacial

225... **6.3 Embreagem**

CAPÍTULO 7

232... **O discurso narrativo**

233... 7.1 **Narrar**

236... 7.2 **Estrutura da narrativa**

237... 7.3 **Elementos da narrativa**

237... 7.3.1 O narrador

247... 7.3.2 A personagem

254... 7.3.3 A ação

264... 7.3.4 O tempo

269... 7.3.5 O espaço

275... *Considerações finais*

279... *Vocabulário crítico*

283... *Referências*

293... *Sobre o autor*

Neste livro, destinado a professores e estudantes das áreas de letras e pedagogia, apresentamos algumas reflexões sobre leitura de textos pertencentes à esfera do que se considera discurso literário, com o objetivo de apresentar subsídios que possam servir de parâmetros para a leitura em sala de aula ou fora dela. Justifica-se este trabalho pelo fato de haver uma ideia circulante, que já se transformou em senso comum, de que nossos estudantes não leem, ou leem muito pouco, e também de que novas tecnologias, oriundas do desenvolvimento das ciências da informação, têm afastado as pessoas dos

APRESENTAÇÃO

livros, optando por leituras que possibilitem uma interação mais ampla. A leitura estaria se deslocando, assim, de suportes tradicionais, como o livro impresso, para novos suportes decorrentes do avanço tecnológico, particularmente na área da informática, o que nos leva às seguintes perguntas: Os novos meios de transmissão de mensagens, em particular as redes sociais, estariam ocupando o lugar dos livros de papel no que se refere às atividades de leitura dos estudantes? Numa sociedade tecnológica, altamente informatizada, ainda há espaço para a leitura literária? Neste trabalho, procuramos fornecer elementos para uma leitura efetiva de textos literários, a partir dos próprios textos. Como se sabe, é prática comum nas escolas a ênfase no contexto da obra (período literário, dados do autor, momento histórico), deixando o texto em si sempre em segundo plano. Entendemos que as habilidades e as competências para se ler um texto literário decorrem de uma leitura atenta dos próprios textos, considerados como *input* para a construção do contexto. Lemos e gostamos das histórias narradas no *Livro das mil e uma noites*, embora não saibamos quem as escreveu nem em qual contexto histórico.

O tradicional modo de circulação de textos literários por meio de livros impressos está em extinção? Nesta obra, procuramos dar respostas a essa e outras questões, partindo do pressuposto de que os textos literários apresentam características que lhes são específicas, não importando o suporte no qual venham a ser veiculados. O romance *Memórias de um sargento de milícias*, por exemplo, foi publicado inicialmente em folhetins na imprensa, no século XIX. Posteriormente, foi publicado em livro de papel. Hoje, pode ser baixado pela internet gratuitamente e lido na tela de um computador ou de um *tablet*. O texto, ainda que mude de suporte, mantém sua estrutura. A *Ilíada* e a *Odisseia*, de Homero, são obras que só foram publicadas em livros impressos muitos séculos depois de serem escritas. Hoje, podemos ler o texto de *A divina comédia*, de Dante, na tela de um computador; porém, devemos atentar para o fato de que esse poema foi escrito no século XIV, antes, pois, da invenção da imprensa por Gutenberg.

A mudança do suporte *livro* para a tela de computador não foi a primeira e, provavelmente, não será a última que os textos sofreram e também não foi a mais revolucionária, como veremos nesta obra. Não descartamos que a mudança de suporte implica uma nova forma de o leitor se relacionar com o texto. Quando os rolos de pergaminho foram substituídos pelos livros como os conhecemos hoje, o modo de leitura alterou-se, pois os leitores passaram a dispor das mãos livres para fazer anotações, o que não acontecia quando os textos circulavam em forma de rolos. Se hoje fazemos a leitura de um texto silenciosamente, houve época em que a leitura era feita em voz alta.

Independentemente do suporte em que circulam, os textos se materializam em gêneros, por isso, neste livro, vamos colocar o leitor em contato com os gêneros da esfera literária, apresentando suas características. Veremos ainda que, literários ou não, os textos dialogam entre si, numa relação denominada *intertextualidade*.

Entendemos que uma obra que pretenda tratar da leitura do texto literário de forma objetiva tem de fundamentar com rigor os conceitos sobre os quais opera. Levando isso em conta, estruturamos a obra em sete capítulos, cada um deles organizado sobre um conceito que julgamos essencial para os objetivos da obra.

No primeiro, tratamos da leitura na era das tecnologias digitais. Com a internet, tornou-se comum uma nova modalidade de texto, o hipertexto, cuja leitura não é linear. Para abordarmos novos suportes e novos modos de o leitor se relacionar com os textos, tivemos de recuperar o percurso histórico da leitura, desde a escrita em papiros até os novos suportes proporcionados pela tecnologia digital.

O segundo capítulo está centrado no conceito de literatura. Afinal, tratar de leitura literária pressupõe deixar claro por que uns textos são considerados literários e outros não, o que, como se verá, não é pacífico.

O literário se manifesta em textos; por isso, no terceiro capítulo, apresentamos reflexões com vistas a conceituar *texto* e definir como se configura a relação entre autor e leitor, mediada pelo texto. Abordamos o modo como os textos se organizam para dizerem o que dizem, apresentando uma tipologia deles. Como os textos mantêm relações dialógicas com outros textos, discutimos o conceito de intertextualidade.

O quarto capítulo é dedicado às figuras de retórica. Após fazermos um breve histórico da retórica, apresentamos as principais figuras presentes em textos literários.

O quinto capítulo trata de um tema fundamental não só para os estudo dos textos: os gêneros literários. De Aristóteles a Bakhtin, procuramos mostrar como o discurso literário se manifesta em gêneros discursivos. Além dos modos de organização *trágico, épico* e *cômico*, tratamos do poema lírico e dos gêneros literários narrativos.

O sexto capítulo é destinado ao estudo de um tema pouco explorado em livros sobre leitura: a enunciação. Mostramos como o enunciador se instala nos textos e, como decorrência disso, como as categorias de tempo e espaço se configuram nos textos.

O sétimo capítulo trata especificamente do texto literário narrativo e de suas características. Após a definição do que é narrar, intentamos mostrar que elementos estão presentes nos textos narrativos; tratamos, pois, do narrador, da ação, da personagem, do tempo e do espaço.

Um livro deve, ainda, suscitar reflexões e instigar o leitor a ir além do que lhe é apresentado, por isso trazemos, ao final de cada capítulo, sugestões de atividades, com a finalidade de aliar a teoria estudada à prática, na medida em que o leitor poderá aplicar os conceitos trabalhados na análise e leitura de textos. Há também, em todos os capítulos, algumas indicações de leitura relativas aos temas abordados. O intuito é que o leitor, caso julgue necessário, possa aprofundar os assuntos estudados, além de fornecer-lhe referências bibliográficas para a realização de pesquisas e trabalhos acadêmicos. Incluímos, ao final do livro, a Seção "Vocabulário crítico", na qual expomos, de forma didática e objetiva, conceitos fundamentais usados na obra, de modo que o leitor não familiarizado com os temas examinados possa melhor compreendê-los.

Este livro, que ora damos a conhecer aos leitores, pode ser lido de diversas maneiras. Uma é a leitura tradicional: do começo ao final, capítulo por capítulo. Outra forma seria navegar por ele, numa leitura não linear, em que o leitor estabeleça *links* a partir de informações constantes no interior da obra, fazendo do texto um hipertexto.

Um livro é trabalho coletivo. Muitas pessoas, além do autor, são envolvidas para que o produto final chegue ao leitor, por isso agradeço a todos que direta ou indiretamente participaram de sua elaboração, ressaltando que qualquer falha deve ser imputada exclusivamente ao autor.

NOVAS TECNOLOGIAS, NOVOS SUPORTES

Neste capítulo, veremos que a leitura tem uma história e que os suportes para a fixação dos textos se alteram. Se hoje podemos ler textos em telas de computador, houve épocas em os textos eram escritos em papiros. O modo como lemos hoje também não é o mesmo como se lia em séculos passados, já que as práticas de leitura se alteram ao longo do tempo. Hoje lemos apenas com os olhos, silenciosamente, mas houve épocas em que o comum era a leitura em voz alta.

1.1 Desenvolvimento tecnológico e leitura

Avanços tecnológicos trouxeram novos suportes e, em consequência, novas práticas de leitura. Beiguelman (2003) ressalta que as mudanças nas práticas de leitura são muito mais vagarosas que as tecnológicas, o que implica que as novas formas de ler não sucedem imediatamente às alterações na tecnologia. Basta ver que na era da informática ainda mantemos modos de ler característicos da leitura de livro impresso. Excetuando-se os hipertextos (ver adiante),

1

muitos dos textos que lemos hoje nas telas dos computadores nada mais são do que textos impressos convertidos em arquivos digitais. Novos lançamentos literários aparecem simultaneamente na forma de livro impresso e em *e-books*; no entanto, relativamente ao texto em si, não há diferença alguma, de sorte que são lidos da mesma maneira, cabendo ao leitor escolher entre uma forma ou outra, dependendo de sua preferência. Os textos literários em *e-books* não apresentam *links* (não são hipertextos), daí requererem uma leitura linear como a leitura no formato impresso. Tais textos não foram criados originalmente para a rede de computadores, mas adaptados a ela, motivo pelo qual não apresentam recursos de hipermídia, tecnologia que engloba hipertexto e multimídia.

Ressaltemos que, embora poucos, há projetos que visam integrar as novas tecnologias à leitura literária, como é o caso do WordPlay Shakespeare, por meio do qual livros de Shakespeare podem ser baixados em computadores e *tablets* que usam o sitema operacional IOS, da Apple. Nessa plataforma, textos integrais do autor inglês são combinados com vídeos especialmente produzidos para o projeto.

Na tela, o leitor tem na parte esquerda o texto do livro e na direita, com um simples clique, pode assistir a um vídeo relacionado à cena em questão.

Outro projeto que integra recursos multimídia a uma obra literária é o Quijote Interactivo[1]. Trata-se de um projeto da Biblioteca Nacional da Espanha que disponibliza aos leitores a primeira edição do livro *Dom Quixote*, de Cervantes. Além do texto, que pode ser lido como um livro tradicional, folheando-se suas páginas, há recursos multimídia que permitem ao leitor-internauta conhecer as várias edições dessa obra no tempo, ter acesso aos mapas das aventuras do Cavaleiro da Triste Figura, ver ilustrações, conhecer outros livros de cavalaria. É possível também saber como era a vida no século XVII (gastronomia, teatro, dança, música, jogos, indumentária), ver vídeos, ouvir músicas. Há ainda um buscador que possibilita ao leitor-navegador procurar uma palavra, frase ou expressão do texto.

No Brasil, o selo digital Formas Breves[2] publica contos em formatos compatíveis com diversos *e-readers* e *tablets*. Segundo o *site*, "seu único princípio é a qualidade. Com traduções diretas e exclusivas de grandes clássicos do conto universal ou com narrativas da nova geração de escritores em língua portuguesa, Formas Breves é um ancoradouro desta galáxia chamada conto" (Formas Breves, 2022). Ressalte-se, porém, que um conto, por ser uma narrativa breve, é mais fácil de ser lido no formato digital do que as formas narrativas longas, como o romance.

Se podemos observar mudanças na forma de o leitor se relacionar com diversos textos que apresentam *links*, navegando por entre eles, com relação aos textos literários, até o momento em

---

1   Disponível para ser acessado gratuitamente em: <quijote.bne.es>.

2   Disponível em: <https://e-galaxia.com.br/publisher/formas-breves>.

que escrevemos este livro, as mudanças causadas pelo advento da internet são muito pequenas. A maioria dos textos literários disponíveis na rede não difere de sua versão impressa em papel, razão pela qual não há mudanças significativas na forma de lê-los. O mesmo fato se observa em filmes. Lançados inicialmente para serem projetados em telas grandes, depois são comercializados para uso doméstico em forma de DVD ou na versão *on-line* para serem assistidos na tela de computador; vale dizer, muda o suporte, mas sem alteração no conteúdo. É fato, no entanto, que a mudança de suporte de filmes tem efeitos na recepção. É inegável que o efeito de sentido produzido por um filme assistido em tela grande numa sala com excelente sonorização será diferente para o espectador que o produzido pelo mesmo filme visto numa tela pequena com sonorização comum. Entre as mudanças que podemos observar entre a leitura de um texto literário em livro impresso e a realizada na tela do computador, destacamos que nesta última desaparecem as sensações táteis do virar as folhas e as olfativas causadas pelo cheiro do papel.

As novas tecnologias vão se adaptando às exigências do público leitor. Como a leitura de um texto na tela nem sempre é muito cômoda, o que dificulta a atividade com textos muito longos, já foram desenvolvidos serviços que enviam ao leitor textos longos em trechos, algo semelhante a obras impressas divulgadas em fascículos. O leitor-internauta recebe trechos diários para serem lidos em tempo pré-programado, em geral 15 minutos. A seguir, destacamos alguns desses serviços.

- DailyLit (https://x.com/DailyLit) – Envia diariamente por *e-mail* um segmento de romance. Para romances clássicos, o serviço é gratuito. Os livros estão disponíveis em inglês.

- Open Library (openlibrary.org) – É compatível com diversos formatos (PDF, ePub, Kindle, entre outros) e gratuito. Os livros estão disponíveis em inglês.
- Scribd (pt.scribd.com) – Permite o acesso a 300 mil obras de ficção e não ficção. Os materiais estão disponíveis em português e em outras 12 línguas. O primeiro mês é gratuito.
- Nuvem de Livros (nuvemdelivros.com.br) – Tem 11 mil obras e oferece 4 mil títulos. Os livros estão disponíveis em português. A primeira semana é gratuita.
- Minha Biblioteca (minhabiblioteca.com.br) – O projeto é voltado ao público acadêmico e o serviço é pago.

1.2 Novos formatos para os textos

Há algum tempo, as operadoras do serviço de telefonia faziam entregar nos domicílios dos assinantes as chamadas *listas telefônicas*. Nas grandes cidades, esses catálogos eram volumes enormes que apresentavam em ordem alfabética pelo sobrenome os telefones de cada um dos assinantes. Esses calhamaços impressos tinham, de certa forma, a estrutura de hipertextos; navegava-se neles, as informações eram indexadas. Com o desenvolvimento dos sistemas de armazenamento de dados em computadores, esses catálogos impressos desapareceram. Hoje, as informações constantes dessas listas podem ser consultadas pela internet, com economia de tempo e dinheiro.

Houve um tempo (não tão distante) em que os pais presenteavam seus filhos estudantes com uma enciclopédia, que era o material que se usava para fazer pesquisas escolares. Essas obras apresentavam três problemas: 1) eram caras, portanto não acessíveis a todos; 2) ocupavam muito espaço, pois eram constituídas de muitos volumes; e 3) ficavam desatualizadas em não muito tempo.

Enciclopédias em vários volumes impressos não são mais comercializadas, pois com a informatização foram substituídas pelo "são Google" ou por enciclopédias digitais e *on-line*. Hoje, a Wikipédia, uma enciclopédia de autoria coletiva e constantemente atualizada, com todos os seus problemas, é fonte de consulta por grande parte de nossos estudantes. Os grandes dicionários da língua portuguesa atualmente têm uma versão digital. O *Houaiss*, o *Aulete* e o *Michaelis* podem ser consultados *on-line*. O *Aurélio* e o *Houaiss* dispõem de uma versão em CD. Dicionários de língua estrangeira também estão disponíveis na rede. O *Vocabulário ortográfico da língua portuguesa* (Volp) também pode ser consultado no *site* da Academia Brasileira de Letras (www.academia.org.br). As grandes universidades mantêm um arquivo de teses e de dissertações que podem ser acessadas pela internet.

Se, por um lado, as informações *on-line* facilitam a consulta, por outro trouxeram o problema da confiabilidade das fontes, particularmente daquelas sem autoria definida. Lembremos que no conceito de *autor* está contida a ideia de *autoridade* (essas palavras têm a mesma origem latina: *auctor*); o autor é aquele que confere autoridade ao texto, tanto que nos valemos do chamado *argumento de autoridade* para darmos credibilidade a nossos textos e não damos muito crédito a uma carta anônima, por exemplo.

O que há em comum entre dicionários, enciclopédias e listas telefônicas? São obras de consulta, vale dizer, são obras a que recorremos quando buscamos uma informação específica: o significado de uma palavra, a população de um país, o telefone de uma pessoa. Para esse tipo de obra, o formato digital é mais prático e econômico (além de ser ecologicamente correto), daí ter substituído com inúmeras vantagens o tradicional formato impresso. Não há mais sentido em se manter em casa uma enciclopédia composta de 20 ou 30 volumes impressos, fato que levou à decisão de, após 244 anos, interromper a publicação em papel da tradicional *Enciclopédia britânica* e passar a publicá-la apenas no formato digital. A migração para o novo formato não atinge apenas os gêneros citados. Os principais jornais e revistas brasileiros já dispõem de versão digital; é o caso de, entre outros, *O Estado de S. Paulo*, *Folha de S. Paulo*, *O Globo*, *Zero Hora*, *Veja*, *Isto É* e *Época*. O tradicional *Jornal do Brasil*, com mais de 120 anos de existência, desde setembro de 2010 passou a existir exclusivamente na versão digital. Revistas científicas praticamente só existem hoje nesse formato. Esse novo suporte para os textos implicou mudanças nas práticas de leitura. É fato que não lemos um jornal impresso da mesma forma como lemos um jornal *on-line*; além disso, este tende a estar sempre mais atualizado do que aquele.

Também já é usual disponibilizar materiais didáticos aos estudantes em formato digital. Do mesmo modo, é comum alunos de escolas e faculdades acompanharem as aulas e realizarem atividades em *tablets*. Notícia veiculada pelo jornal *Folha de S. Paulo*, de 31 de janeiro de 2012, dava conta de que o Ministério da Educação iria distribuir 900 mil computadores do tipo *tablet* para alunos de ensino fundamental e médio da rede pública (Costa; Machado, 2012, p. C8). Além disso, a estimativa do Fundo Nacional de Desenvolvimento da Educação (FNDE) é que em 2017 todos os livros da escola pública terão versão digital, de sorte que professores e alunos poderão acessar conteúdos interativos. Segundo Rafael Torino, presidente do FNDE, no entanto, o papel não perderá espaço: "A tecnologia deve entrar de forma gradual e deve entrar de forma complementar ao papel. O papel ainda é a mídia universal, usado por qualquer aluno em qualquer lugar do Brasil, independentemente de condições externas" (Tokarnia, 2014).

O formato digital impulsionou também a fragmentação de livros, sobretudo os escolares. Com isso, professores e estudantes podem passar a adquirir não mais a obra inteira, mas apenas os capítulos da obra com os quais pretendem trabalhar. Em outros casos, o formato impresso se faz acompanhar por videoaulas, disponíveis em DVD.

Outra forma de acesso aos textos pode ser observada pela crescente expansão dos serviços de leituras via *streaming* (fluxo de mídia), que é uma forma de distribuição de conteúdos digitais sob demanda que não são arquivados pelo recebedor do *stream* (exceto o armazenamento em *cache*) e sem violação de direitos autorais. A principal plataforma de livros em *streaming* é a Scribd. Nesse caso, a leitura é feita *on-line* pelo usuário, que paga uma mensalidade, em geral abaixo de dez dólares, para acessar de forma ilimitada uma vasta biblioteca de títulos, como ocorre no serviço da Netflix em relação a filmes e séries de televisão.

Quanto aos textos ficcionais, embora haja significativa oferta de títulos em formato digital, o mercado do livro impresso ainda é dominante. Notícia da *Folha de S. Paulo* de 4 de janeiro de 2014 revelava que a venda de *e-books* em 2013 tendeu à estagnação. No Brasil, as maiores editoras do país "fecharam 2012 com os e-books representando cerca de 1% de suas vendas totais" (E-books..., 2014). Isso tem muito a ver com nossas práticas de leitura, que não mudam do dia para a noite. Vemos um texto literário, um romance, por exemplo, como uma sequência dada pelo autor numa determinada ordem. Em geral, começamos a ler pela primeira página e consideramos a leitura terminada ao chegar à última. Normalmente, nossa relação com o texto literário não é a mesma que temos com uma lista telefônica, uma enciclopédia ou um dicionário. Um romance é lido; dicionários não são lidos, são consultados. Há um tirinha da Mafalda, personagem de Quino, na qual ela observa que o pai vai com frequência ao dicionário, faz uma breve consulta e guarda o livro. Ao ver essa cena repetidas vezes, Mafalda diz ao pai: "Desse jeito você nunca vai terminar de ler um livro tão grosso!", revelando que Mafalda vê o dicionário não como livro de consulta, mas como algo que deve ser lido sequencialmente.

Para obras de consulta, o formato digital é perfeito; para a leitura de um romance, a adaptação já não é tão fácil, pois o leitor teria de ficar muitas horas diante da tela. Se quisermos saber quando nasceu Guimarães Rosa ou o que significa *nonada* (palavra que abre *Grande sertão: veredas*), uma enciclopédia e um dicionário digitais são ideais; não gastaríamos mais do que alguns minutos para ter essas informações. Entretanto, se nosso intuito for ler *Grande sertão: veredas*, iremos considerar se o computador é o melhor meio, pois não deve ser muito cômodo ler as 624 páginas da versão impressa numa tela.

1.3 A leitura tem uma história

Como dissemos na apresentação deste livro, a mudança do suporte *livro de papel* para o formato digital não foi a primeira na forma de circulação dos textos (e provavelmente não será a última), tampouco a mais revolucionária. Dentro dos limites deste livro e sem a intenção de esgotar o assunto, apresentamos a seguir uma breve história da forma de circulação de textos.

Uma primeira e revolucionária forma de circulação de textos foi, para usar uma palavra bem em moda nos dias de hoje, a **portabilidade**, ou seja, um texto que pode ser levado de um lugar para outro é mais prático do que um que não pode ser transportado. Nesse sentido, o texto escrito em papiro, material obtido de uma planta aquática existente nas margens do rio Nilo, do rio Eufrates e do lago Tiberíades, na Síria, ou em pergaminho, pele de animal (cabra, carneiro, cordeiro ou ovelha) preparada para se escrever nela, representa um avanço em relação ao texto que era gravado em monumentos de pedra. Umberto Eco destaca que não foi por acaso que as primitivas civilizações árabe e judaica, que eram nômades, tinham por base um livro. Evidentemente, papiro, pergaminho e papel não foram os únicos materias utilizados para se gravarem textos. Tábuas de argila encontradas na Mesopotâmia também foram usadas, assim como tecidos, conchas, cerâmicas e tábuas de cera. Belo (2008, p. 27) destaca que "cada uma dessas diferentes formas de livro implicou, ao longo de uma história, já com alguns milênios, diversos modos de escrever e ler".

Uma segunda revolução foi a passagem do rolo, também chamado *volumen*, para o **códex**, ou códice, uma espécie de avô do atual livro de papel, nos séculos II a IV. Os códex eram folhas de pergaminho manuscritas costuradas e encadernadas numa espécie de livro. O rolo, como o próprio nome indica, era um instrumento em que se enrolavam folhas de papiro ou pergaminho (em geral, até 20 folhas coladas umas às outras). Para ser lido, era segurado com as mãos e desenrolado. De certa forma, lembra um pouco a leitura que fazemos na tela de um computador, descendo o texto por meio das barras de rolagem na lateral da tela (*scroll bar*). Em decorrência disso, a leitura era feita em pé e não se podiam fazer anotações enquanto se lia, uma vez que ambas as mãos estavam ocupadas. O rolo apresentava outro problema: sua capacidade era pequena. Um texto longo teria de ser "dividido" em vários rolos. A *Ilíada*, de Homero, por exemplo, era distribuída em 24 rolos separados, denominados *livros*.

Figura 1.1

Códex: precursor do livro digital

Em relação aos textos que circulavam em rolos de pergaminho, os códex apresentavam as seguintes vantagens: a) permitiam que o leitor tivesse as mãos livres, na medida em que não precisava segurar o rolo, podendo, dessa forma, fazer anotações; b) com os códex, podiam ser usados os dois lados do pergaminho (frente e verso), o que não era possível com o rolo; isso implicava diminuição do custo (o pergaminho era um material muito caro), além do fato de que a quantidade de texto que cabia no códex ser bem maior do que a que cabia no rolo.

A mudança do rolo para o códex permitiu a paginação com inegáveis vantagens, como a inserção de índices e referências. No códex, o leitor podia confrontar com facilidade uma passagem com outra, o que não era tão simples no caso do rolo. Fischer (2006) ressalta que o formato *códex* possibilitou inovações como a subdivisão de uma obra em capítulos e a reunião de vários textos num só volume, as chamadas *antologias*. Esse formato do primitivo livro serve como parâmetro para as publicações na internet, fato que podemos observar no emprego da palavra *página* para designar o conjunto de informações exibidas na tela de um computador por meio de um navegador. Um *site* é formado por páginas. Acessamos páginas na internet, rolamos páginas...

Outra revolução, ocorrida no século XII, permitiu uma prática de leitura que usamos até hoje: a **leitura silenciosa**, que foi possível graças à instauração de espaços entre as palavras. Imagine como devia ser difícil a leitura de um texto em que as palavras estavam graficamente emendadas umas às outras. A separação das palavras por espaços em branco exige do leitor um menor esforço cognitivo de processamento do texto do que o despendido quando não há separação entre elas. Com a separação das palavras no texto, surgiram os sinais de pontuação, facilitando ainda mais a leitura. Nesse sentido, Maingueneau (2006, p. 224) esclarece que "a ausência de separação na escrita vincula-se a um tipo de leitura lenta, na maioria das vezes em voz alta, que implica um conhecimento muito bom da língua em que se lê".

A passagem da leitura em voz alta (leitura oralizada) para a leitura silenciosa (leitura visual) possibilitou que se lessem os textos com maior rapidez e, consequentemente, que se lessem textos mais complexos, além de ter alterado significamente o ato de leitura, que passou de público a privado, já que a leitura não era mais compartilhada com outras pessoas. Manguel (1997), em seu livro *Uma história da leitura*, relata a surpresa que teve Santo Agostinho ao ver que Santo Ambrósio lia sem emitir sons, o que comprova que a leitura silenciosa não era uma prática corrente na época em que o fato relatado ocorreu (século IV).

Mas a leitura silenciosa não implicou apenas mais rapidez na leitura, acarretou também a formação de leitores mais eficientes, na medida em que exige uma grande capacidade de concentração continuada. Esse tipo de leitura, que era exclusividade dos monastérios, passou a ser praticado também nas escolas e nas universidades. Vale observar que o fato de a leitura silenciosa ter se disseminado a partir do século XII não significa que civilizações mais antigas não tivessem essa habilidade. Na Antiguidade, a leitura em voz alta estava ligada a uma prática cultural que associava o texto e a voz. No século XV, outra grande revolução: a invenção da **imprensa** por Gutenberg. Com esse fato, temos a difusão do texto em larga escala, pois ele agora não precisava mais ser copiado manualmente pelos escribas. Para Maingueneau (2006, p. 221),

> A imprensa acentuou com vigor os efeitos da escrtita. Ao oferecer a possibilidade de imprimir um número considerável de textos perfeitamente idênticos, proporcionou aos leitores uma autonomia ainda maior, libertando-os das oficinas dos copistas. Ao reduzir os custos de fabricação e encurtar os prazos de difusão, permitiu o surgimento de um verdadeiro mercado da produção literária. Propiciou igualmente o ideal de uma educação universal mediante o acesso de todos a um *corpus* de obras.

Chartier (2003) ressalta que, embora a invenção de Gutenberg tenha sido uma revolução, o livro impresso manteve as características fundamentais do manuscrito: o texto disposto em páginas e folhas dobradas costuradas em cadernos. Segundo esse autor, a forma do livro como a conhecemos hoje data de doze ou treze séculos antes da invenção dos tipos móveis. Gutenberg não inventou o livro, mas graças a ele foi possível que o livro pudessse atender a um maior número de pessoas, ampliando significativamente o número de leitores. É preciso assinalar, no entanto, que a invenção de Gutenberg só foi possível graças à escrita alfabética – já que com poucos tipos, entre 20 e 30, era possível imprimir qualquer texto – e também à invenção do papel, material muito mais barato que o pergaminho.

A partir do século XVIII, podemos observar outra mudança nas práticas de leitura: a passagem da **leitura intensiva** para a **extensiva**.

Na intensiva, o leitor se dedicava à leitura de poucos livros, que eram lidos, relidos, memorizados e comentados. Esse tipo de leitura recaía, sobretudo, nos livros religiosos, especialmente na Bíblia. Na extensiva, o leitor consome um número bem maior de livros, lendo mais títulos e com mais rapidez. Evidentemente, a passagem de uma prática de leitura intensiva para uma extensiva só foi possível graças à invenção da imprensa, que possibilitou a difusão do livro em larga escala.

Zilberman (1999) chama a atenção para o fato de que a leitura, antes da sociedade industrial da Europa no século XIX, era vista como um ócio das camadas privilegiadas. Com as mudanças sociais decorrentes da industrialização, ainda conforme essa autora, a leitura passou a ser considerada forma de ascensão social, de sorte que não saber ler ficou vinculado ao fracasso social. A consequência disso foi que a escolarização passou a se tornar obrigatória, pelo menos no que corresponderia hoje ao que denominamos de *ensino básico*. A expansão da rede de ensino, sobretudo nos centros urbanos, e novas formas de produção e circulação editorial contribuíram de maneira decisiva para estabelecer práticas de leitura responsáveis pelo aumento significativo do público leitor no Brasil.

1.4 A leitura na era da internet

A última grande revolução é a que estamos vivendo e que teve início nas últimas décadas do século XX: a passagem do texto da folha de papel para a **tela do computador**. Com essa nova tecnologia, é natural que as pessoas questionem se ela representará o fim do livro impresso. Especificamente quanto à literatura, questiona-se se as obras literárias assumirão outras formas. A rede mundial de computadores permitiu acesso fácil a diversos textos do cânone literário, particularmente àqueles que estão em domínio público.

Antes da internet, o candidato a novo autor tinha de sair à procura de editoras, bater de porta em porta e apresentar os originais da obra, que, na quase totalidade dos casos, era recusada para publicação. Com a internet, abriu-se a possibilidade para novos autores terem seus textos publicados com custo zero. Esses textos são, em geral, publicados em *blogs* e lidos, principalmente, por pessoas ligadas ao círculo de conhecimento do novo autor. O número de textos de novos autores publicados na internet aumenta vertiginosamente a cada dia, de modo que é impossível alguém acompanhar o volume total dessas publicações, fato que resulta na conclusão de que, adotando o critério de que o literário é aquilo que foi institucionalmente eleito como tal, como veremos no próximo capítulo, tais textos não costumam ser considerados literários, o que não quer dizer que não possam ter qualidades literárias.

Se há uma farta bibliografia em relação às práticas de leitura tradicionais, o mesmo não ocorre em relação à leitura na internet. É certo que de um tempo para cá tem crescido significativamente o número de livros, artigos científicos e pesquisas que têm como foco a leitura na rede. Por outro lado, se há pessoas refratárias à leitura na internet, é fato também que o número de leitores na rede cresce significativamente a cada ano, sobretudo entre a população mais jovem, conforme dados do Comitê Gestor da Internet (CGI) no Brasil (FGV, 2012). Por essa razão, educadores, alunos e o público em geral não podem ficar alheios a essa realidade.

Antes da internet, textos de gêneros diversos eram veiculados em suportes diferentes: um romance era veiculado em forma de livro impresso com capas e miolo (embora esse gênero tenha aparecido inicialmente em forma de folhetins); uma carta, em uma folha de papel envolvida por um envelope; um jornal, em um determinado formato impresso em um tipo especial de papel. Com o advento do computador, essa relação entre gênero e suporte tornou-se fluida, na medida em que textos de gêneros muito diversos podem ser lidos num mesmo suporte – a tela do computador –, o que, segundo Chartier (2002), trará como consequência o fato de que os discursos não serão mais identificáveis pela sua materialidade, podendo levar os leitores a não distinguir de imediato, pelos elementos visíveis, o gênero textual. Por outro lado, com a internet, abriu-se aos leitores a possibilidade de acesso a um número incalculável de textos. Num *site* como o do Domínio Público[3], o leitor pode ter acesso a diversas obras literárias e não literárias que caíram em domínio público sem pagar nada por isso. No conto "A biblioteca de Babel", Jorge Luis Borges nos fala de uma biblioteca que conteria todos os livros do mundo. Com a internet, esse sonho de Borges é cada vez mais possível. Sobre o espaço que a rede abre para os leitores, Maingueneau (2006, p. 106) afirma que

> A internet oferece mesmo a seus usuários mais comuns alguns poderes do espaço literário tradicional. No antigo regime da literatura, o acesso à produção de enunciados oferecido a um público era drasticamente limitado; com a web, consideráveis populações podem participar de dois espaços, passar todos os dias algumas horas comunicando-se no âmbito de modalidades que não recorrem à interação comum, oral ou escrita, aquele em que indivíduos socialmente identificáveis se comunicavam em espaços sujeitos a restrições espaciais e temporais. Tal como na literatura, em que o próprio enunciado impõe seu contexto, aquele enviado pela web define a identidade de seu locutor, o lugar e o momento de sua emissão: já não há acesso a um contexto dado, mas a uma enunciação que institui suas próprias coordenadas.

---

3   Disponível em: <www.dominiopublico.gov.br>.

Evidentemente, não usamos o computador apenas para ler e postar textos verbais. O ciberespaço é uma hipermídia. Mídias que antes circulavam em suportes diferentes hoje são acessadas por um único suporte: o computador. Por meio dele, linguagens se cruzam e se hibridizam, assistimos a filmes, ouvimos estações de rádio, enviamos e recebemos mensagens de voz, ouvimos músicas, tiramos fotos etc., o que faz do computador um instrumento multissemiótico.

Umberto Eco, em palestra proferida em dezembro de 2003 na Biblioteca de Alexandria, no Egito, sustenta que uma nova tecnologia não torna necessariamente a anterior obsoleta e cita como exemplo os carros, que são mais rápidos que as bicicletas, mas não as substituíram. De fato, a invenção da tevê não eliminou o rádio; o cinema não eliminou o teatro. Eco defende que o livro é uma daquelas invenções humanas que já nasceram perfeitas: "Livros pertencem a essa classe de instrumentos, que, uma vez inventados, não foram aprimorados porque já estão bons o bastante, como o martelo, a faca, a colher ou a tesoura" (Eco, 2003).

Para Santaella (2004, p. 15), "o livro [...] está longe de ser um mero objeto. Ele foi instaurador de formas de cultura que lhe são próprias, que incluíram, desde o Renascimento, nada menos que o desenvolvimento da ciência moderna e a constituição do saber universitário".

A ideia de leitura está tão associada a suportes tradicionais que, para muitos usuários da rede mundial de computadores, ela não é vista como leitura quando é feita na tela de um computador. Em nossa tese de doutorado (Terra, 2012), realizamos uma pesquisa com professores a fim de verificar suas práticas de leitura. Para os informantes ouvidos na investigação, ler e navegar na internet são coisas distintas. A provável explicação para isso deve residir num modelo de leitura cujo texto se apresenta impresso em papel (livro, jornal, revistas), considerando-se a leitura na tela de computadores uma atividade outra, diversa da feita em suportes tradicionais. É fato que usuários da internet sentem que as atividades que praticam quando navegam pela rede não são exatamente as mesmas que executam em suportes tradicionais. Basta observar que, para designar os atos de escrita na rede, os internautas fazem uso de um neologismo – o verbo *teclar* –, muito provavelmente porque o ato de escrever na internet, em algumas circunstâncias, apresenta características da linguagem escrita e da oral simultaneamente, não podendo, pois, ser definido com precisão pelos verbos *escrever* ou *falar*. Acrescentamos ainda que o verbo *navegar*, com o sentido de "consultar sequencialmente diversos hipertextos, acionando os *links* neles contidos para passar de um para outro" (Houaiss; Villar, 2009), é empregado pelos internautas com sentido mais amplo do que o registrado pelo dicionário, envolvendo atividades que vão muito além do simples ato de ler ou percorrer textos. Em *navegar* está contida a ideia de passar de um lugar a outro e também a ideia de orientação. Não é por acaso que o ícone do navegador Safari, da Apple, é uma bússola. Quem percorre hipertextos na internet corre sempre o risco de navegar sem rumo, clicando num *link* que leva a outro, clicando neste, que leva a um terceiro, e assim sucessivamente, de sorte que, se não tiver um sentido de orientação, acaba se perdendo. Para lermos na rede, devemos ter em mente o procedimento adotado por Teseu ao entrar no labirinto para combater o Minotauro (afinal, o hipertexto pode ser visto como um labirinto). Teseu desenrolou um fio que lhe foi dado por Ariadne, para que pudesse sair do labirinto. Nos Parâmetros Curriculares Nacionais (PCN) para o ensino médio fica clara a ideia de que quem navega na rede tem de fazê-lo com critério, pois "a enorme quantidade e a variedade de informações exigem que o cidadão desenvolva a capacidade de selecioná-las, considerando seus objetivos, o que implica no desenvolvimento das capacidades de analisar, estabelecer relações, sintetizar e avaliar" (Brasil, 2000, p. 61).

Usamos aqui o termo *hipertexto* para definir um documento digital, não sequencial, não linear e não hierarquizado que se subdivide, possibilitanto, por meio de *links*, acesso instantâneo a outros textos, não necessariamente verbais. Denominanos *links* os nós ou elos que possibilitam ao navegador ir de um texto a outro por meio de um clique com o *mouse* ou de um simples toque em uma tela do tipo *touchscreen*, como as de *tablets* e *smartphones*, estabelecendo relações semânticas entre textos.

Leão (2005, p. 15) define *hipertexto* como "um documento digital composto por diferentes blocos de informações interconectadas. Essas informações são amarradas por meio de elos associativos, os *links*. Os *links* permitem que o usuário avance em sua leitura na ordem que desejar". Portanto, os *links* estabelecem ligações eletrônicas de blocos de informações, denominadas *lexias*, que podem ser formadas por textos, imagens, vídeos, sons etc. Como os hipertextos não são lineares e hierarquizados, o caminho da leitura não é dado previamente; ao se fazerem escolhas, o percurso é feito na medida em que se lê.

Para Elias (2005), "o hipertexto não é feito para ser lido do começo ao fim, mas, sim, por meio de buscas, descobertas e escolhas, destacando que a sua estrutura flexível e o acesso não linear permitem buscas divergentes por caminhos múltiplos no interior do hipertexto". Os hipertextos podem, ainda, apresentar elasticidade, ou seja, o usuário pode expandir o texto que está lendo a fim de obter mais informações. Em dicionários eletrônicos, como a versão do *Aurélio*, o leitor pode expandir o verbete para ver abonações relativas ao verbete consultado.

Para Koch (2005, p. 83), "o hipertexto é também uma forma de estruturação textual que faz o leitor, simultaneamente, um coautor do texto, oferecendo-lhe a possibilidade de opção entre caminhos diversificados, de modo a permitir diferentes níveis de desenvolvimento e aprofundamento de um tema".

A estrutura do hipertexto é reticular. Em decorrência dessa arquitetura, ele é acêntrico, isto é, não tem um centro, como demonstramos na Figura 1.2. A passagem de um bloco de texto (lexia) a outro se faz à medida que se percorre o hipertexto, admitindo-se retornos por meio do comando *back*.

Figura 1.2
Estrutura do hipertexto

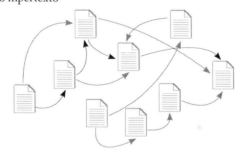

Se compete ao autor no processo de escritura estabelecer os *links*, cabe ao leitor acessá-los ou não. Lembremos o que comentamos a respeito de dicionários, os quais têm as características dos hipertextos, o que Mafalda não conseguiu perceber. Vale observar que os hipertextos podem ser construtivos ou exploratórios. Segundo Rissi (2009), os exploratórios não admitem a intervenção do leitor/usuário, que não pode participar da construção ou da alteração dos nós da rede – a autoria original é mantida. Exemplo desse tipo de hipertexto são os *sites* de notícias. Nos hipertextos construtivos é possível a alteração do texto original, tornando-se o leitor um coautor do texto. Nesse tipo de hipertexto, podemos ter um problema com implicações até mesmo no âmbito jurídico, com relação à propriedade intelectual – a autoria. Se um texto pode ser alterado *on-line* por seus leitores, temos que esse texto é aberto por não ter fim e também que não tem um autor identificável. Na verdade, com o hipertexto construtivo, é quebrada a dicotomia autor/leitor, surgindo o leitor-autor, que é ao mesmo tempo produtor e consumidor da "mercadoria" texto. Rissi (2009) cita ainda a classificação de hipertextos dada por Marcuschi. Conforme esse linguista, os hipertextos podem ser:

a) só de leitura (CD-ROM, *e-books*, enciclopédias etc.): admitem apenas *links* intratextuais;

b) da *web* (*homepages, sites* de consulta etc.): apresentam *links* intertextuais que os ligam a textos diversos;

c) participativos (jogos *on-line, sites* de compra etc.): apresentam *links* que os ligam a objetivos específicos do leitor usuário.

Se, por um lado, associamos o texto a seu autor, é bom lembrar que na literatura, dado seu caráter ficcional, quem fala no texto não é o autor, mas uma voz instituída por ele (o narrador). Quando lemos *São Bernardo*, de Graciliano Ramos, não devemos ver no narrador Paulo Honório o escritor Graciliano, que é, ideologicamente falando, o antípoda do narrador. No romance *Fim*, de Fernanda Torres, temos cinco narradores, Álvaro, Sílvio, Ribeiro, Neto e Ciro. Nenhum deles, evidentemente, deve ser confundido com a autora. Num trecho do livro como "Não leio jornal, não leio revista, não leio. Também não enxergo. Só vejo televisão. Futebol, o dia inteiro. Adoro mesa-redonda" (Torres, 2013, p. 20), a voz que fala (o narrador) não é evidentemente a da autora. No Capítulo 6, quando tratarmos de enunciação, discutiremos com mais profundidade essa questão.

Se com a internet podemos ter uma leitura não linear, fragmentada, não podemos nos esquecer de que há livros impressos que permitem uma leitura não linear, como no caso de *O jogo da amarelinha*, de Julio Cortázar, que pode ser lido sequencialmente, capítulo após capítulo, ou não sequencialmente, numa ordem diferente daquela estabelecida pelo autor. Carlos Reis afirmou certa vez que *Viagens na minha terra*, de Almeida Garrett, obra publicada em 1846, apresenta características que permitem sua leitura como hipertexto. A literatura sempre foi um campo fértil para experimentações com o texto, possibilitando formas de leitura não convencionais. Além do citado romance de Cortázar, um poema como *"Un coup de dés"* (Um lance de dados), de Mallarmé, publicado em 1897, não só rompe com a linearidade da leitura, como dá significação aos recursos tipográficos e à organização gráfica do texto, podendo ser considerado um precursor da poesia concreta.

Por outro lado, os livros impressos também apresentam elementos hipertextuais, como notas de rodapé, gráficos e tabelas, o que permite a leitura intertextual. No romance *O guarani*, José de Alencar usa inúmeras notas de rodapé a fim de elucidar o sentido de alguns vocábulos por ele utilizados. Muitas editoras elaboram edições comentadas de obras, com várias notas, a fim de esclarecer o texto para o leitor. Esses são exemplos de que, mesmo num livro impresso, há elementos de hipertexto que possibilitam ao leitor navegar pelo texto. Nesse caso, os *links* estabelecidos pelo autor ou pelo editor são indicados por números ou asteriscos. Mesmo que não haja a indicação de *links*, o leitor pode criá-los por conta própria, detendo-se, por exemplo, numa palavra para, a partir dela, navegar por outros textos impressos ou não, de modo a transformar o texto num hipertexto. Evidentemente, na leitura de um texto *on-line* esse procedimento é mais rápido, pois basta ao leitor selecionar o termo com o qual pretende estabelecer um *link* e ir para um buscador, uma enciclopédia ou um dicionário *on-line*. Em certas narrativas literárias, embora a leitura seja feita sequencialmente, a história deve ser montada pelo leitor, a partir de "janelas" abertas pelo autor, dispersas pelo texto. Num romance como *Crônica da casa assassinada*, de Lúcio Cardoso, a história é montada pelo leitor a partir das vozes de diferentes narradores que relatam episódios ocorridos, cabendo ao leitor fazer os *links* entre os episódios narrados. Numa obra mais recente, *Aos 7 e aos 40*, João Anzanello Carrascoza, numa narrativa ousada, intercala os capítulos de seu romance, dando voz ao narrador em dois momentos diferentes de sua vida (aos 7 e aos 40); compete ao leitor, para usar uma expressão machadiana, juntar essas duas pontas da vida.

Devemos atentar para o fato de que todo texto (e o literário mais ainda) admite múltiplas leituras, já que o sentido é sempre constituído pelo leitor num processo interativo com o autor e mediado pelo (hiper)texto. Basta que se observem as diversas leituras propostas para um mesmo texto, como no caso da tragédia grega *Édipo rei*, de Sófocles, para ficar num único exemplo. Se Freud fez dela uma leitura psicanalítica, sob o enfoque do incesto, Foucault a leu sob o prisma das práticas sociais e da questão da justiça; já Levi-Strauss fez uma leitura antropológica desse mito, observando as relações de parentesco. Se você leu essa tragédia, deve ter feito a sua leitura particular, que não foi necessariamente a feita por outros leitores, pois a leitura se faz a partir dos conhecimentos prévios que cada um detém e tais conhecimentos variam de pessoa para pessoa, o que acarreta leituras diferentes de um mesmo texto.

Essa pluralidade de leituras, evidentemente, não é exclusiva de textos verbais. Um filme, uma peça de teatro, uma pintura também podem comportar várias leituras. No livro *Convite à filosofia*, Marilena Chaui (2003) examina o filme *Matrix* a partir de uma perspectiva filosófica. Esse mesmo filme é comentado por Lucia Santaella (2004) no livro *Navegar no ciberespaço: o perfil cognitivo do leitor imersivo*, sob a ótica da polaridade real-virtual. Se você assistiu ao filme, pode ter feito uma leitura diversa das realizadas pelas referidas autoras.

Santaella (2004) assinala que, historicamente, podemos observar a existência de três tipos de leitores, que diferem um do outro em decorrência dos modelos cognitivos de leitura: o leitor contemplativo, o leitor movente e o leitor imersivo. O primeiro é o do livro impresso e surge no Renascimento; o segundo é o do mundo em movimento e surge com a Revolução Industrial e o aparecimento dos grandes centros urbanos; o terceiro é o leitor que se origina nas infovias do ciberespaço e que navega não sequencialmente por meio de *links*. Ressalta a autora, entretanto, que esses tipos de leitor, embora se sucedam historicamente, não se excluem.

A internet abre caminho para mudanças não só nas práticas de leitura como também nas práticas de produção textual. Quanto à produção de textos, um aspecto relevante diz respeito à concepção de **autoria**, dando-se ensejo à autoria compartilhada, socializando-se a função de autor – um mesmo texto apresenta diversos autores, às vezes não identificáveis. É por essa razão que a consulta na rede deve ser feita com muito cuidado, uma vez que podemos nos deparar com informações incorretas. Há um ditado segundo o qual o papel aceita tudo. Com relação à internet, podemos afirmar que ela aceita tudo e mais um pouco. É comum circularem textos na rede em que se atribui a autoria a escritores famosos, como Luis Fernando Verissimo, Clarice Lispector e Fernando Pessoa. Muitos desses textos que chegam às nossas caixas postais nunca foram escritos por esses autores. Lembre-se de que a internet não é a fonte da consulta; ela é a ferramenta, o suporte em que os textos que servirão de fonte estão hospedados. Também devemos tomar cuidado com textos de autoria desconhecida, por isso não é recomendável que se use a Wikipédia como fonte para trabalhos acadêmicos. Com a internet, a clivagem leitura/escrita é atenuada, pois ambos os processos convivem num mesmo lugar: o lugar em que se lê é aquele em que se escreve (o computador); além disso, o leitor tem a possibilidade de intervir no texto do autor e este pode ter seu texto continuado ou reescrito por outro, como ocorre nos *fanfics*, uma forma de hipertexto participativo.

Os *fanfics*, abreviação de *fanfiction*, são uma nova forma de leitura e produção textual possível graças à internet. Trata-se de textos de autoria compartilhada. Um pessoa – o fanfiqueiro – posta seu texto num *blog* ou num *website*, mas esse texto está aberto a modificações por parte de outros usuários, ou do próprio autor original, por sugestão de seus leitores. Você pode tomar contato (ou participar) de alguns *fanfics* por meio de uma busca na internet.

Como outro exemplo de compartilhamento do processo de produção do texto pela internet, citamos o escritor brasileiro Mario Prata, que escreveu seu livro *Os anjos de Badaró* durante seis meses pela internet, com a possibililidade de o público acompanhar o processo de escrita passo a passo por meio do *site* do autor.

Retomando o que mencionamos na apresentação desta obra, o que caracteriza um texto como literário não é o suporte em que é veiculado: um poema como "No meio do caminho", de Carlos Drummond de Andrade, será sempre uma obra literária, seja lido num livro ou numa tela de computador, seja afixado num *outdoor*, seja impresso em uma camiseta; não é, pois, o suporte que lhe confere a literariedade (ver Capítulo 2), mas a capacidade de o leitor lhe atribuir um sentido e um valor.

O romance *Fahrenheit 451*, de Ray Bradbury, retrata uma sociedade em que os livros são proibidos – qualquer livro que venha a ser encontrado deve ser queimado. Nessa sociedade, os bombeiros, em vez de apagarem incêndios, têm a função de incendiar os livros, destruindo-os. Um pequeno grupo de pessoas resiste a isso e, para conservar o conteúdo dos livros, decora seus textos. Nessa sociedade autoritária, os livros, apesar de sua destruição física, continuam existindo independentemente de suporte material, pois ficam armazenados na memória das pessoas. Uma das personagens desse romance, Faber, diz ao bombeiro Guy Montag: "Os livros eram só um tipo de receptáculo onde armazenávamos muitas coisas que receávamos esquecer. Não há neles nada de mágico. A magia está apenas no que os livros dizem, no modo como confeccionam um traje para nós a partir de retalhos do universo" (Bradbury, 2003, p. 109-110). Ressaltamos ainda que os autores não escrevem livros, escrevem textos, que se tornam livros, *e-books*, audiolivros... e que, segundo Cavallo e Chartier (2002, p. 9), são "manejados de diferentes formas por leitores de carne e osso cujas maneiras de ler variam de acordo com as épocas, os lugares e os ambientes".

Este livro que você tem em mãos teve seu texto escrito pelo autor cujo nome consta na capa. No entanto, para que o texto se tornasse o objeto material *livro*, muitas pessoas trabalharam nele. O autor escreveu o texto usando um computador, o texto sofreu alterações (sempre autorizadas pelo autor) por parte da editoria, que desenvolveu também para o livro um projeto gráfico. O formato do livro, o tipo de papel em que foi impresso, a escolha da fonte usada, o uso de destaques em títulos e intertítulos, a paginação, a capa e a contracapa, tudo isso foi de responsabilidade da editora e tem fator relevante para a significação que você dá ao texto que está lendo.

FECHANDO O CAPÍTULO

Vimos que historicamente houve mudanças tecnológicas significativas nos meios em que os textos são veiculados, dos rolos de papiro às telas de computador. No entanto, é preciso ressaltar que o uso que se faz dos textos, independentemente do suporte em que são veiculados, é uma decisão essencialmente humana. Além disso, mesmo na era da internet, com seus hipertextos, não podemos deixar de levar em conta que estes são uma forma de texto. Se hoje vivemos a chamada *sociedade do conhecimento*, vivemos também a sociedade da rapidez e do excesso de informação, que nos chega por todos os lados, tevê, Twitter, Facebook®, Instagram, WhatsApp, Telegram, Viber... Se esquecemos o celular, parece que falta um pedaço de nós. Na área de informática, as coisas se tornam obsoletas muito rapidamente (há não muito tempo guardávamos nossos arquivos em disquetes; hoje são armazenados em *pendrives* ou nas "nuvens"). Poucos se contentam com um celular convencional – o sonho de consumo de muita gente é o mais novo modelo de *smartphone*, com muita memória e muitos recursos, pois não se quer o aparelho apenas para fazer ou receber ligações; no fundo, o que se busca é estar *on-line* o tempo todo, recebendo mais informações do que se é capaz de processar.

A sociedade moderna prega o ideal de que é sempre bom fazer as coisas o mais rápido possível, o que deixa pouco tempo para o ócio, para a contemplação, para a reflexão. Veja a popularização dos restaurantes *fast-food*. A publicidade também nos incentiva a agir rapidamente e sem refletir: "Seja o primeiro a adquirir"; "Os cinco primeiros que ligarem ganharão um brinde exclusivo"; "Não deixe para depois; é só hoje"; "Compre agora, ligue já!".

Todos sabemos as consequências daquilo que fazemos com pressa: a alimentação dos *fast-foods* gera uma sociedade de pessoas com problemas de saúde; as compras por impulso vêm sempre seguidas de arrependimento.

Ler exige tempo e, como afirmamos, o livro impresso não é um objeto obsoleto. A leitura, seja na tela de um computador, seja num livro impresso, exige paciência, pois a compreensão do que se lê nem sempre é imediata, por isso devemos ir ao texto sem pressa, ler, reler, dialogar com o texto. Afinal, como bem afirma Chartier, os autores não escrevem livros, escrevem textos, e estes podem aparecer sob formas materiais diversas, seja um livro impresso, seja a tela de um *notebook*. Nietzsche dizia que o bom leitor é o leitor bovino, aquele que lê ruminando o texto. Enfim, devemos ensinar e aprender a ler bovinamente, seja qual for o suporte.

SUGESTÕES DE ATIVIDADES

Neste capítulo, vimos que, ao longo do tempo, os textos se apresentaram aos leitores sob vários suportes. Hoje, eles nos são apresentados na forma impressa ou na tela de um computador. Mas, até chegar às telas dos *tablets*, um longo caminho foi percorrido. Os sumérios registravam seus textos escritos em caracteres cuneiformes gravados em tabuletas de argila. Em cerca de 2500 a.C., os egípcios usavam as folhas de papiro, abundantes às margens do Nilo, como suporte para seus textos. Depois surgiram os rolos de pergaminho, os códex e o livro impresso como o conhecemos hoje.

1. Leia os textos apresentados na sequência e, com base no que foi discutido neste capítulo, responda à seguinte questão: Que diferenças podem ser observadas na leitura de um texto na forma digital e na forma impressa? Em sua resposta, aponte vantagens e desvantagens da leitura em cada um desses suportes.
   Sua resposta deve ser fundamentada com argumentos. Procure ser objetivo, atendo-se ao que foi perguntado. Essa atividade pode ser feita na forma escrita ou oral. Pode também ser realizada por meio de uma apresentação breve (10 minutos) em PowerPoint®.

Texto 1

As mudanças de tecnologia suscitaram mudanças nas práticas de leitura? Uma página de texto *on-line* vista através da tela de um computador pode parecer similar a uma página de texto impresso. Mas rolar ou clicar através de documentos da *web* envolve ações físicas e estímulos sensoriais muito diferentes daqueles envolvidos em segurar as páginas de um livro ou uma revista. Pesquisas mostraram que o ato cognitivo de ler se baseia não apenas no sentido da visão, mas também do tato. É tátil assim como visual. "Toda leitura é multissensorial", escreve Anne Mangen, uma professora norueguesa de estudos literários. Há uma "conexão crucial" entre "a experiência sensório-motora da materialidade" de uma obra escrita e "o processamento cognitivo do conteúdo do texto". O deslocamento do papel para a tela não mudou apenas o modo como navegamos um escrito, também influenciou o grau de atenção que dedicamos a ele e a profundidade da imersão nele.

Fonte: Carr, 2011, p. 129.

Texto 2

A revolução das revoluções?

Apresentam-nos o texto eletrônico como uma revolução. A história do livro já viu outras!

De fato, a primeira tentação é comparar a revolução eletrônica com a revolução de Gutenberg. Em meados de 1450, só era possível reproduzir um texto copiando-o à mão, e de repente uma nova técnica, baseada nos tipos móveis e na prensa, transfigurou a relação com a cultura escrita. O custo do livro diminui, através da distribuição das despesas pela totalidade da tiragem, muito modesta aliás, entre mil e mil e quinhentos exemplares. Analogamente, o tempo de reprodução do texto é reduzido graças ao trabalho da oficina tipográfica.

Contudo, a transformação não é tão absoluta como se diz: um livro manuscrito (sobretudo nos seus últimos séculos, XIV e XV) e um livro pós-Gutenberg baseiam-se nas mesmas estruturas fundamentais – as do códex. Tanto um como outro são objetos compostos de folhas dobradas um certo número de vezes, o que determina o formato do livro e a sucessão dos cadernos. Estes cadernos são montados, costurados uns aos outros e protegidos por uma encadernação. A distribuição do texto na superfície da página, os instrumentos que lhe permitem as identificações (paginação, numerações), os índices e os sumários: tudo isto existe desde a época do manuscrito.

Fonte: Chartier, 1998, p. 7-8.

2. A proposta consiste na realização de um debate com base na leitura do livro *Fahrenheit 451*, de Ray Bradbury, ou com base na exibição do filme de mesmo nome, dirigido por François Truffaut. O livro (e o filme) retrata uma sociedade autoritária que proíbe a circulação de livros por considerar que eles trazem a infelicidade.

Do debate deverão participar cinco pessoas, cabendo a uma delas a função de mediador.

BRADBURY, R. **Fahrenheit 451**. São Paulo: Globo, 2003.

FAHRENHEIT 451. Direção: François Truffaut. Produção: Lewis M. Allen. Reino Unido: J. Arthur Rank Film Distributors, 1966.

SUGESTÕES DE LEITURA

BEIGUELMAN, G. **O livro depois do livro**. São Paulo: Peirópolis, 2003.

CHARTIER, R. **A aventura do livro**: do leitor ao navegador. São Paulo: Unesp, 1998.

CHARTIER, R. Do livro à leitura In: CHARTIER, R. (Org.). **Práticas da leitura**. 2. ed. São Paulo: Estação Liberdade, 2001. p. 77-105.

CHARTIER, R. Línguas e leitura no mundo digital. In: CHARTIER, R. **Os desafios da escrita**. São Paulo: Unesp, 2002. p. 11-32.

CHARTIER, R. As representações do escrito. In: CHARTIER, R. **Formas e sentido**: cultura escrita – entre distinção e apropriação. Campinas: Mercado de Letras, 2003. p. 17-48.

FISCHER, S. R. **História da leitura**. São Paulo: Unesp, 2006.

LAJOLO, M.; ZILBERMAN, R. **Das tábuas da lei à tela do computador**: a leitura em seus discursos. São Paulo: Ática, 2009.

MANGUEL, A. **Uma história da leitura**. São Paulo: Companhia das Letras, 1997.

MAS, AFINAL, O QUE É LITERATURA?

No capítulo anterior, vimos que os suportes em que os textos são veiculados sofreram alterações no decorrer do tempo e que essas mudanças implicaram novas práticas de leitura – o modo como se lia um texto num rolo de papiro não é o mesmo como se lê um texto impresso num livro ou na tela de um *tablet*.

Como este livro trata especificamente da leitura do texto literário, independentemente da época e do local em que foi produzido e do suporte em que é veiculado, para efeito de clareza, somos obrigados a conceituar *literatura*, o que, adiantamos, não é uma tarefa das mais simples, já que esse conceito varia de acordo com as perspectivas dos estudiosos do tema.

2.1 Reflexões sobre um conceito

Quando queremos saber o significado de uma palavra, costumamos recorrer ao dicionário. Caso você vá ao dicionário consultar o verbete literatura, verá que essa palavra designa coisas bem diversas. O *Houaiss* e o *Aulete* registram nove acepções para essa palavra; o *Aurélio*, dez. Interessa-no aqui tentar conceituar literatura como arte literária, ou seja, como um uso especial da linguagem como meio de expressão.

Por que obras como *Ilíada*, *A divina comédia*, *Hamlet*, *Dom Quixote*, *Os lusíadas*, *Dom Casmurro*, *Moby Dick*, *Grande sertão: veredas* são consideradas literárias e *O alquimista*, de Paulo Coelho, *O senhor dos anéis*, de J. R. R. Tolkien, e as diversas obras de J. K. Rowling com a personagem Harry Potter não são?

Para tentar responder a essa questão, propomos que você examine as listas a seguir. A primeira apresenta os livros de ficção mais vendidos na semana, segundo dados do jornal *Folha de S. Paulo* de 11 de janeiro de 2014. Dessa lista, apenas a obra de Dan Brown não apresenta versão em *e-book*. A segunda contém as obras exigidas como leitura obrigatória para o vestibular de 2014 da Universidade de São Paulo (USP) e da Universidade Estadual de Campinas (Unicamp), duas das principais instituições de ensino do país. Todas as obras estão disponíveis não só em livro de papel mas também em *e-book*. As obras *Viagens na minha terra*, *Til*, *Memórias de um sargento de milícias*, *O cortiço* e *A cidade e as serras* também estão disponíveis no *site* do Domínio Público.

Quadro 2.1

Lista dos livros mais vendidos – Ficção

1º	A culpa é das estrelas	John Green
2º	Cidades de papel	John Green
3º	O teorema Katherine	John Green
4º	Fim	Fernanda Torres
5º	Quem é você, Alasca?	John Green
6º	Inferno	Dan Brown
7º	O silêncio das montanhas	Khaled Hosseini
8º	Cinquenta tons de cinza	E. L. James
9º	O lado bom da vida	Matthew Quick
10º	O chamado do Cuco	Robert Galbraith

Fonte: Elaborado com base em Folha de S. Paulo, 2014, p. E6.

Quadro 2.2

USP/Unicamp – Lista unificada de livros para o Vestibular 2014

Viagens na minha terra	Almeida Garrett
Til	José de Alencar
Memórias de um sargento de milícias	Manuel Antônio de Almeida
O cortiço	Aluísio Azevedo

(continua)

(Quadro 2.2 – conclusão)

A cidade e as serras	Eça de Queirós
Vidas secas	Graciliano Ramos
Capitães de areia	Jorge Amado
Sentimento do mundo	Carlos Drummond de Andrade

Fonte: Elaborado com base em Fuvest, 2013.

Antes de prosseguirmos, gostaríamos que você respondesse a algumas perguntas: Quais obras dessas duas listas você já leu? Quais você leu por inicativa própria e quais leu por imposição da escola ou do vestibular? Mesmo sem ter lido todas as obras, quais você considera literatura e quais não considera?

Quanto à última pergunta, é provável que você tenha respondido que as obras que estão na segunda lista pertencem à literatura. Quanto às da primeira, você talvez tenha ficado em dúvida em classificá-las como literárias.

Mesmo sem ter lido as obras da segunda lista, tendemos a dizer que são literárias porque: a) fazem parte da lista de livros obrigatórios do vestibular de duas importantes universidades brasileiras; b) aprendemos na escola que os escritores (e as obras) da segunda lista pertencem à literatura de língua portuguesa – aqui a palavra *literatura* está sendo empregada no sentido de "conjunto de trabalhos literários de um país". Voltaremos a esse assunto, mas antes vamos nos deter nas obras da primeira lista.

De início, chama-nos a atenção o fato de, na primeira lista, apenas uma única obra ser de autor nacional, o que revela que autores nacionais de ficção estão menos conectados com o público que os estrangeiros. Observamos também que não há na lista nenhum livro de poesia. Além disso, das dez obras quatro (ou seja 40%) são de um mesmo autor: John Green. Se você não conhece esse escritor, ou ainda não leu obras dele, esclarecemos que se trata de um autor norte-americano que escreve livros visando principalmente ao público jovem. Dan Brown é autor de *best-sellers* como *O código Da Vinci* e *Anjos e demônios*, ambos já adaptados para o cinema. Fernanda Torres é uma conhecida atriz global e *Fim* é seu primeiro livro (aliás, muito bom!). Khaled Hosseini é autor do *best-seller O caçador de pipas*, que tem versões em quadrinhos e audiolivro e já foi adaptado para o cinema. O livro de Matthew Quick também foi transposto para o cinema com o mesmo título. *Cinquenta tons de cinza* é um *best-seller* de conteúdo erótico que teve ampla divulgação na mídia. E, finalmente, Robert Galbraith é o pseudônimo usado por J. K. Rowling (sim, a autora dos livros da série Harry Potter!) em sua estreia em romances policiais. Curiosamente, as vendas do livro dispararam depois que se revelou que Robert Galbraith é o pseudônimo de Rowling.

Sem entrar no mérito das obras que constam na lista dos livros mais vendidos, é inegável que o consumo de obras de ficção tem forte componente mercadológico, vale dizer, as obras consumidas são aquelas sujeitas a uma forte ação de *marketing*, em que o nome do autor tem peso significativo. Obras que aparecem na lista das mais vendidas não são consideradas Literatura (com L maiúsculo) por muita gente, sendo consideradas como produto da indústria cultural e de caráter alienante e chamadas de *paraliteratura*, que é o termo utilizado para designar as formas de literatura não canônicas, isto é, aquelas não legitimadas institucionalmente. Nessa categoria estão incluídas as obras de autoajuda, literatura de cordel, literatura policial etc. O termo *paraliteratura* tem sido preferido pelos estudiosos no lugar de *subliteratura*, uma vez que o prefixo *sub-* traz em si a ideia de "inferioridade, posição inferior", ao passo que o prefixo *para-* traz a ideia de "ao lado", ou seja, *paraliteratura* se refere àquela literatura que está ao lado da chamada *alta literatura*. Aguiar e Silva

(2011) defende que a diferença entre literatura e paraliteratura não reside no valor estético. Veja o que afirma esse autor:

> Um texto inscreve-se no âmbito da literatura, porque, sob o ponto de vista semiótico – compreendendo, portanto, o parâmetro semântico, o parâmetro sintático e o parâmetro pragmático –, ele é produzido, é estruturado e é recebido de determinado modo, independentemente de lhe ser atribuído elevado, mediano ou ínfimo valor estético; um texto inscreve-se no âmbito da paraliteratura, não porque possua reduzido ou nulo valor estético – carência de que compartilha com textos literários –, mas porque apresenta caracteres semióticos, nos planos semântico, sintático e pragmático, que o diferenciam do texto literário. (Aguiar e Silva, 2011, p. 130)

Por outro lado, é importante estarmos atentos para o fato de que uma obra não legitimada como literária nos dias de hoje poderá vir a sê-lo no futuro. Acrescentamos ainda que há literatura policial de excelente qualidade – como exemplos, podemos citar autores como Edgar Allan Poe, Raymond Chandler, Dashiell Hammett e, no Brasil, Rubem Fonseca e Patrícia Melo. A propósito, Edgar Allan Poe, hoje considerado figura expoente da literatura ocidental, teve em sua época sua obra depreciada e não reconhecida como literária. E Poe não está sozinho, pois com Flaubert e Balzac ocorreu fato idêntico. A propósito, é bom refletirmos sobre as palavras de Márcia Abreu (2006, p. 58):

> Ao tratar de literatura e de valor estético, estamos em terreno movediço e variável e não em terras firmes e estáveis. O que se considera literatura hoje não é o que se considerava no século XVIII; o que se considera uma história bem narrada numa tribo africana não é o que se considera bem narrado em Paris; o enredo que emociona um jovem de 15 anos não é o que traz lágrimas a um professor de 60 anos;

o que um crítico literário carioca identifica como um sofisticado uso de linguagem não é compreendido por um nordestino analfabeto.

O problema é que o parisiense, o professor, o crítico literário, o homem maduro têm mais prestígio social que o africano iletrado, a jovem, o lavrador. Por isso conseguiram que seu modo de ler, sua apreciação estética, sua forma de se emocionar, seus textos preferidos fossem vistos como o único (ou o correto) modo de ler e sentir.

Como você pode observar pelas palavras de Márcia Abreu, o conceito de literatura não só se altera no tempo, como também muda de cultura para cultura e de pessoa para pessoa, mas o que prevalece é que algumas pessoas e culturas têm mais prestígio que outras e, por isso, são fontes legitimadoras para categorizar uma obra como literária.

É preciso agora que abramos uma nova janela, para distinguirmos *teoria literária* (ou teoria da literatura) de *crítica literária*. A primeira, *grosso modo*, trata da natureza da obra literária, sua análise e compreensão, sem preocupações valorativas, vale dizer, para a teoria literária não entra em pauta a questão do julgamento da obra; a segunda já tem caráter de apreciação e valoração, isto é, a crítica literária faz julgamento da obra. Neste livro, trabalhamos na perspectiva da teoria literária, ou seja, consideramos a obra literária sob o ponto de vista de sua natureza, sem nos atermos a seu julgamento.

Salientamos que a leitura de obras não prestigiadas (aquelas que a crítica literária não considera "Literatura") é a porta de entrada para a leitura daquilo que se convencionou chamar de *grande literatura*, por isso o professor não pode agir preconceituosamente em relação à leitura de seus alunos. Se o aluno gosta de ler romances policiais ou "água com açúcar", o professor deve, em vez de censurar essas leituras, usá-las como andaime para que o estudante venha a ter contato com as formas prestigiadas de literatura.

Nesse sentido, a educação literária guarda relação com a educação linguística. Nesta, como sabemos, o professor não deve estigmatizar o aluno pelo fato de ele usar uma variedade linguística não prestigiada. Ao contrário, deve, a partir da variedade que ele conhece e usa, fazê-lo competente na variedade de prestígio. Na educação literária, o professor, respeitando o gosto literário do aluno, deve levá-lo a entrar em contato com autores e obras prestigiados institucionalmente. Nesse sentido, vale observar o que registram os Parâmetros Curriculares Nacionais (PCN): "o gostar ou não de determinada obra de arte ou de um autor exige antes um preparo para o aprender a gostar. Conhecer e analisar as perspectivas autorizadas seria um começo para a construção das escolhas individuais" (Brasil, 2000, p. 9).

Paes (2001, p.28) comenta o importante papel, na formação de leitores, de uma literatura pouco valorizada pelo cânone escolar, a literatura de entretenimento, considerada *masscult*. Conforme esse autor, nesse tipo de literatura, geralmente considerada *kitsch*, vigoram gêneros que "determinam por antecipação algumas características principais das obras literárias, ao mesmo tempo que condicionam as expectativas dos futuros leitores delas". Paes aqui faz referência a gêneros como o romance policial, o sentimental, o de aventuras e o de ficção científica, que, segundo ele, apoiado em André Jolles, estariam ligados a formas arquetípicas, ou formas literárias simples, como a saga, a adivinha e o conto. Ainda com base em Jolles, Paes sustenta que gêneros considerados "maiores", como a poesia épica, têm o mesmo ancestral comum da literatura de entretenimento. A leitura de autores "menores", como Eugène Sue, Júlio Verne, Emile Gaboriau, James Fenimore Cooper, H. Rider Haggard e Edgard Rice Burroughs, não deve ser condenada, pois é por meio dela que os leitores chegarão aos autores legitimados culturalmente e prestigiados pelo cânone escolar. O problema, segundo Paes, é que em nossa cultura literária todos sonham em ser James Joyce, Marcel Proust ou Virginia Woolf e ninguém quer ser Agatha Christie, Conan Doyle ou Alexandre Dumas. Mas é da massa de leitores destes últimos que surgirão os leitores dos primeiros. No mesmo sentido, o crítico Tzvetan Todorov (2009, p. 82) assinala que

> o crítico profissional considera com condescendência, se não mesmo com desprezo, desde *Os três mosqueteiros* até *Harry Potter*: não apenas esses romances populares levaram ao hábito da leitura milhões de adolescentes, mas, sobretudo, lhes possibilitaram a construção de uma primeira imagem coerente do mundo, que, podemos nos assegurar, as leituras posteriores se encarregarão de tornar mais complexas e nuançadas.

Prosseguindo nossas reflexões sobre o que é, afinal, literatura, apresentamos a você dois textos para leitura.

Texto 1

1. Cabeçalho

São Paulo, 9 de maio de 2000.
Terça-feira

2. O tempo

Hoje, na Capital, o céu estará variando de nublado a parcialmente nublado.
Temperatura – Mínima: 140; Máxima: 230.
Qualidade do ar oscilando de regular a boa.
O sol nasce às 6h42 e se põe às 17h27.
A lua é crescente

3. Hagiologia

Santa Catarina de Bolonha, nascida em Ferrara, na Itália, em 1413, foi abadessa de um mosteiro em Bolonha. No Natal de 1456, recebeu o Menino Jesus das mãos de Nossa Senhora. Dedicou sua vida à assistência aos necessitados e tinha, como única preocupação, cumprir a vontade de Deus. Morreu em 1463.

Texto 2

COQUETEL

Miniquiche de tomate seco e abobrinha
Damasco com queijo gruyère e nozes
Pastelzinho chinês
Cigarrete de patê de fígado

ENTRADA

Salada de aspargo fresca com medalhão de lagosta e endívias
Batata rústica com azeite e ervas
Patê com massa folhada e molho de peras
Torta de shitake e alcaparras
Salmão defumado com panqueca
Ovas de salmão
Sopa francesa gelada de alho-poró
Salmão com molho de agrião e maracujá

PRATO PRINCIPAL

Risoto de endívia com presunto cruzeiro

SOBREMESA

Torta de marzipã e chocolate
Milfolhas de coco
Merengue de morango
Sorvete de creme e maracujá com cúpula de caramelo
Frutas frescas com calda e canela

Você não deve ter tido nenhuma dificuldade em construir um sentido para ambos os textos. O primeiro apresenta três segmentos, aparentemente, autônomos. No primeiro, informa-se sobre local e data; no segundo, sobre o tempo; e, no terceiro, sobre o santo do dia, no caso uma santa.

Esses três blocos relacionam-se, ou seja, podemos ver *links* entre eles: no segundo, entendemos que a previsão do tempo é para o dia 9 de maio de 2000, na Capital, ou seja na cidade de São Paulo. Pela leitura do terceiro, ficamos sabendo que em 9 de maio se comemora a festa de Santa Catarina de Bolonha.

Quanto ao segundo texto, você deve ter reconhecido como pertencente ao gênero *cardápio*, formado por quatro seções que indicam o que será servido e em que ordem. Pela leitura dos itens constantes no cardápio, podemos inferir que se trata de uma refeição sofisticada.

Mas a pergunta que fazemos é de outra natureza: os textos lidos são, para você, literatura? Talvez você tenha dito que não, que o primeiro trecho foi retirado de uma página de jornal, de uma revista ou de um almanaque, mas que está muito longe de ser literatura (ou pelo menos "Literatura", com L maiúsculo), pois não está escrito em versos, não parece ser um conto ou romance, a linguagem usada não tem nada de especial, na verdade, trata-se de uma linguagem bastante comum. Quanto ao segundo, você não teria dúvidas em afirmar que não é literatura, mas um cardápio.

Vamos agora lhe apresentar algumas informações a fim de contextualizar os trechos lidos. O primeiro é o início do romance *Eles eram muitos cavalos*, de Luiz Ruffato (2013); o segundo é um dos episódios finais do referido romance. Até o momento em que escrevemos este texto, o livro de Ruffato está na 11ª edição. O romance ganhou vários prêmios, como o da Associação Paulista de Críticos de Arte (APCA) e o Machado de Assis, da Fundação Biblioteca Nacional.

Eles eram muitos cavalos foi considerado pelo jornal *O Globo* um dos dez melhores livros de ficção da década e já foi publicado em Portugal, na França, na Itália, na Alemanha, na Colômbia e na Argentina. Com base nas informações sobre o autor e a obra, é provável que você passe a ver os trechos lidos com outros olhos. Afinal, trata-se de uma obra reconhecida como de valor literário pela crítica (recebeu importantes prêmios) e pela imprensa (*O Globo*). Mas, pelas informações mencionadas, não foi somente a crítica que aprovou a obra, o público também. Se um livro chega à sua 11ª edição, significa que ele é bem aceito pelo público. Ressaltemos que o público desse livro não é o mesmo dos livros dos autores estrangeiros que constam na lista dos mais vendidos, apresentada no início deste capítulo. Esses fatores devem ter sido determinantes para que ele atingisse tanto os mercados da Europa quanto os da América Latina.

Provavelmente, ao ler o primeiro texto de Ruffato, você nem deve ter achado que fosse trecho de um romance. De fato, pelo modelo desse gênero que temos armazenado na memória, somos levados a julgar que o trecho lido não deve ser o início de um romance. Como veremos, os gêneros são formas relativamente estáveis, vale dizer, o gênero *romance*, embora apresente algumas características comuns, apresenta também elementos diferenciadores. Um romance do século XX é bem diferente de um romance do século XIX. Compare, por exemplo, *Vidas secas*, de Graciliano Ramos, com *O Guarani*, de José de Alencar.

Conceituar *literatura* não é tarefa fácil, já que com um mesmo conceito se pretende cobrir 25 séculos de produções diferentes, elaboradas em contextos histórico-culturais bastante diversos, isto é, um mesmo conceito deve ser aplicado a obras tão diferentes como *Ilíada*, de Homero, *A divina comédia*, de Dante, as cantigas de D. Dinis, *Hamlet*, de Shakespeare, *Decameron*, de Boccaccio, os sonetos de Camões, os romances de Alencar e de Machado, *Ulisses*, de Joyce, *Grande sertão: veredas*, de Guimarães Rosa, *O jogo da amarelinha*, de Cortázar, os poemas de Gonçalves Dias e de Manuel Bandeira... Por outro lado, o sistema literário é aberto e está em constante renovação, rompendo com modelos, criando novos gêneros e novas linguagens (veja o exemplo do romance de Ruffato).

Nos PCN para o ensino médio, chama-se a atenção para a dificuldade de se nomear uma obra como literária: "o conceito de texto literário é discutível. Machado de Assis é literatura, Paulo Coelho não. Por quê? As explicações não fazem sentido para os alunos" (Brasil, 2000, p. 16).

Para se classificar um texto como literário, levam-se em conta diversos fatores (o gênero, a linguagem utilizada, a função estética, o caráter ficcional), mas um tem peso determinante e é de caráter pragmático: o reconhecimento por instâncias legitimadoras. E que instâncias são essas? São basicamente a universidade, a crítica e a escola.

Em síntese: classificamos uma obra como literária porque alguma instância, antes de mais nada, legitimou-a como literatura. Isso significa que a literariedade, isto é, o que faz de uma obra (um romance, um poema, um conto) literatura se constitui em um componente exterior à própria obra. Nas seções a seguir, discutiremos alguns fatores intrínsecos à obra que se consideram para classificá-la como literária. Como você verá, esses fatores (ou propriedades) não estão presentes conjuntamente em uma obra literária e a presença deles, por si só, não é requisito suficiente para elevar um texto à categoria de literário.

2.2 Gêneros e literatura

Como sabemos, em função do seu propósito comunicativo, os textos materializam-se em formas relativamente estáveis de enunciados, a que se denominam *gêneros do discurso*. No Capítulo 5, trataremos especificamente dos gêneros literários. Por ora, é importante saber que romance, conto, novela e poema são exemplos de gêneros do discurso literário.

O romance é um gênero, mas nem todo romance é considerado literatura. Lembre-se das instâncias legitimadoras! Se elas não puserem o selo de qualidade, a obra não será considerada literária. Obras como *Dom Casmurro, Os Maias, São Bernardo, Grande sertão: veredas, Ensaio sobre a cegueira, Guerra e paz, Crime e castigo, Madame Bovary* e *O retrato de Dorian Gray* são consideradas literárias não porque sejam romances, mas porque foram legitimadas institucionalmente como tal (receberam o tal selo de qualidade das instâncias legitimadoras); o mesmo acontece com os romances que constam da lista da Fuvest/ Unicamp apresentada anteriormente. Como vimos, romances "água com açúcar" não são considerados "Literatura" (com L maiúsculo), enquadrando-se naquilo que chamamos de *paraliteratura*. Poemas de Carlos Drummond de Andrade, Manuel Bandeira, Castro Alves pertencem à esfera do literário, o que não acontece com a poesia de cordel ou com um poema feito por aluno para expressar seu amor pela namorada. Os romances de Machado de Assis são considerados literários; os de Paulo Coelho não. Muitos críticos fazem restrições sérias aos romances de Jorge Amado, não os considerando exemplo de "Literatura" (com L maiúsculo).

O que expusemos revela que não é em função do gênero que um texto é classificado como literário. Veja que o sermão que o padre da paróquia perto de sua casa proferiu na última missa não é literatura, mas os sermões proferidos pelo Padre Vieira no século XVII são. Por quê? Alguns vão dizer: por causa da linguagem utilizada por Vieira em seus sermões.

Finalizando esta seção, chamamos a atenção para o fato de o conceito de literário remeter a produções escritas, o que implica deixar de lado produções que circulam apenas na modalidade oral, chegando-se a afirmar que povos ágrafos, isto é, que não conhecem a escrita, não têm literatura. O fato de o conceito de literatura estar apoiado exclusivamente na produção escrita pode ser verificado pela própria etimologia da palavra *literatura*, proveniente do latim *littera*, que significa "letra".

Devemos, no entanto, lembrar que os povos tradicionalmente transmitiam suas histórias de geração em geração oralmente. Muitas histórias que hoje lemos circularam na forma oral antes de se fixarem na versão escrita, como os contos recolhidos pelos irmãos Grimm e por Charles Perrault. No Brasil, destaque-se o trabalho de Luís Câmara Cascudo, que reuniu muitas histórias de nosso folclore que circulavam na forma oral. Lembremos ainda que os dois maiores poemas épicos da literatura ocidental, *Odisseia* e *Ilíada*, atribuídos a Homero, são compilações de poemas que circulavam oralmente. Os citados sermões de Vieira foram escritos para serem falados em público, ou seja, foram primeiramente conhecidos em sua forma oral.

Esclarecemos que literatura oral e literatura escrita representam sistemas semióticos distintos e a diferença não reside apenas no fato de uma ser falada e a outra, escrita. A forma de recepção é distinta: a literatura oral é normalmente destinada a uma audiência de várias pessoas e não repousa exclusivamente no código verbal; a entoação, a gesticulação e, em alguns casos, a música conferem-lhe um caráter de *performance*, que pode variar de audição para audição em decorrência da recepção do público a quem é destinada.

2.3 Literatura e linguagem

Outro critério usado para classificar uma obra como literária costuma ser a linguagem utilizada. Como vimos na seção anterior, os sermões do Padre Vieira são um exemplo de uso expressivo da linguagem, o que é incontestável. Leia algum sermão de Vieira e observe como ele utiliza a língua portuguesa com maestria para persuadir o público. Antes de prosseguirmos em nossas considerações, solicitamos que você leia o texto a seguir.

Em horas inda louras, lindas
Clorindas e Belindas, brandas,
Brincam no tempo das berlindas,
As vindas vendo das varandas,
De onde ouvem vir a rir as vindas
Fitam a fio as frias bandas.

Mas em torno à tarde se entorna
A atordoar o ar que arde
Que a eterna tarde já não torna!
E o tom de atoarda todo o alarde
Do adornado ardor transtorna
No ar de torpor da tarda tarde.

E há nevoentos desencantos
Dos encantos dos pensamentos
Nos santos lentos dos recantos
Dos bentos cantos dos conventos...
Prantos de intentos, lentos, tantos
Que encantam os atentos ventos.

Fonte: Pessoa, 1972, p. 134.

A leitura desse poema de Fernando Pessoa, de início, nos causa um certo estranhamento. Se pensarmos, de maneira bem simples, que um texto nos comunica algo (um significado) por meio de uma forma (um significante), concluiremos que o significado do poema de Pessoa não nós é dado de modo transparente. Sua percepção não é automática, isso porque a forma usada por Pessoa para transmiti-lo nos faz refletir sobre o que estamos lendo, ou seja, num primeiro instante, concentramos nossa atenção no que a forma nos diz.

Não cabe aqui uma análise detalhada do poema de Fernando Pessoa; fiquemos, então, apenas num primeiro aspecto que nos chama a atenção – sua sonoridade, decorrente de:

a) aliterações (repetição de mesmo fonema consonantal) e assonâncias (repetição de mesmo fonema vocálico):

   "Em horas inda louras, lindas"

   "As vindas vendo das varandas"

   "De onde ouvem vir a rir as vindas"

   "Fitam a fio as frias bandas"

   "Mas em torno a tarde se entorna"

   "Que a terna tarde já não torna!"

   "Que encantam os atentos ventos"

b) paronomásias (aproximação de palavras de significados distintos, mas com sons semelhantes):

   Clorindas/Belindas/berlindas

   tarda/tarde

   eterna/tarde

   adornado/ardor

Quanto ao poema de Pessoa, ficamos apenas no seu estrato sonoro. Mas é claro que o estranhamento que a linguagem literária nos provoca não reside apenas no aspecto fônico. Causa-nos estranhamento também uma combinação inusitada de palavras.

Por exemplo: uma frase como "Quem com ferro fere, jacaré não tem pescoço" provoca-nos estranhamento, uma vez que ela nos supreende por seu final. Quem ouve "Quem com ferro fere" espera que a frase continue com a sequência "com ferro será ferido"; mas, ao ouvirmos ou lermos "jacaré não tem pescoço", isso nos chama a atenção e nos perguntamos: O que o autor quis dizer com isso? Qual o significado dessa frase? Claro que o exemplo apresentado não é literário, mas a literatura faz isso o tempo todo. Volte ao poema de Fernando Pessoa e observe essas combinações: o adjetivo *louras* qualificando *horas* (afinal, horas não têm cor); a atribuição de ações a elementos abstratos (vindas que veem e ouvem).

Como você pode ter notado, no plano do significante, a literatura opera com combinações que fogem à linguagem usual. Quando Graciliano Ramos, em *Vidas secas*, escreve "O voo negro dos urubus fazia círculos altos em redor de bichos moribundos" (2009, p. 10), estranhamos que o adjetivo *negro* esteja se referindo a *voo* e não a *urubus*. Chico Buarque, em "Bom conselho", e Guimarães Rosa, em "Desenredo", invertem ditados populares, como fizemos no exemplo didático que apresentamos: "Aja duas vezes antes de pensar" (Buarque, 1972); "A bonança nada tem a ver com a tempestade" (Rosa, 1994, p. 536).

A literatura, como podemos observar, caracteriza-se por uma linguagem especial, que se volta ao seu lado sensível e que difere da linguagem comum, e isso é mais recorrente na poesia do que na da prosa. A linguagem literária é carregada de significação e, nos gêneros poéticos, costuma ser marcada pelo ritmo, pela sonoridade, pela polissemia, pelas figuras de retórica. Durante os anos 1970, quando o estruturalismo estava em voga no Brasil, era comum que se estudassem as chamadas *funções da linguagem*, estabelecidas por Roman Jakobson, num texto que ficou célebre: *Linguística e poética*. Entre as seis funções, esse estudioso descreve a função poética, aquela em que a mensagem se centra no próprio código. Jakobson chama a atenção para o fato de o objeto de estudo da ciência da literatura não ser a literatura, mas a literariedade, isto é, o que faz de uma determinada obra uma obra literária.

Ressaltamos que muitos poemas (mas não todos) se caracterizam pelo uso da chamada *função poética*, mas nos gêneros em prosa (conto, romance, novela) sua presença não é regra; além disso, o uso da função poética não é exclusividade de textos literários. Curiosamente, em seu texto, Jakobson, para exemplicar a função poética, apresenta exemplos de textos não literários.

As mensagens publicitárias se valem de uma linguagem "poética" para persuadir seu interlocutor. Nela, é comum o uso não só de recursos que conferem sonoridade ao texto, como também da exploração dos diversos sentidos de uma mesma palavra por meio de figuras de linguagem. Em outros casos, afirma-se uma coisa para significar outra, ou seja, explora-se o caráter polissêmico das palavras. A sonoridade também está presente em trava-línguas ("Não tem truque, troque o trinco, traga o troco e tire o trapo do prato. Tire o trinco, não tem truque, troque o troco e traga o trapo do prato"), ditados populares ("De raminho em raminho o passarinho faz seu ninho"), propagandas ("Melhoral, Melhoral, é melhor e não faz mal") etc., mas nem por isso esses gêneros são considerados literários.

Observe agora o trecho a seguir:

"Será que a morena cochila escutando o cochicho do chocalho
Será que desperta gingando e já sai chocalhando pro trabalho"

Nesse trecho, observa-se o uso de recursos sonoros que conferem originalidade à mensagem: a aliteração. No entanto, o texto de onde tiramos esses versos não pertencem à literatura, pois é de letra de canção da música popular brasileira: "Morena de Angola", de Chico Buarque (1980).

Em síntese: embora a literatura (particularmente a poesia) possa se caracterizar por um uso especial da linguagem, nem todo texto em que ocorre esse uso é literário, ou, no dizer de Greimas e Courtés (2012, p. 294), "aquilo se que denomina 'formas literárias' (figuras, procedimentos, organizações discursivas e/ou narrativas) nada tem de especificamente 'literário', porque elas se encontram em outros tipos de discursos".

2.4 Ficção e literatura

Costuma-se afirmar que a literatura se caracteriza por seu **caráter ficcional**. Guimarães Rosa, Mia Couto, Cora Coralina, por exemplo, usam a palavra *estória* (com *e* e sem *h*) para marcar o caráter ficcional de sua produção literária, distinguindo-a de *história* (com *agá*), que seria reservada para a narração de acontecimentos reais. O vocábulo *estória*, aliás, já é registrado no *Vocabulário ortográfico da língua portuguesa* (Volp) e nos principais dicionários.

Numa das listas apresentadas neste capítulo, arrolamos as dez obras de ficção mais vendidas em determinada semana, segundo o jornal *Folha de S. Paulo*. Que é uma obra de ficção?

Os dicionários definem *ficção* como "ato ou efeito de fingir", "criação imaginária" (Houaiss; Villar, 2009); "simulação", "fingimento", "criação ou invenção de coisas imaginárias" (Ferreira, 1999). Portanto, *ficcional* se opõe a *real*. Uma obra de ficção não relata um fato ocorrido, mas um fato criado pela imaginação do autor. Fernando Pessoa, num poema bastante conhecido, já chamava a atenção para o caráter ficcional da literatura, ao afirmar que a dor relatada na poesia não é uma dor real (é dor fingida).

Autopsicografia

O poeta é um fingidor.
Finge tão completamentente
Que chega a fingir que é dor
A dor que deveras sente.

E os que leem o que escreve,
Na dor lida sentem bem,
Não as duas que ele teve,
Mas só as que eles não têm.

E assim nas calhas de roda
Gira, a entreter a razão,
Esse comboio de corda
Que se chama o coração.

Fonte: Pessoa, 1972, p. 164-165.

Mesmo quando se baseia num fato real, pode haver simulação, criação, ou seja, o ponto de partida é verdadeiro, mas a história é criada pela imaginação. É o que ocorre, por exemplo, em romances históricos. A obra *A festa do Bode*, do escritor peruano Mario Vargas Llosa, Prêmio Nobel de Literatura, relata os acontecimentos ocorridos na República Dominicana durante a ditadura do general Rafael Leonidas Trujillo Molina, o Bode, entre os anos 1930 e 1961. Nesse romance, personagens e acontecimentos reais convivem com personagens e acontecimentos fictícios. Um romance não é, pois, o relato de um acontecimento verdadeiro, mas verossímil, isto é, semelhante à verdade num dado universo sociocultural. A palavra *verossímil* significa extamente isso: *vero* (verdadeiro); *símil* (semelhante). A verossimilhança está ligada a uma estratégia discursiva para fazer parecer verdadeiro aquilo que se enuncia. Se você leu a novela *A metamorfose*, de Franz Kafka, deve saber que ela se inicia no momento em que o protagonista, Gregor Samsa, acorda e se vê transformado numa enorme barata. Leia a seguir como se inicia essa novela.

> Quando certa manhã Gregor Samsa acordou de sonhos intran-
> quilos, encontrou-se em sua cama metamorfoseado num inseto
> monstruoso. Estava deitado sobre suas costas duras como cou-
> raça e, ao levantar um pouco a cabeça, viu seu ventre abaulado,
> marrom, dividido por nervuras arqueadas, no topo do qual a
> coberta, prestes a deslizar de vez, ainda mal se sustinha. Suas
> numerosas pernas, lastimavelmente finas em comparação com o
> resto do corpo, tremulavam desamparadas diante de seus olhos.
>
> **Fonte:** Kafka, 1997, p. 7.

Nosso conhecimento de mundo nos atesta que não é plausível ir dormir numa noite como humano e acordar na manhã seguinte "metamorfoseado num inseto monstruoso", mas Kafka nos conta o fato de modo que aceitamos aquilo como verdadeiro no universo da ficção, ou seja, Kafka inicia sua novela transpondo o leitor para uma realidade que ele sabe existir somente no universo da ficção, mas isso não impede aquele que lê de aceitar a narrativa como verdadeira, dada sua coerência interna. Em decorrência da verossimilhança, no romance *Dona Flor e seus dois maridos*, de Jorge Amado, aceitamos que Vadinho, depois de morto, volte para dormir junto com a ex-mulher, Dona Flor, que já estava casada com o farmacêutico Teodoro.

Ainda em relação à ficcionalidade, chamamos a atenção para seu **caráter contratual**, o que significa que o caráter ficcional de um texto reside num contrato entre autor e leitor, em que o primeiro tem por intenção produzir um texto ficcional e o segundo, aceitando o pacto ficcional proposto pelo autor, se dispõe a ler o texto como uma obra de ficção. A não leitura como ficção de um texto ficcional pode levar a situações cômicas como aquelas em que pessoas na rua ofendem um ator de novela de tevê por encarnar o papel de vilão. A respeito disso, vale registrar um fato ocorrido em 1882 na cidade norte-americana de Baltimore. No teatro, era encenada a peça *Otelo*, de Shakespeare. No momento em que Otelo vai matar Desdêmona, um soldado encarregado da guarda do teatro atira contra o ator que interpretava Otelo para salvar Desdêmona.

Em diversas narrativas literárias, como *Dom Quixote*, de Cervantes, explora-se o caso de alguma personagem ter seu comportamento influenciado pelo fato de serem processados como realidade fatos ficcionais relatados nas narrativas lidas. O já velho Alonso Quijano, depois de ler muitos livros de cavalaria, crê que é um cavaleiro andante, Dom Quixote, e que uma camponesa, Aldonza Lorenzo, é sua dama, Dulcineia del Toboso, e sai montado em um velho cavalo, paramentado como cavaleiro andante, acompanhado de seu fiel escudeiro, Sancho Pança, passando a ver inimigos que na realidade não existem.

No romance *O guarani*, de José de Alencar, no Capítulo III da segunda parte, o narrador, para reforçar o pacto ficcional, chega a afirmar que a história que está narrando é verídica: "Mas não antecipemos; por ora ainda estamos em 1603, um ano antes daquela cena, e ainda nos falta contar certas circunstâncias que serviram para o seguimento **desta verídica história**" (Alencar, 2012, p. 113, grifo nosso).

Em *A emparedada da rua Nova*, de Carneiro Vilela, que foi adaptada para a televisão com o nome de *Amores roubados*, o autor vai além, deixando o leitor na dúvida se o fato relatado ocorreu realmente ou se se trata de ficção. A certa altura, chega a afirmar: "Justamente a uma dessas casas vamos conduzir o leitor; unicamente porém, como escrevemos um romance real e verídico, não declaramos aqui, por escrúpulo bem entendido e por conveniências que todos compreenderão, nem o gênero do negócio nem o número da casa" (Vilela, 2013, p. 46). Observe a expressão "romance real e verídico"; nela, a palavra *romance*, que remete ao universo ficcional, está determinada por dois adjetivos que remetem ao verdadeiro. A propósito, em romances costuma haver a advertência ao leitor de que a história e as personagens são reais apenas no universo da ficção, como se observa no romance *O drible*, de Sérgio Rodrigues (2013): "Os personagens e as situações desta obra são reais apenas no universo da ficção, não se referem a pessoas e fatos concretos, e não emitem opinião sobre eles".

Quando nos referimos ao caráter ficcional da literatura, não estamos afirmando que apenas a história e as personagens são ficctícias. Aquele que narra também é uma obra de ficção. Marçal Aquino começa seu romance *Eu receberia as piores notícias dos seus lindos lábios* assim:

> Não adianta explicar. Você não vai entender.
> Às vezes, como num sonho, vejo o dia da minha morte. É uma coisa meio espírita, um flash. E, embora a mulher não apareça, sei que é por causa dela que estão me matando. E tenho tempo de saber que não me deixa infeliz o desfecho da nossa história. Terá valido a pena.
>
> **Fonte:** Aquino, 2005, p. 11.

Evidentemente, não é Marçal Aquino quem fala no texto, mas um narrador criado por ele. Isso não ocorre apenas nas narrativas de focalização interna, isto é, aquelas em que o narrador participa da história. Nas narrativas de focalização externa, em que o narrador não é participante da história, aquele que narra também é uma criação ficcional do autor. Quando estudarmos a enunciação (Capítulo 6), trataremos com detalhes da distinção entre autor e narrador.

Se uma das características da literatura é seu caráter ficcional, a recíproca não é verdadeira, pois não é qualquer história inventada que pode ser considerada literária. Romances baratos, comercializados em bancas de jornais, com capas sugestivas, que contam histórias açucaradas e com final feliz depois de a heroína passar inúmeras provações são evidentemente obras de ficção, mas não são consideradas literárias, por faltar aquele elemento essencial que apontamos: a legitimação institucional.

2.5 Literatura e arte

Costuma-se também afirmar que o que caracteriza a literatura é seu **caráter não utilitário**. As obras literárias têm por finalidade a fruição, o prazer estético, e não o uso, sendo, portanto, uma arte que tem por matéria-prima a palavra. Essa definição, entretanto, parece não resolver o problema de se conceituar com precisão o que é literatura, na medida em que leva a uma discussão mais ampla: o que é arte? Nossa posição vai ao encontro do que postula Jouve (2012, p. 13) ao afirmar que "abordar a literatura como 'arte da linguagem' supõe ter antes definido a noção de 'arte'. No entanto, não existe consenso neste ponto".

A palavra *arte* provém do latim *ars* e corresponde à palavra grega *techné*, que em português aparece em palavras como *técnica*, *tecnologia*; conhecer a origem da palavra, nesse caso, não resolve o problema. Se há certo consenso em classificar as pinturas de Velázquez, Goya e Picasso e as músicas compostas por Beethoven, Bach e Mozart como arte, a situação se complica quando se trata de uma pintura rupestre, de cantos indígenas ou folclóricos. Mas não precisamos nos reportar a manifestações artísticas primitivas para ver que o conceito de arte é problemático. Você já deve ter visto a obra *A fonte*, de Marcel Duchamp. Se não a conhece, faça uma busca na internet para visualizá-la. Trata-se de um mictório branco de porcelana, exposto de maneira invertida. Na sua opinião, trata-se de uma obra de arte? Se o mictório estivesse em um banheiro masculino, seria considerado arte? O fato de estar exposto em um museu faz dele uma obra de arte?

Uma obra de arte é um **objeto semiótico**. Numa definição simples e provisória, um objeto semiótico é um signo, ou seja, algo que comunica alguma coisa para alguém, resultante da uma relação de pressuposição entre dois planos, o da expressão (o significante) e o do contéudo (o significado), denominada *semiose*. O plano da expressão contém os elementos, apreendidos pela percepção, que tornam possível o aparecimento do conteúdo, vale dizer, os significados só existem graças a uma expressão que os manifesta, ou, para usar um antigo ditado, nada existe na mente que não tenha passado pelos sentidos.

Oscar Wilde, o célebre autor de *O retrato de Dorian Gray*, em um de seus aforismas, afirma: "Toda arte é completamente inútil". Você deve estar estranhando: Se a arte é inútil e a literatura é uma arte, para que ler este livro? Por que razão estudar literatura? Por que ler romances e poemas? Reflitamos: nem sempre o primeiro sentido da palavra que nos vem à mente corresponde ao que o autor empregou. Inútil é aquilo que não é útil. E o que significa útil? Nada mais nada menos, segundo o dicionário, do que aquilo "que pode ter ou tem algum uso; que serve ou é necessário para algo" (Houaiss;

Villar, 2009). Ora, o que Wilde afirmou é que a arte não tem caráter utilitário, como um casaco, uma panela, um lápis. Não nos apropriamos de uma obra de arte para fazer com ela alguma coisa, mas simplesmente para fruí-la, por isso a arte é inútil. Um casaco foi feito para nos proteger; uma panela, para cozinhar; um lápis, para escrever; mas obras como *Fausto*, de Goethe, *Guernica*, de Picasso, e a *9ª Sinfonia*, de Beethoven, foram feitas não para serem usadas, mas para serem fruídas. Lembre-se: o mictório de Duchamp não foi exposto para ser usado, mas para ser apreciado. Os exemplos citados nos levam a uma outra reflexão: casacos, panelas e lápis são objetos produzidos em série e anônimos, enquanto *Fausto*, *Guernica* e a *9ª Sinfonia* são objetos únicos e identificados a um autor, Goethe, Picasso e Beethoven, respectivamente. Você poderá contra-argumentar que há vários exemplares de *Fausto*, vários CDs com a *9ª Sinfonia*, várias gravuras de *Guernica*. De fato, mas trata-se de reproduções de obras únicas feitas por processos industriais. Há várias reproduções da *Mona Lisa*, de Leonardo Da Vinci, que podem ser adquiridas por qualquer pessoa a um preço acessível. Mas a obra de arte *Mona Lisa*, de Da Vinci, é única e está no Museu do Louvre em Paris e não tem preço. Evidentemente, há teorias que postulam que a arte não é apenas para ser fruída. Alguns afirmam que a arte deve ter um caráter pedagógico. As igrejas antigas medievais apresentavam pinturas na parede que reproduziam a paixão de Cristo; considerando-se que grande parte dos fiéis era analfabeta, essas pinturas tinham por finalidade educar esses fiéis na fé católica. Outros, ligados à estética marxista, reivindicam que a arte deva ser engajada, isto é, comprometida com a sociedade, denunciando a opressão. A arte teria, em síntese, uma função conscientizadora.

Reflitamos sobre um tipo de manifestação comum hoje nas grandes cidades: os grafites. Andando pelas ruas, você certamente já viu várias dessas manifestações; algumas delas lhe chamaram a atenção pela originalidade ou beleza; outras talvez tenham merecido de você um comentário depreciativo. Fica a interrogação: Grafite é arte? Qual é o limite que distingue um grafite de uma pixação? Os grafites embelezam a cidade ou a poluem visualmente? Costumamos definir *grafite* como manifestação artística feita em espaços públicos; mas, se o desenho, por mais artístico que seja, tem como suporte um momumento público, devemos considerá-lo arte ou pixação feita por vândalos? Comentamos que, em sua origem, a palavra *arte* está ligada à palavra *técnica*. Se arte e técnica têm algo em comum, devemos considerar o cinema, a fotografia e o *design* como formas de expressão artística? Se o cinema é, como dizem, a sétima arte, toda produção cinematográfica deve ser considerada uma obra de arte?

Figura 2.1

Grafite: manifestação artística no caos urbano

Marilena Chaui (2003), em seu livro *Convite à filosofia*, chama a atenção para o fato de que, se perguntarmos a uma pessoa comum o que é um artista, muito provavelmente teremos como resposta que artista é um ator (de cinema, teatro ou televisão), um cantor ou um compositor musical. Se pedirmos que cite algum artista, podemos ter como respostas Ivete Sangalo, Roberto Carlos, Madonna, Silvester Stalone, Regina Duarte. Quanto a Machado de Assis e Graciliano Ramos, é muito provável que a mesma pessoa diga que não são artistas, mas escritores. Se lhe pedirmos exemplos de obras de arte, fará referência a *Os lusíadas*, aos quadros de Leonardo Da Vinci, às esculturas de Rodin ou do Aleijadinho, às sonatas de Beethoven, aos prelúdios de Chopin. Chaui nos chama a atenção para o fato de que se identifica arte com um modelo de produção criado no passado e à chamada *cultura erudita* e que, contrariamente, identifica-se artista com os produtos da chamada *cultura popular*.

Pesquisadores e estudiosos do tema também se debruçam sobre a dificuldade de conceituar *arte*. Veja o que afirma Vicent Jouve em seu livro *Por que estudar literatura?*, ao tentar responder à pergunta "A arte existe?":

A questão da existência da arte se confunde com a de sua definição. Haverá concordância (ou não) em incluir este ou aquele objeto no campo artístico conforme ele corresponde (ou não) à definição da palavra "arte" que se reconheça como pertinente. Para dar um exemplo famoso, alguns recusarão o estatuto de obra de arte para as caixas de Brillo de Andy Warhol[1] por que não têm (segundo eles) nada de estético; outros, em contrapartida, concederão às caixas tal estatuto sem hesitar porque elas fazem pensar num modo simbólico. Os primeiros se aplicam à definição clássica do objeto de arte como

---

1   As caixas de Brillo de Warhol são reproduções de cerca de 120 caixas de sabão da marca Brillo empilhadas.

artefato que suscita o sentimento do belo; os segundos adotam uma definição mais moderna, que concebe a arte como uma maneira particular de significar. (Jouve, 2012, p.13-14)

Bosi (2003, p. 7) afirma que hoje, para um homem de cultura mediana, "arte lembra-lhe objetos consagrados pelo tempo, e que se destinam a provocar sentimentos vários e, entre estes, um, difícil de precisar: o sentimento do belo". Realmente, quando ligamos o conceito de arte ao conceito de belo, caímos em outro problema: O que é o belo? Trata-se de um conceito objetivo ou subjetivo? Para nós, trata-se de um conceito intersubjetivo, entendendo-se por *intersubjetividade* a capacidade de partilhar entre sujeitos conhecimentos, sentidos, experiências, ou seja, o julgamento de que uma coisa é bela ou não, embora seja pessoal (subjetivo, portanto), está ligado ao que outros (a sociedade, a cultura, a história) definem como belo. Tendemos a considerar a modelo brasileira Gisele Bündchen bela, julgamento subjetivo, mas esse julgamento é feito tendo por referencial um padrão de beleza que é aquele da cultura em que vivemos, a qual considera mulheres magras, loiras, altas e de olhos claros belas. Se vivêssemos em outro tempo e em outra cultura, pode ser que não víssemos beleza alguma na referida modelo.

FECHANDO O CAPÍTULO

Neste capítulo, intentamos definir o que é literatura ao tentarmos responder a uma questão que tem preocupado os teóricos da literatura: o que é afinal um texto literário?

Vimos que a conceituação de literário não está presa exclusivamente a critérios imanentes ao texto, ou seja, não é o gênero, o caráter ficcional ou a linguagem especial que definem um texto como pertencente à esfera do discurso literário. Mesmo quando colocamos a literatura no campo das artes, afirmando que ela visa ao belo, o problema continua, pois o conceito de belo depende do receptor. A sabedoria popular é clara nesse sentido quando se atesta que a beleza está nos olhos de quem vê. Além disso, como sabemos, o conceito de belo encerra um componente cultural e histórico.

A conceituação de literário, como vimos, não repousa exclusivamente em critérios imanentes, isto é, da obra em si mesma, mas, em última instância, em critérios exteriores a ela. Uma obra é considerada literatura quando reconhecida como tal pelas instâncias legitimadas a fazê-lo (a escola, a universidade, a crítica literária etc.). Por outro lado, essa legitimação está inserida num contexto histórico e cultural, vale dizer, o que hoje não é considerado literário pode vir a sê-lo em época futura; o que hoje se considera literário pode não ter sido no passado; o que certas culturas consideram literário pode não sê-lo em outras.

Fazendo um *link* com o capítulo anterior, você deve ter notado que, ao discutirmos as propriedades do texto literário, não fizemos alusão alguma ao suporte em que ele é veiculado. De fato, o suporte da obra, embora possa influenciar na maneira como é lida, é irrelevante para caracterizá-la como literária ou não. Lembre-se: a literatura já existia antes de inventarem o livro e o computador. Um soneto camoniano é uma obra literária, tanto se for veiculado em rolo, livro ou *e-book* quanto se for estampado num cartaz, desde que, evidentemente, seja lido por alguém que o processe como literário. *Dom Casmurro* é um texto literário, seja lido em livro, seja lido na tela de um computador.

Não poderíamos encerrar este capítulo sem antecipar um tema que discutiremos no Capítulo 3: a literatura é também uma construção intertextual e autorreflexiva, o que significa que os textos literários retomam obras anteriormente produzidas. Camões, ao escrever *Os lusíadas*, retoma os poemas homéricos; Carlos Drummond de Andrade, em seu poema "No meio do caminho", retoma um soneto de Bilac, que, por sua vez, faz referência à obra *A divina comédia*, de Dante. Quando um poeta escreve um soneto, está retomando um modelo criado por Petrarca no Renascimento. O título do romance de Luiz Ruffato retoma os versos de Cecília Meireles: "Eles eram muitos cavalos/mas ninguém mais sabe os seus nomes,/sua pelagem, sua origem...". As palavras de Culler (1999, p. 41) são claras nesse sentido: "A literatura é uma prática na qual os autores tentam fazer avançar ou renovar a literatura e, desse modo, é sempre implicitamemte uma reflexão sobre a própria literatura".

SUGESTÕES DE ATIVIDADES

1. Leia com atenção o texto que segue.

> [...] milhões de pessoas leem livros, ouvem música, vão ao teatro e ao cinema. Por quê? Dizer que procuram distração, divertimento, a relaxação, é não resolver o problema. Por que distrai, diverte e relaxa o mergulhar nos problemas e na vida dos outros, o identificar-se com uma pintura ou música, o identificar-se com os tipos de um romance, de uma peça ou de um filme? Por que reagimos em face dessas "irrealidades" como se elas fossem a realidade intensificada? Que estranho, misterioso divertimento é esse? E, se alguém nos responde que almejamos escapar de uma existência insatisfatória para uma existência mais rica através de uma experiência sem riscos, então uma nova pergunta se apresenta: por que nossa própria existência não nos basta? Por que o desejo de completar a nossa vida incompleta através de outras figuras e outras formas? Por que, da penumbra do auditório, fixamos o nosso olhar admirado em um palco iluminado, onde acontece algo que é fictício e que tão completamente absorve a nossa atenção?
>
> **Fonte:** Fischer, 2002, p. 12.

Fischer, nesse texto, questiona o fato de que as pessoas consomem obras de arte apenas por fruição. Para ele, ao lermos um romance, por exemplo, não estamos apenas nos deleitando. O autor também questiona o fato de buscarmos nas obras de arte algo que complemente nossa existência.

Para você, por que as pessoas leem romances? Responda a essa questão por meio de um texto argumentativo em que você externe sua opinião e a fundamente com argumentos convincentes a fim de persuadir seu interlocutor. Para a redação de seu texto, faça uso da modalidade culta da língua portuguesa.

2. Para a realização da atividade proposta na sequência, você deve basear-se nas informações expostas neste capítulo e na leitura do texto a seguir.

> Estamos perante um fato curioso. Quase todos os dias nos ocupamos de obras literárias. Lemo-las, somos impressionados por elas, agradam-nos ou desagradam-nos, apreciamo-las, formulamos diferentes juízos sobre elas, discutimo-las, escrevemos tratados sobre obras individuais, ocupamo-nos de sua história e, muitas vezes, elas constituem quase uma atmosfera em que vivemos. Parece-nos, portanto, que conhecemos os objetivos desta ocupação sob todos os aspectos e exaustivamente. Contudo, interrogados sobre o que seja propriamente a obra literária devemos com certeza admitir que não encontramos nenhuma resposta correta ou satisfatória. O nosso saber a respeito da essência da obra literária, com efeito, não só é insuficiente mas sobretudo pouco claro e muito incerto. Poder-se-ia julgar que isto se dá apenas conosco, leigos na matéria, a lidar simplesmente com obras literárias, sem possuirmos conhecimentos

teóricos sobre elas. Todavia não é assim. Se consultarmos os historiadores da literatura ou os críticos, ou mesmo aqueles que tratam da ciência da literatura, as respostas ao problema não são sensivelmente melhores. Os múltiplos juízos que nos oferecem são muitas vezes contraditórios e, no fundo, não constituem resultado sólido de uma investigação que propriamente incidisse sobre a essência da obra literária.

Fonte: Ingarden, 1979, p. 19.

Neste capítulo, você tomou contato com algumas ideias sobre o que é literatura. Depois de refletir sobre elas, você deve ter chegado a um conceito próprio sobre o assunto.

Num pequeno texto, exponha, de maneira objetiva, levando em conta as informações do capítulo e a sua própria vivência como leitor, o que, para você, é literatura.

3. Leia o texto a seguir.

O elástico preto prende os cabelos num rabo-de-cavalo, caminha devagar pela rua Sérgio Cardoso enfiado numa camiseta preta, estampa do Halloween, calça big cor indefinível, tênis Reebok imundo, uma argola pendendo do lóbulo da orelha direita, na padaria da esquina compra um maço de L&M, um mini-isqueiro Bic. Toma o ônibus até a estação Saúde do metrô, baldeia na Sé para a estação República. Da escada-rolante emerge, o Edifício Itália funda-se nos seus ombros, a fumaça de carros e caminhões tachos de acarajés coxinhas quibes pastéis, vozes atropelam-se, amalgamam-se, aniquilam-se, em bancas de revistas, jornais, livros usados, pulseiras brincos colares gargantilhas anéis, lã em gorros ponches blusas mantas xales, pontos-de-ônibus lotados, trombadinhas, engraxates, carrinhos-de-pipoca, doces caseiros,

> vagabundos, espalhados caídos arrastando-se bêbados mendigos meninos drogados aleijados.
>
> **Fonte:** Ruffato, 2013, p. 36.

Uma das característica da obra literária é a verossimilhança. Nas narrativas, não só a história, mas também as personagens e o próprio narrador são criações da mente de um autor. No seu projeto de dizer, o autor se vale de recursos para que o leitor aceite como verdadeira uma história que se sabe ser produto da imaginação. Em relação ao trecho acima, extraído do romance *Eles eram muitos cavalos*, comente os recursos empregados pelo autor para que o relato ficcional pareça verossímil a seus leitores.

SUGESTÕES DE LEITURA

ABREU, M. **Cultura letrada**: literatura e leitura. São Paulo: Unesp, 2006.

BARTHES, R. **O prazer do texto**. São Paulo: Perspectiva, 2006.

COLOMER, T. **Andar entre livros**: a leitura literária na escola. São Paulo: Global, 2007.

LAJOLO, M. **Literatura**: leitores e leitura. São Paulo: Moderna, 2001.

TERRA, E. **Leitura do texto literário**. São Paulo: Contexto, 2014.

REFLEXÕES SOBRE A NOÇÃO DE TEXTO

Neste capítulo, apresentaremos um conceito-chave para nossos trabalhos com leitura. Como sabemos, não nos comunicamos por frases isoladas, mas por textos. A noção de texto ganha, portanto, um caráter relevante nos estudos da linguagem, pois esta se manifesta em textos concretos que fazem referência a situações reais de interlocução. Nas linhas a seguir, vamos conceituar *texto* e discutir o que os textos fazem para significar o que significam. Veremos também que os textos remetem a outros com os quais estabelecem uma relação dialógica, denominada *intertextualidade*.

3.1 O triângulo autor-texto-leitor

Podemos conceituar *leitura* como um processo interativo de construção de sentidos. Autor e leitor são os sujeitos que interagem por meio do texto. Adiantamos que o sentido não está no texto, mas é construído pelo leitor na interação. Podemos esquematizar o processo de leitura por meio da figura a seguir.

Figura 3.1

Leitura como processo interativo

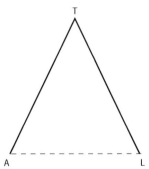

Nesse esquema, T representa *texto*, A, *autor* e L, *leitor*. Observe que a linha que une autor e leitor não é contínua. Isso significa que a interação autor-leitor se dá por meio do texto. Nos textos escritos, a recepção do texto é diferida, ou seja, não ocorre no momento de sua produção, ao contrário do que ocorre na conversação diária, em que a recepção é simultânea à produção. Ao lermos, por exemplo, um conto de Machado de Assis, estamos entrando em contato com um texto que foi escrito há mais de cem anos.

Nos estudos literários, podemos observar correntes cujo interesse está no autor; outras, no leitor e outras ainda, no texto. Antes de tecermos nossas reflexões sobre o texto, gostaríamos de fazer algumas considerações sobre o autor e o leitor.

3.1.1 O autor

A palavra *autor* provém do latim *auctor*, que significa "o que produz", "o que gera", "o que faz nascer". Normalmente, estabelecemos uma relação de identificação entre autor e texto: *Dom Casmurro* com Machado de Assis; *Grande sertão: veredas* com Guimarães Rosa; *A divina comédia* com Dante; *Hamlet* com Shakespeare. Entretanto, como se sabe, há textos que chegaram a nós sem identificação de autoria, como as histórias narradas no *Livro das mil e uma noites*, *Tristão e Isolda*, *Lazarillo de Tormes*, *Arte de furtar*, *A epopeia de Gilgamesh*, *A canção dos Nibelungos*, assim como diversos contos maravilhosos e folclóricos. Os poemas épicos gregos *Ilíada* e *Odisseia* são atribuídos a Homero, mas não é certo que ele tenha sido o autor desses textos.

Mesmo quando não restam dúvidas sobre quem escreveu determinada obra, a questão da autoria ainda assim é discutível. Dois franceses, Roland Barthes e Michel Foucault, em dois textos que se tornaram célebres, *A morte do autor* e *O que é um autor?*, respectivamente, mostram-nos que o texto é um mosaico de citações, em que se podem observar várias vozes que falam nele. Assim, segundo Foucault (2001), o autor exerce uma função, qual seja, a de organizar os discursos num texto. De fato, se observarmos os textos que circulam socialmente, veremos que eles remetem a outros, ou seja, todo texto repousa num já dito, ou, no dizer de Barthes (2004, p. 5), "um texto é feito de escritas múltiplas, saídas de várias culturas e que entram umas com as outras em diálogo, em paródia, em contestação [...]". A isso damos o nome de *intertextualidade* (ver adiante). Barthes (2004, p. 6) assinala ainda que é o leitor e não o autor que dá unidade ao texto, porque "o leitor é o espaço exato em que se inscrevem, sem que nenhuma se perca, todas as citações de que uma escrita é feita [...]".

Tome o texto deste livro que você está lendo agora. Há um nome na capa que identifica seu autor, mas você deve ter notado que o tempo todo o "autor" está se referindo ao que outros autores disseram anteriormente sobre o mesmo tema (no parágrafo anterior estávamos falando de Barthes e Foucault), e o que consta deste texto poderá aparecer no futuro em textos de outros "autores", num trabalho acadêmico, por exemplo, em que o "autor" do trabalho estabelecerá *links* com este texto, por meio de citações diretas, paráfrases, notas de rodapé etc. Para ficar mais claro ainda que o autor organizou em seu texto vários discursos já ditos, vá até o final do livro e confira na Seção "Referências" (p. 285) a quantidade de autores cujos discursos aparecem neste livro. Como você pode notar, os textos estão indexados a outros, permitindo até mesmo uma leitura hipertextual. A referência que fizemos ao texto *A morte do autor*, de Barthes, pode fazê-lo parar de ler este texto, procurar o texto de Barthes para lê-lo e, em seguida, retornar a este texto.

Numa narrativa ficcional, aquele que fala no texto, o narrador, não é seu autor, ou seja, o indivíduo empírico, com CPF e RG, mas o autor textual, isto é, constituído no e pelo texto. Os estudos da enunciação mostram que as marcas de pessoa presentes do texto não remetem a seu autor, mas ao enunciador, que não coincide necessariamente com a figura empírica do autor. Retornaremos a esse tema quando tratarmos da enunciação (Capítulo 6). Barthes (2004) insiste em que, nos textos ficcionais, é a própria linguagem que fala por meio do autor.

Como vimos no primeiro capítulo, no tocante à produção literária, tecnologias digitais (hipertexto, multimídia) são ainda pouco exploradas. Na verdade, na maioria das vezes, ocorre apenas a transposição do livro de papel para o formato digital sem alteração de conteúdo e opções de navegabilidade. O texto impresso é simplesmente digitalizado para ser lido num *e-reader* ou na tela de um computador; portanto, não há mudanças em relação à autoria: o autor do texto impresso é o mesmo da versão digital. Não podemos desconsiderar, no entanto, que num futuro tenhamos produções literárias que façam uso de hipertexto, associado a multimídias. Com elas, a questão da autoria tornar-se-á problemática, porque a dicotomia autor/leitor tenderá a atenuar-se: quem lê poderá interferir colaborativamente no texto, sendo, portanto, também seu autor.

3.1.2 O leitor

O outro sujeito do processo interativo da leitura é o leitor, que vai dialogar com o autor por meio do texto para o qual constrói um sentido. Uma corrente, surgida na Universidade de Constança, na Alemanha, centrou seus estudos na recepção da obra e, por isso mesmo, essa corrente é chamada de *estética da recepção*. Para ela, o interesse cognitivo não recai nem no autor, nem no texto, mas no leitor, procurando-se verificar como este último constrói o sentido. Entre os teóricos da estética da recepção, destacam-se Hans Robert Jauss e Wolfgang Iser. Jauss investiga a recepção da obra literária tanto sincrônica quanto diacronicamente, ou seja, procura investigar não só como as obras são lidas hoje, mas como foram em contextos históricos passados, uma vez que, quando a obra passa de um contexto histórico para outro, ela adquire novos significados. Isso significa que a leitura que fazemos hoje de *Dom Quixote* é diferente da que foi feita quando a obra foi publicada pela primeira vez, isso porque os horizontes de expectativas do leitor do século XXI são diferentes dos horizontes do leitor do século XVII. Para Jauss, o valor estético de uma obra literária é uma construção do leitor com base em comparações que ele realiza com outras obras lidas. Iser, por sua vez, preocupa-se com os efeitos que o texto suscita em seu leitor. Sustenta que o texto apresenta vazios e que o leitor os preenche com base em seus conhecimentos prévios no ato da leitura, tornando-se coautor do texto num procedimento de cooperação interpretativa. Iser afirma ainda que leitor e autor são jogadores e o local em que jogam é o texto. Voltaremos a esse assunto logo adiante.

3.1.3 O texto

A palavra *texto* recobre vários significados. Provém do latim *textus*, que está presa ao verbo latino *tecere*, que significa "fazer tecido", "entrelaçar". Temos então um conceito inicial para texto como sendo o resultado de algo que foi tecido. Esse conceito nos traz um problema na medida em que considera o texto como um produto, ou seja, como algo pronto, acabado. Portanto, não se aplicaria ao hipertexto, por exemplo, já que este está em contínuo processo de construção. Contudo, comentamos que mesmo textos impressos admitem leitura hipertextual e citamos *O jogo da amarelinha*, de Cortázar, e *Viagens na minha terra*, de Almeida Garrett. Se lembrarmos ainda que o texto veicula um sentido e que este não está no texto, mas é construído pelo leitor na interação, vamos concluir que a conceituação de texto como um produto não nos serve. Portanto, faz-se necessário alargar nossa concepção de texto, que deve ser visto não como produto, mas como processo, como um evento, uma *performance*, ou como um jogo que está sendo jogado.

Dependendo da corrente teórica, podemos encontrar várias concepções para *texto* e, mesmo dentro de uma mesma corrente, conceitos diferentes, dependendo do autor. Para a semiótica, trata-se de um objeto de significação formado por um conjunto de elementos estruturados e captados pelos sentidos, que estabelece comunicação entre um destinador e um destinatário, podendo manifestar-se em várias formas semióticas (alfabéticas, fílmicas, pictóricas etc.), – daí os semioticistas falarem em texto cinematográfico, texto pictórico etc. Na semiótica de tradição eslava, afirma-se ainda que a própria cultura é um sistema de signos e, dessa forma, constitui-se num texto, ou seja, o acesso que temos ao mundo da cultura se faz por meio da leitura de sistemas semióticos, o que vai ao encontro da famosa frase do filósofo francês Jacques Derrida: "Nada existe fora da textualidade".

A linguística textual conceitua texto como "um evento comunicativo em que convergem ações linguísticas, sociais e cognitivas" (Beaugrande, 1997, p. 10, tradução nossa). Marcuschi (2008, p. 79), que também se filia à linguística textual, amplia o conceito de Beaugrande, afirmando que "o texto é um sistema de escolhas extraído de sistemas virtuais entre os quais a língua é o sistema mais importante". Koch (2005), tomando por base uma concepção interacional (dialógica) de língua, considera o texto o lugar onde os interlocutores (autor e leitor) interagem e defende que o sentido do texto não preexiste à interação, uma vez que é construído no processo interacional. Para essa autora, pelo menos do ponto de vista do leitor, todo texto é um hipertexto, conforme se pode observar pelo trecho a seguir.

Pensemos, inicialmente, nos textos acadêmicos, povoados de referências, citações, notas de rodapé ou de final de capítulo. Temos aqui um hipertexto, em que as chamadas para as notas ou as referências feitas no corpo final do trabalho funcionam como *links*. O leitor poderá, por exemplo, ler o texto de maneira contínua e só consultar as notas após essa leitura; consultar apenas as que mais lhe interessarem ou mesmo não ler nenhuma. Poderá, também, interromper sua leitura a cada chamada e integrar o conteúdo da nota à leitura que está fazendo. Ao encontrar uma referência, quer no texto, quer em nota, poderá inclusive suspender a leitura para consultar a obra ali referendada. Nesta nova obra, por sua vez, poderá encontrar outras referências, que o levem a outros textos, e assim por diante. A diferença com relação ao hipertexto eletrônico está apenas no suporte e na forma e rapidez do acessamento. (Koch, 2005, p. 61)

Para muitos linguistas, *texto* é tomado como sinônimo de *discurso*. Para outros, o texto é a materialização do discurso. Marcuschi (2008, p. 81) afirma que "não é interessante distinguir rigidamente entre texto e discurso, pois a tendência atual é ver um contínuo entre ambos com uma espécie de condicionamento mútuo"; no entanto, esse autor estabelece uma diferença entre os dois conceitos, ao afirmar que o discurso corresponde ao texto, mas acrescido de suas condições de produção. Sob o prisma da teoria da enunciação, o texto é um enunciado em que se manifesta o processo linguístico; nesse sentido, opõe-se a discurso. Conforme os Parâmetros Curriculares Nacionais (PCN), "o texto é o produto da atividade verbal oral ou escrita que forma um todo significativo e acabado, qualquer que seja a sua extensão" (Brasil, 1997, p. 25).

Arrolamos alguns conceitos de texto; você poderá encontrar outros. Como, neste livro, vamos nos referir muitas vezes a *texto*, é preciso que se deixe claro em que sentido estamos usando esse termo, por isso propomos o nosso próprio conceito: uma unidade comunicativa provida de coerência e formada por qualquer sistema de signos. O significado de suas partes não é autônomo, já que decorre das relações que elas mantêm entre si, sendo o significado global maior do que a soma de suas partes.

Ampliando o conceito, podemos afirmar que dizer que texto é uma unidade comunicativa significa entender que ele comunica algo para alguém num determinado contexto de interação. Texto pressupõe completude – por meio dele o autor disse tudo o que pretendia dizer naquele evento comunicativo. A noção de completude implica que em relação ao texto há um antes, com o qual dialoga (ver adiante a Seção 3.6 – "Intertextualidade"), e um depois, que provoca no leitor/ouvinte uma atitude responsiva ativa, seja de concordância, seja de refutação. Ser formado por qualquer sistema de signos significa que por trás de qualquer texto há um código que autor e leitor/ouvinte devem compartilhar. A noção de texto não se restringe, pois, ao verbal; uma pintura, um filme, uma dança também constituem textos, e pode haver, ainda, textos multissemióticos, aqueles que misturam diferentes sistemas de signos. A internet é um campo aberto para a produção de textos multissemióticos.

O texto caracteriza-se por apresentar coerência. Há autores que não fazem distinção entre os conceitos de coerência e coesão textuais. Atualmente, entende-se predominantemente que são conceitos diversos. A coesão está ligada à amarração das unidades na superfície do texto, isto é, a coesão se processa no plano linguístico. A coerência diz respeito à continuidade de sentido, ou seja, refere-se ao plano cognitivo e depende de nosso conhecimento prévio. Um texto pode apresentar coesão, mas não apresentar coerência; por outro lado, a coesão é elemento facilitador da coerência. Referindo-se à coerência, Beaugrande e Dressler (2005, p. 135) afirmam que "a continuidade de sentido está na base da coerência, entendida como a regulação da possibilidade que os conceitos e as relações que subjazem sob a superfície sejam acessíveis entre si e interajam de um modo relevante".

Vamos examinar agora uma fábula que certamente você conhece.

A raposa e o cacho de uvas

Uma raposa faminta viu uns cachos de uva pendentes de uma vinha; quis pegá-los mas não conseguiu. Então, afastou-se murmurando: "Estão verdes demais".

Moral: Assim também, alguns homens, não conseguindo realizar seus negócios por incapacidade, acusam as circunstâncias.

Fonte: Esopo, 2006, p. 31.

Fábulas normalmente apresentam duas partes relacionadas: uma narração e uma moralidade. Na primeira parte, temos um discurso figurativo, isto é, com imagens que remetem ao mundo natural (raposa, uvas, vinha); na segunda, um discurso temático, isto é, com conceitos, abstrações. Neste capítulo, voltaremos a discutir as diferenças entre textos figurativos e textos temáticos. Por ora, basta saber que os textos figurativos remetem ao mundo natural, o que lhes confere um efeito de sentido de realidade, e os temáticos remetem a valores (inveja, orgulho, arrogância etc.).

Sabemos que raposas não falam e sequer se alimentam de uvas, pois são animais carnívoros. No entanto, ninguém diria que, apesar de essas informações constarem no texto, ele seja incoerente. Por quê? Simplesmente porque, ao lê-lo, somos capazes de atribuir-lhe um sentido. Com base em nosso conhecimento textual, reconhecemos que se trata de uma fábula e que, nesse gênero, é comum animais falarem. Sabemos ainda se tratar de um gênero alegórico, o que significa que a raposa do texto não deve ser entendida como raposa, na medida em que, nas fábulas, animais representam comportamentos humanos. Em síntese: ao lermos a fábula, vemos que ela está sendo contada para exemplificar um preceito de conduta humana, expresso na moral.

Retomemos, a seguir, um texto apresentado no capítulo anterior.

COQUETEL

Miniquiche de tomate seco e abobrinha
Damasco com queijo gruyère e nozes
Pastelzinho chinês
Cigarrete de patê de fígado

ENTRADA

Salada de aspargo fresca com medalhão de lagosta e endívias
Batata rústica com azeite e ervas
Patê com massa folhada e molho de peras
Torta de shitake e alcaparras
Salmão defumado com panqueca
Ovas de salmão
Sopa francesa gelada de alho-poró
Salmão com molho de agrião e maracujá

PRATO PRINCIPAL

Risoto de endívia com presunto cruzeiro

SOBREMESA

Torta de marzipã e chocolate
Milfolhas de coco
Merengue de morango
Sorvete de creme e maracujá com cúpula de caramelo
Frutas frescas com calda e canela

Trata-se de um texto desprovido de elementos de coesão textual. No entanto, é um texto coerente, uma vez que o leitor, num dado contexto interacional, é capaz de construir um sentido para ele. Em decorrência de sua competência textual, é capaz de saber que se trata de um cardápio, do que será servido na refeição e em que sequência ela ocorrerá.

Vamos agora ler mais dois textos. No primeiro, focalizaremos especificamente a coerência; no segundo, a coesão.

O Tejo é mais belo que o rio que corre pela minha aldeia,
Mas o Tejo não é mais belo que o rio que corre pela minha aldeia
Porque o Tejo não é o rio que corre pela minha aldeia.

O Tejo tem grandes navios
E navega nele ainda,
Para aqueles que veem em tudo o que lá não está,
A memória das naus.

O Tejo desce de Espanha
E o Tejo entra no mar em Portugal,
Toda a gente sabe isso,
Mas poucos sabem qual é o rio da minha aldeia
E para onde ele vai
E donde ele vem.
E por isso, porque pertence a menos gente,
É mais livre e maior o rio da minha aldeia.

Pelo Tejo vai-se para o Mundo.
Para além do Tejo há a América
E a fortuna daqueles que a encontram.
Ninguém nunca pensou no que há para além
Do rio da minha aldeia.

O rio da minha aldeia não faz pensar em nada.

> Quem está ao pé dele está só ao pé dele.
>
> **Fonte:** Pessoa, 1972, p. 215-216.

Nesse poema de Fernando Pessoa, escrito sob o heterônimo de Alberto Caeiro, notamos que o texto se desenvolve a partir de uma oposição já presente nos primeiros versos: "Tejo" × "rio da minha aldeia". Essa oposição é reforçada pelo uso de construções sintáticas paralelas. Trata-se de um texto figurativo em que as características do Tejo são apresentadas como positivas: tem grandes navios; tem um passado histórico (nele navega ainda a memória das naus); todos o conhecem; por ele se vai para qualquer lugar; para além dele, há a riqueza.

As características do "rio da minha aldeia" estão em oposição às do Tejo. Aquilo que o Tejo tem o "rio da minha aldeia" não tem. Por meio dessas oposições, o leitor vai construindo uma imagem do Tejo e do rio da aldeia. O Tejo tem um nome; o rio da aldeia sequer nome tem. Olhar o Tejo é ver a história de Portugal; olhar o rio da aldeia é só contemplá-lo numa atitude de liberdade, porque não tem história ("o rio da minha aldeia não faz pensar em nada"). O Tejo vem da Espanha e deságua no mar; quanto ao "rio da minha aldeia", ninguém sabe de onde vem e para onde vai; por isso, na imaginação, pode ser até maior que o Tejo; para além do Tejo, há a fortuna; para além do rio da aldeia, não se sabe o que há.

Retorne ao verso que abre o poema e verifique que se trata de uma comparação: o que se compara? Não o passado glorioso, o tamanho, a navegabilidade, que são dados objetivos, mas a beleza, que é um conceito abstrato e subjetivo.

Duas realidades se contrapõem: uma objetiva e universal (o Tejo), outra subjetiva e particular (o "rio da minha aldeia"). Do ponto de vista objetivo, "O Tejo é mais belo que o rio que corre pela minha aldeia"; mas, do ponto de vista subjetivo, "O Tejo não é mais belo que o rio que corre pela minha aldeia". Como se explica que algo pode, ao mesmo tempo, ser mais belo e não ser mais belo? Essa contradição é apenas aparente, pois o que se compara não é o que um e outro representam objetivamente, mas a beleza, que não é um dado objetivo. Para o poeta, a beleza não está na grandiosidade, mas na simplicidade das coisas, não no universal, mas no particular.

Veja que, com base nas relações que se estabelecem no texto, construímos para ele um sentido coerente, que nos permite entender por que uma coisa que é mais bela que outra pode ser, ao mesmo tempo, menos bela. Evidentemente, esse sentido por nós construído não é o único possível. Leitores diferentes e um mesmo leitor, em épocas diferentes, podem construir sentidos diferentes para esse texto. Retomamos o que já afirmamos: o sentido não está no texto, mas é construído num diálogo ativo do leitor com o autor a partir do texto.

Leia agora o início de *O Quinze*, de Rachel de Queiroz.

Depois de se benzer e de beijar duas vezes a medalhinha de S. José, Dona Inácia concluiu:

"Dignai-vos ouvir nossas súplicas, ó castíssimo esposo da Virgem Maria, e alcançai o que rogamos. Amém."

Vendo a avó sair do quarto do santuário, Conceição, que fazia as tranças sentada numa rede ao canto da sala, interpelou-a:

– E nem chove, hein, Mãe Nácia? Já chegou o fim do mês... Nem por você fazer tanta novena...

Dona Inácia levantou para o telhado os olhos confiantes:

– Tenho fé em São José que ainda chove! Tem-se visto inverno começar em abril.

Na grande mesa de jantar onde se esticava, engomada, uma toalha de xadrez vermelho, duas xícaras e um bule, sob o abafador bordado, anunciavam a ceia.

> – Você não vem tomar o seu café de leite, Conceição?
> A moça ultimou a trança, levantou-se e pôs-se a cear, calada, abstraída.
> A velha ainda falou em alguma coisa, bebeu um gole de café e foi fumar no quarto.
> – A bênção, Mãe Nácia! – E Conceição, com o farol de querosene pendendo do braço, passou diante do quarto da avó e entrou no seu, ao fim do corredor.
>
> **Fonte:** Queiroz, 1977, p. 3.

Um narrador que não participa da história põe em cena duas personagens, Dona Inácia e Conceição, que travam um diálogo. Observe que o narrador, no desenrolar da narrativa, volta a fazer referência a essas duas personagens por outras expressões linguísticas que as retomam e servem também para caracterizá-las. Ao retomar a expressão nominal "Dona Inácia" por "a avó", "Mãe Nácia", "a velha" e "Conceição" por "a moça", o narrador vai costurando os elementos do texto, ou seja, vale-se do mecanismo da coesão textual para amarrar uns aos outros.

A coesão pode ser estabelecida por meio de elementos gramaticais ou lexicais. No caso, estamos destacando como elementos do léxico relacionam-se para dar coesão ao texto. Ficamos sabendo que a Dona Inácia que aparece no início do texto é velha e avó de Conceição, que é jovem. A coesão é que nos permite saber também que S. José é o esposo da Virgem Maria e que, no lugar em que ocorre o diálogo, inverno é a época das chuvas.

Mas retomemos a noção de texto. Iser (1979) compara a leitura a um jogo. Autor e leitor são os jogadores, e o texto é o local onde se joga. Para ele, esses três elementos (autor, leitor, texto) estão interconectados para a produção de algo que não existia antes de o jogo começar: o sentido, que é o objetivo a ser alcançado no jogo.

Alcançado o objetivo pelo leitor, termina o jogo, e o sentido alcançado passa a ser um suplemento, isto é, algo que se acrescenta ao texto. Quando se fala em jogo, pensa-se imediatamente em regras, ou seja, os parceiros jogam observando as regras do jogo e se valem de estratégias para alcançar o resultado final, o que implica avanços, recuos e tomadas de decisão. No "jogo do texto", também há regras. Dissemos que o sentido não está no texto, mas que é uma construção do leitor. Isso não significa que qualquer sentido seja válido, pois o leitor deve respeitar as regras do jogo e construir um sentido com base no que o texto fornece, ou seja, o sentido construído deve ser autorizado pelo texto.

Num jogo, o valor de cada peça é dado em relação ao todo. Trata-se, pois, de um sistema, em que a função de cada elemento é dada pela relação que guarda com os outros elementos, ou seja, o sentido (valor) de uma palavra no texto não é absoluto, mas é dado pela relação que ela tem com outras palavras do mesmo texto. No Capítulo LXX de *Dom Casmurro*, o narrador, ao descrever uma missa que acabara de assistir, afirma: "Havia homens e mulheres, velhos e moços, sedas e chitas, e provavelmente olhos feios e belos, mas eu não vi uns nem outros" (Assis, 1979a, p. 881). As palavras *sedas* e *chitas* não devem ser entendidas como espécies de tecidos que havia dentro da igreja. Por meio de uma relação associativa com outras palavras do texto, construímos o sentido de *sedas* e *chitas* como pessoas ricas e pobres, na medida em que seda é um tecido fino e caro e chita é um tecido de pouco valor. O que o narrador nos fala é que na missa havia homens, mulheres, velhos, moços, ricos e pobres e, provavelmente, pessoas belas e feias, valendo-se de um processo metonímico, uma vez que usa a parte (olhos) para designar o todo (pessoas). Quanto ao advérbio *provavelmente*, seu sentido parece não ser o literal. Se havia todo tipo de pessoa, com certeza (e não provavelmente!) havia pessoas feias e bonitas. Trata-se de um recurso muito comum na obra de Machado, a ironia. Observe que ele vê tudo: o gênero das pessoas (homens e mulheres), a condição social (ricos e pobres), a idade (velhos e novos), só não "vê" a beleza dos presentes. Tais sentidos são autorizados, porque foram inferidos com base em informações contidas no texto.

Observe que, nos textos, autor deixa pistas para o leitor, que, a partir delas, tenta construir o sentido, que não preexiste ao jogo do texto, mas é construído por ele. Num jogo, os parceiros agem contratualmente, aceitando as regras. Para o texto ficcional, a regra básica é que os parceiros aceitam que o mundo textual não é concebido como realidade, mas como se fosse realidade (lembre-se do que comentamos no capítulo anterior sobre o conceito de verossimilhança). Em se tratando de jogo, a leitura de texto ficcional tem caráter lúdico (lembre-se do que comentamos no capítulo anterior sobre o caráter não utilitário da literatura). Joga-se o jogo do texto literário pelo prazer de jogá-lo. E, como em qualquer jogo, quanto mais jogamos, mais competentes nos tornamos no jogo.

Por fim, podemos afirmar que, se o que caracteriza o texto é o sentido e este é construído pelo leitor, um texto não preexiste à sua leitura. Em outros termos, o texto, antes de ser processado pelo leitor, é algo apenas virtual, como as informações que estão disponíveis na internet. Como sabemos, elas só se tornam reais quando acessadas. Um texto só se torna texto real quando lido por alguém.

Detenhamo-nos nessa palavra de capital importância para nossos estudos: *sentido*. Essa palavra tem muitos significados e num deles está a ideia de direção, como em "Peguei a rodovia no sentido capital". O sentido de um texto (ou de uma palavra, ou de uma frase) é dado para onde ele aponta. A palavra *livro*, por exemplo, aponta para um objeto não linguístico, que chamamos de *referente*, formado por folhas de papel encadernadas. Os signos linguísticos, evidentemente, não são unidirecionais, podendo apontar para diversos referentes. É por isso que dizemos que a palavra *leitura*, por exemplo, tem muitos sentidos ou que uma frase tem duplo sentido.

3.2 Os dois planos do texto

Vimos na seção anterior que, no jogo do texto, o leitor interage cooperativamente com o autor com o objetivo de estabelecer um sentido para texto. Note que usamos o artigo indefinido – *um sentido* – e não o definido – *o sentido* –, uma vez que o sentido estabelecido por um leitor não será o mesmo que o estabelecido por outro, nem coincidirá necessariamente com o que o autor pretendeu dar ao texto. O sentido não é algo material, mas virtual. Ele não existe por si só, pois nos é dado por meio de elementos materiais, que constituem um sistema semiótico – no caso dos textos verbais, pela linguagem verbal, que percebemos pelo sentido da audição (no caso dos textos orais) ou da visão (no caso dos textos escritos). Para que isso fique mais claro, temos de retomar um conceito fundamental da linguística: o conceito de signo linguístico conforme estabelecido por Ferdinand de Saussure.

Saussure é considerado o fundador da linguística moderna. Seu livro *Curso de linguística geral*, publicado postumamente em 1916 (Saussure morreu em 1913) por dois de seus discípulos, com base em apontamentos de aulas, traz conceitos fundamentais para a compreensão da linguagem humana e exerce até hoje profunda influência não só nos estudos linguísticos, mas também em outras áreas do conhecimento. As ideias de Saussure estão presentes nas obras de pensadores como Louis Hjelmslev, Émile Benveniste, Roland Barthes, Claude Lévi-Strauss, Jacques Lacan, Algirdas Julien Greimas e também em correntes de pensamento como o estruturalismo e a semiótica de linha francesa. Conceitos como diacronia e sincronia, língua e fala, sintagma e paradigma e natureza do signo linguístico estão abordados no *Curso*. Para Saussure, a linguística é uma parte de uma ciência voltada para o estudo dos signos na vida social, a que ele denominou *semiologia* e que hoje é também conhecida pelo nome de *semiótica*. Nesta seção, vamos nos ater apenas no conceito de signo linguístico. Quando formos tratar da enunciação, voltaremos a nos referir a Saussure, discutindo a dictomia *langue/parole* (língua e fala).

Conforme expusemos em outra obra (Terra, 2008), em linhas gerais, considera-se signo alguma coisa que representa algo para alguém. Quando vemos, nos tribunais, uma balança, prontamente a associamos à noção de justiça, de igualdade; quando vemos, numa igreja, uma cruz, nós a associamos à ideia de cristianismo. Dizemos que, nesses casos, *balança* e *cruz* são símbolos, pois são objetos materiais (não linguísticos) que representam ideias abstratas. Os símbolos nem sempre exprimem adequadamente aquilo que simbolizam, pois temos uma representação metonímica da coisa, uma vez que o símbolo é uma parte do todo, que é o conteúdo abstrato. O conceito de justiça é muito mais amplo do que a balança, que representa apenas um de seus atributos: a equidade.

No nosso dia a dia, somos cercados por imagens que representam coisas. Na porta de banheiros, há imagens que indicam se o local é destinado a homens, mulheres ou pessoas portadoras de deficiências. Nas embalagens de produtos, uma imagem indica se o material é reciclável. Quando trabalhamos com o computador, imagens representam as diversas ações que podemos executar, como salvar, abrir, imprimir, recortar, colar e localizar. Essas imagens são signos artificiais, que o filósofo norte-americano Charles Sanders Peirce denominou *ícones* (do grego *eikón*, "imagem"). Nos ícones, que são uma espécie de signo criado pelos homens com a finalidade de estabelecer comunicação, ocorre uma relação necessária entre a imagem e o conceito que ela representa, razão pela qual têm sido largamente utilizados como uma forma de linguagem universal. Não importa onde você esteja e que língua fale, ao se deparar com os ícones afixados na porta de banheiros, saberá qual é o masculino, qual é o feminino e qual é o destinado a pessoas portadoras de deficiências.

A popularização dos computadores pessoais deveu-se muito à utilização de ícones, dado o caráter intuitivo destes. Antes, era necessário que se digitassem comandos, o que obrigava o usuário a memorizar uma série deles para realizar as funções pretendidas. Crianças, antes mesmo de saberem ler e escrever, conseguem usar um computador porque basta clicar ou tocar num ícone para que a função que elas pretendem executar esteja disponível.

Os ícones têm sido usados pelas pessoas não só para acessar aplicativos, mas também para a própria comunicação digital. É cada vez mais comum as mensagens verbais na rede virem acompanhadas por ícones (os *emoticons*). No Facebook®, esses ícones estão à disposição do usuário para serem usados em suas mensagens. O usuário pode dizer como está se sentindo (triste, feliz, cansado...) e o que está fazendo (lendo, jogando, ouvindo, assistindo...), bastando, para isso, clicar no ícone correspondente. Nesta obra, como tratamos especificamente de textos verbais, interessa-nos discutir não ícones, mas o signo linguístico.

Saussure conceitua o **signo linguístico** como uma entidade de duas faces, que une de maneira arbitrária um **significante** a um **significado**, como ilustrado na Figura 3.2.

Figura 3.2

Signo linguístico

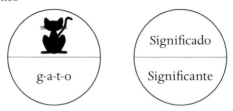

Por *significado* entende-se o conceito, isto é, a ideia, a imagem psíquica da coisa. Por *significante* entende-se a realização material desse conceito, ou seja, a sua concretização por meio de fonemas, ou de alguma coisa que os represente, como as letras do alfabeto. O significante é a parte perceptível, enquanto o significado é a parte inteligível do signo.

É importante você notar que o significado não é a coisa (no caso, o animal mamífero felino macho) que existe na realidade, mas a ideia que temos desse animal em nossa mente. A coisa em si, como existe no mundo natural, chamamos de *referente*, que não é linguístico. Em outros termos, o signo não é a coisa, mas a representa. O signo *cachorro* não late nem morde e se aplica a cachorros que ainda não nasceram.

Já o significante não é propriamente o som material que ouvimos (que pode estar representado por meio de letras), mas a impressão psíquica que fica em nossa mente desse som. É, portanto, uma imagem sensorial. Isso pode ser comprovado quando observamos que, quando falam consigo mesmas, as pessoas o fazem sem emitir qualquer som. Veja o que afirma o próprio Saussure (1972, p. 80):

O signo linguístico une não uma coisa e uma palavra, mas um conceito e uma imagem acústica. Esta não é o som material, coisa puramente física, mas a impressão psíquica desse som, a representação que dele nos dá o testemunho de nossos sentidos; tal imagem é sensorial e, se chegamos a chamá-la 'material', é somente neste sentido, e por oposição ao outro termo da associação, o conceito, geralmente mais abstrato.

O significante tem um caráter linear, isto é, ele se desenvolve no tempo, no eixo sintagmático. A sequência dos fonemas é percebida numa cadeia: um fonema sucede o outro e dois fonemas não podem ocupar o mesmo lugar na cadeia. Isso é muito visível quando os fonemas estão representados por letras: uma letra sucede a outra e duas letras não ocupam o mesmo lugar na linha em que está disposta a palavra.

É importante assinalar que existe entre significante e significado uma correspondência íntima. Estão de tal maneira vinculados que um necessariamente implica o outro. Quando percebemos sensorialmente o significante *g-a-t-o,* imediatamente o associamos àquele animal felino macho ou, ainda, quando o conceito desse animal nos vem à mente, prontamente o associamos àquele significante.

Quando afirmamos que a relação existente entre significado e significante é arbitrária, queremos dizer que ela é imotivada, isto é, não existe no conceito nada que o leve a ser denominado pela sequência dos fonemas /g//a//t//o/. O caráter arbitrário do signo linguístico pode ser comprovado pelas diferenças entre as línguas. Se existisse alguma motivação para unir o significado ao significante, o mesmo conceito (significado) seria representado pelo mesmo significante em todas as línguas, o que, como se sabe, não ocorre. O conceito que temos desse animal é representado pelos significantes *cat, chat, gatto, katze,* em inglês, francês, italiano e alemão, respectivamente. Explicando o caráter arbitrário do signo linguístico, assim se pronuncia Saussure (1972, p. 81-82):

> Assim, a ideia de "mar" não está ligada por relação alguma interior à sequência de sons *m-a-r* que lhe serve de significante; poderia ser representada igualmente bem por outra sequência, não importa qual; como prova, temos as diferenças entre as línguas e a própria existência de línguas diferentes [...].

Na realidade, a relação arbitrária é entre significante e referente (a coisa extralinguística) e não entre significado e significante. Não há nada no objeto *mesa* que o leve a ser chamado de *mesa*; mas, na medida em que se convencionou chamar de *mesa* àquele objeto, criou-se entre significado e significante um laço não arbitrário, mas necessário. Benveniste (1995, p. 55) afirma que

> Entre significante e significado, o laço não é arbitrário; pelo contrário, é **necessário**. O conceito ("significado") "boi" é forçosamente idêntico na minha consciência ao conjunto fônico ("significante") *boi*. Como poderia ser diferente? Juntos os dois foram impressos no meu espírito; juntos evocam-se mutuamente em qualquer circunstância. Há entre os dois uma simbiose tão estreita que o conceito "boi" é como a alma acústica *boi*. O espírito não contém formas vazias, conceitos não nomeados. [grifo do original]

Na mesma linha, Orecchioni (1999) assinala que os signos são necessários e ao mesmo tempo arbitrários e que, embora não haja nenhuma razão natural para chamar um boi de *boi*, os usuários da língua aceitam jogar o jogo da denominação. Por isso é melhor dizer que o signo linguístico é imotivado em vez de arbitrário, uma vez que a palavra *arbitrário* (o próprio Saussure reconhece isso) poderia dar a ideia de que o significado depende da livre escolha dos falantes e que estes podem alterar signos já estabelecidos em uma comunidade linguística.

Outro linguista, o dinamarquês Louis Hjelmslev, seguindo a tradição saussureana, amplia a noção de signo, ao afirmar que este exerce uma função semiótica, resultante de uma interdependência de dois planos: o plano da expressão (o significante, na terminologia de Saussure) e o plano do conteúdo (o significado, para Saussure). Sobre a função semiótica, vale reproduzir as palavras de Hjelmslev (2009, p. 54):

> A função semiótica é, em si mesma, uma solidariedade: expressão e conteúdo são solidários e um pressupõe necessariamente o outro. Uma expressão só é expressão porque é expressão de um conteúdo, e um conteúdo só é conteúdo de uma expressão. Do mesmo modo, é impossível existir (a menos que sejam isolados artificialmente) um conteúdo sem expressão e uma expressão sem conteúdo.

Adiantamos que as ideias de Hjelmslev não são simples e que não é objeto deste livro discuti-las. Por ora, basta que você saiba que o signo mantém dois planos solidários: uma expressão e um conteúdo, noções que nos ajudam a entender a constituição dos textos.

Apliquemos agora essas noções ao texto. Um texto é um objeto semiótico, isto é, ele resulta da articulação solidária dos dois planos: o plano da expressão, representado por uma sequência verbal que se desenvolve no eixo sintagmático, ou seja, linearmente, e um plano do conteúdo, que, em linguagem simples, é o sentido do texto que construímos a partir do plano da expressão.

Voltemos à teoria do texto como um jogo, postulada por Iser. As peças do jogo estão no plano da expressão (a parte material do texto, aquilo que está na superfície e é percebida pelos sentidos). Por meio do jogo que fazemos com essas peças (avanços, recuos, relações, inferências), buscamos chegar ao plano do conteúdo, ao sentido do texto, isto é, à direção para a qual os elementos presentes no plano da expressão apontam.

Volte à fábula de Esopo que apresentamos anteriormente. Num primeiro plano (expressão), temos uma sequência de frases que se relacionam numa estrutura narrativa, isto é, relata-se um fato: a raposa vê uns cachos em uma vinha; por estar com fome, quer pegar as uvas; como não consegue alcançá-las, vai embora dizendo que as uvas estão verdes. Esse plano pode ser representado assim: a raposa é sujeito de um querer; o objeto do querer são as uvas; a raposa quer entrar em conjunção com o objeto do querer; para conseguir o objeto, ela precisa ter uma competência para isso (um saber fazer); desprovida dessa competência, seu querer não é realizado (não se realiza a conjunção); a raposa, em vez de reconhecer que não detém um saber para conseguir o objeto do querer, prefere desqualificar o objeto do querer. Essa representação aponta para o seguinte: as pessoas costumam desprezar as coisas que desejam e não conseguem. É esse, afinal, o sentido do texto.

Pelo que expusemos, você poderia concluir que o plano da expressão, por si só, não possui sentido, ou seja, é pura forma. Na linguagem literária, no entanto, é comum o plano da expressão adquirir caráter significativo, isto é, a própria forma é conteúdo. Você já deve ter ouvido a canção "Pedro Pedreiro", de Chico Buarque (1966), cujo verso final é "Esperando o trem, que já vem". Ocorre que na execução da canção a oração adjetiva "que já vem" é repetida diversas vezes, acelerando-se o ritmo. O resultado é que essa reptição da forma "que já vem" produz um efeito de sentido, qual seja, o da chegada do trem. Num poema bastante conhecido, "Trem de ferro", de Manuel Bandeira, a repetição dos versos reproduz também o movimento do trem.

3.3 Textos figurativos e textos temáticos

No plano da expressão do texto, o autor seleciona palavras e as combina linearmente, formando frases, que, por sua vez, se combinam com outras, formando o texto. Em outros termos, o texto se desenvolve na linha do sintagma, a partir de recorrências, que permitem a sua progressão.

Na relação entre palavras e frases do texto, exercem um papel importante os mecanismos de coesão textual (coesão gramatical e coesão lexical), devendo-se lembrar, no entanto, que a coesão, ao contrário da coerência, não é condição essencial para que haja texto, uma vez que podemos ter textos coerentes desprovidos de elementos de coesão.

Os signos presentes no plano da expressão podem remeter a elementos presentes no mundo natural – nesse caso, são representados por palavras concretas – ou a conceitos que existem em nossa mente – nesse caso, são representados por palavras abstratas.

Aqui, é necessário fazer um retorno a um assunto que se aborda em gramática, quando se fala em substantivos. Você deve lembrar que, no estudo dessa classe de palavras, costuma-se classificar os substantivos em concretos ou abstratos. Deve lembrar ainda que essa classificação costuma trazer dúvidas aos estudantes. Antes de voltar a tratar de textos figurativos e temáticos, é preciso que retomemos os conceitos de concreto e abstrato.

Dizemos que algo é concreto quando remete a algo que existe na realidade e pode ser captado pelos sentidos. Também são considerados concretos aqueles seres que são criados pela nossa imaginação. Como exemplos, podemos citar: livro, papel, cadeira, menino, fada, bruxa, lobisomem. Veja que aquilo que é concreto pode ser visualizado como uma unidade, como um ser em si mesmo. A personagem Hamlet, da peça homônima de Shakespeare, não existiu – trata-se de um ser criado pela imaginação criadora do dramaturgo inglês; no entanto, somos capazes de visualizá-lo como um ser, que fala, que tem sentimentos. Hamlet, embora nunca tenha existido na realidade, é concreto. Abstrato é tudo aquilo que decorre de um processo de abstração, que é uma operação mental pela qual se isolam de determinado elemento os fatores ou propriedades que se relacionam à realidade concreta; portanto, o conceito de abstrato decorre do concreto. Como exemplos, podemos citar: largura, altura, beleza, tristeza, peso. Veja que aquilo que é abstrato não pode ser reconhecido como um ser em si, mas como uma propriedade de algo concreto: a largura do rio, a altura da montanha, a beleza da menina, a tristeza do pai, o peso da carne. Os substantivos concretos admitem a oposição *animado* × *inanimado*, o que não ocorre com os abstratos.

É importante observar que o contexto é fundamental para se determinar se a palavra é concreta ou abstrata. Quando dizemos "A construção do prédio demorou dois anos", a palavra *construção* foi empregada como abstrata. Já em "Os pedreiros dormem na construção em que trabalham", a palavra *construção* representa algo concreto, significando "prédio", "obra", um ser inanimado. Considere outro exemplo: "A venda do jogador para um time europeu desagradou a torcida" (*venda* = abstrato); "Pedro, vá à venda e compre um quilo de tomates" (*venda* = concreto).

Fique atento, pois a distinção entre concreto e abstrato não se resume à categoria gramatical dos substantivos, como aparece normalmente nas gramáticas. Podemos ter verbos concretos, como *plantar* e *escrever,* e abstratos, como *estimar* e *querer*; adjetivos concretos, como *verde* e *azul*, e abstratos, como *triste* e *estúpido*.

Dependendo de como são organizados os textos, eles podem ser mais concretos ou mais abstratos: os primeiros denominam-se **figurativos**, pois neles predominam figuras, isto é, signos que rementem a elementos presentes no mundo natural, criando um efeito de sentido de realidade; os segundos denominam-se **temáticos**, pois remetem a conceitos, ideias. Os primeiros representam o real; os segundos interpretam o real. Os textos figurativos são mais comuns nas narrações; os temáticos têm maior frequência em textos argumentativos. Nos textos figurativos, as figuras revestem o tema, ou seja, textos figurativos têm tema, porém este não está na estrutura superficial, mas na estrutura profunda, uma vez que está recoberto pelas figuras. Ressalvamos que, quando se fala em textos temáticos e figurativos, estamos levando em conta a dominância de figuras ou de temas, pois mesmo em textos temáticos há presença de figuras. Para Barros (1988, p. 115), "não há discursos não figurativos e sim discursos de figuração esparsa".

O termo *figura* não remete necessariamente às figuras de linguagem. Estas representam desvios do uso padrão, ou, segundo Fiorin (2014), predicações não pertinentes, e podem ser obtidas tanto com palavras concretas (figuras) quanto com abstratas (temas). Uma antítese é a aproximação de palavras de sentidos opostos. Em "sedas e chitas" (em *Dom Casmurro*, como comentamos anteriormente), a antítese resulta da aproximação de duas figuras; em "Minha alegria é triste" (em "As canções que você fez pra mim", de Roberto Carlos e Erasmo Carlos, 1968), da aproximação de dois temas. As figuras de linguagem são formas de se encadearem figuras e temas num texto. Veremos algumas dessas figuras na próximo capítulo.

O modo como leitores e autores interagem por meio desses textos é diferente. Nos textos temáticos, o autor leva o leitor a crer em algo por meio da argumentação, valendo-se de um raciocínio abstrato dedutivo. Nos textos figurativos, o autor também persuade o leitor a crer em algo, porém não mais pelo raciocínio dedutivo, mas por um raciocínio analógico. Convém lembrar que a classificação dos textos em figurativos e temáticos leva em conta a predominância de figuras ou temas no texto. Na literatura, por se tratar de uma representação do real, há dominância de textos figurativos. Leia o texto a seguir.

O Delírio

Que me conste, ainda ninguém relatou o seu próprio delírio; faço-o eu, e a ciência mo agradecerá. Se o leitor não é dado à contemplação destes fenômenos mentais, pode saltar o capítulo; vá direito à narração. Mas, por menos curioso que seja, sempre lhe digo que é interessante saber o que se passou na minha cabeça durante uns vinte a trinta minutos.

Primeiramente, tomei a figura de um barbeiro chinês, bojudo, destro, escanhoando um mandarim, que me pagava o trabalho com beliscões e confeitos: caprichos de mandarim.

Logo depois, senti-me transformado na *Suma Teológica* de S. Tomás, impressa num volume, e encadernada em marroquim, com fechos de prata e estampas; ideia esta que me deu ao corpo a mais completa imobilidade; e ainda agora me lembra que, sendo as minhas mãos os fechos do livro, e cruzando-as eu sobre o ventre, alguém as descruzava (Virgília decerto), porque a atitude lhe dava a imagem de um defunto.

Ultimamente, restituído à forma humana, vi chegar um hipopótamo, que me arrebatou. Deixei-me ir, calado, não sei se por medo ou confiança; mas, dentro em pouco, a carreira de tal modo se tomou vertiginosa, que me atrevia interrogá-lo, e com alguma arte lhe disse que a viagem me parecia sem destino.

– Engana-se, replicou o animal, nós vamos à origem dos séculos

Fonte: Assis, 1979c, p. 520.

O texto que você acabou de ler é o início do Capítulo VII de *Memórias póstumas de Brás Cubas*, de Machado de Assis. Um narrador presente no texto ("faço-o eu"), no caso o finado Brás Cubas, irá relatar seu próprio delírio. Atentemos aos quatro primeiro parágrafos. No primeiro, o narrador justifica o que vai fazer. A partir do segundo, começa a narração propriamente dita. Os três primeiros parágrafos da narração seguem uma ordem cronológica, expressa por expressões adverbiais que abrem os parágrafos: *primeiramente, logo depois, ultimamente*.

Inicialmente, o narrador se vê transformado em um barbeiro chinês que barbeia um mandarim; em seguida, vê-se transformado no livro *Suma Teológica*, de S. Tomás de Aquino. Por fim, volta à forma humana e é arrebatado por um hipopótomo.

No plano da expressão, você pode observar que o narrador faz uso de figuras, ou seja, expressões linguísticas que remetem ao mundo natural: *barbeiro, chinês, mandarim, beliscões, confeitos, Suma Teológica, encadernada, fechos de prata, estampas, hipopótamo*.

Afirmamos que o discurso figurativo visa obter um efeito de realidade. As figuras presentes no texto, no entanto, parecem não ter relação umas com as outras, ou parece que no texto não formam uma isotopia. Vamos, antes de prosseguir, esclarecer esse termo.

Damos o nome de *isotopia* à recorrência, na cadeia sintagmática, de elementos associados a um mesmo campo semântico, garantindo coerência ao discurso. Volte ao texto de Fernando Pessoa e veja como ele encadeia figuras (*Tejo, rio, navios, naus, mar, navega*). Se os elementos forem figuras, temos isotopia figurativa; se forem temas, isotopia temática. Perceber num texto as cadeias isotópicas é fundamental para a construção do sentido, pois, conforme Fiorin (2014, p. 20), "é a isotopia que estabelece que leituras devem ou podem ser feitas de um texto. A leitura não tem origem na intenção do leitor em interpretar o texto de uma dada maneira, mas está inscrita no texto como virtualidade". Lembre-se de que, no texto de Fernando Pessoa, o tema está recoberto por figuras que recobrem a oposição *Tejo × rio da minha aldeia*.

Votemos ao texto de Machado de Assis. As figuras, numa primeira leitura, parecem não formar uma cadeia isotópica (*barbeiro, mandarim, Suma Teológica, hipopótamo*). Mas observe que a finalidade das figuras é recobrir o tema, que, nesse caso, é o delírio. O uso dessas figuras mostra que no delírio as imagens em que a pessoa se vê transformada são aleatórias e arbitrárias e, portanto, não devem ser vistas como as imagens que nossa mente produz em situações de racionalidade. Observe que o comportamento do mandarim é a arbitrariedade pura: ora repreendia (pagava com beliscões), ora premiava (pagava com confeitos). O hipopótamo, um animal pesado e vagaroso, além de falar, corria. Sob o ponto de vista do discurso do delírio, aquelas figuras mantêm, pois, relação semântica, contribuindo para dar coerência ao texto.

Em síntese, as figuras usadas no texto constroem um discurso com efeito de realidade, mostrando ao leitor que, num delírio, não há lógica alguma nas imagens que as pessoas vivenciam. O delírio é justamente isso: o espaço do não lógico, do não racional, da alucinação, da desorientação.

3.4 Texto e contexto

Vimos que os textos apresentam dois planos: o da expressão e o do conteúdo. O objetivo da leitura é construir um sentido para o texto, a partir do material linguístico presente no plano da expressão. Salientamos, entretanto, que o autor intencionalmente não expressa todas as informações no texto, uma vez que supõe que há um conhecimento compartilhado pelo leitor. O texto, portanto, apresenta *gaps*, isto é, brechas, lacunas, que são preenchidas pelo leitor com base em seus conhecimentos prévios, os quais são fundamentais para que processe o texto como coerente.

Vamos tomar como exemplo placas como a reproduzida a seguir, comumente encontradas nas cidades:

Nosso conhecimento de mundo nos leva a não fazer uma leitura literal desse enunciado, ou seja, não vamos atribuir a ele o sentido de que alguém aluga o imóvel com o proprietário dentro dele. Sabemos que o autor desse enunciado, por medida de economia, deixou elementos implícitos, pressupondo que os leitores o recuperarão com facilidade, ou seja, ele objetiva que a leitura seja a seguinte: aluga-se este imóvel e, para isso, deve-se tratar diretamente com o proprietário. Na verdade, ao omitir informações, o autor espera que o leitor faça a articulação do texto com o contexto.

Mas, afinal, o que é o contexto?

Inicialmente, devemos distiguir duas espécies de contexto: o contexto intraverbal, mais propriamente chamado *cotexto*, e o contexto extraverbal, ou contexto propriamente dito. Tal diferença se apoia na questão do referente, se ele está no texto ou na situação comunicativa, em outros termos, se se trata de um referente textual ou situacional. No cotexto, a referência está no próprio texto; no contexto, ela se faz com elementos da situação comunicativa.

Num texto, há no plano da expressão elementos que remetem a outros segmentos textuais. Como você viu, o texto é uma unidade em que as partes estão solidariamente unidas. Um termo faz referência a outro já dito ou aponta para outro que aparecerá adiante.

Há certas expressões indiciais (pronomes, advérbios) cujo sentido é dependente da enunciação. Isso será tratado com detalhes quando estudarmos a enunciação (Capítulo 6). Por ora, basta saber que o sentido de uma expressão do texto será dado pela relação que essa expressão mantém com outros elementos presentes no plano da expressão. Damos o nome de *cotexto* aos componentes linguísticos que antecedem ou sucedem um determinado fragmento textual; portanto, o cotexto é sempre explícito. É em decorrência dele que resolvemos não só os problemas de ambiguidade do texto, como também os de referência textual, identificando, por exemplo, o referente de um pronome ou de um advérbio. O cotexto possibilita ainda que o leitor reconstrua a sequência temática do texto, a partir de isotopias presentes no plano da expressão.

Um texto faz referência a coisas que estão no mundo "real" (coisas, pessoas, personagens, acontecimentos etc.). Damos o nome de *contexto extraverbal*, ou simplesmente *contexto*, aos elementos não linguísticos em que o texto está ancorado. O contexto propriamente dito é construído pelo leitor no ato da leitura e, ao contrário do cotexto, está implícito, competindo ao leitor recuperá-lo, vale dizer, a partir do componente verbal e com base em seus conhecimentos prévios, o leitor reconstitui a situação em que o texto foi enunciado, construindo um sentido para ele.

3.5 Tipos de textos: modos de organizar o discurso

Os textos têm também uma função pragmática, isto é, prestam-se a várias finalidades. Dependendo do propósito comunicativo, o material linguístico se organiza de uma forma ou outra, daí os textos serem classificados em função do discurso que apresentam. Neste livro, interessam-nos particularmente quatro modos de organização do discurso, correspondentes a quatro tipos de texto: o **descritivo**, o narrativo, o argumentativo e o expositivo. Lembremo-nos, porém, de que os textos se caracterizam pela sua heterogeneidade, o que significa que, na prática, esses modos de organização discursiva podem aparecer num mesmo texto. Quando se fala em um tipo de texto, estamos levando em conta a predominância de um tipo sobre os demais. Sobre isso, Guimarães (2013, p. 25) afirma que

qualquer tipificação só pode ser feita em termos de dominância, já que dificilmente se apresentam tipos textuais puros. Embora haja sempre uma estrutura dominante, ou seja, aquela que representa o esquema fundamental do texto, esta não se caracterizará necessariamente como um único tipo ou forma.

Vamos agora apresentar exemplos de cada tipo de texto, comentando sua organização linguística.

3.5.1 O texto descritivo

Leia o texto a seguir.

O homem era alto e tão magro que parecia sempre de perfil. Sua pele era escura, seus ossos proeminentes e seus olhos ardiam como fogo perpétuo. Calçava sandálias de pastor e a túnica azulão que lhe caía sobre o corpo lembrava o hábito desses missionários que, de quando em quando, visitavam os povoados do sertão batizando multidões de crianças e casando os amancebados. Era impossível saber sua idade, sua procedência, sua história, mas algo havia em seu aspecto tranquilo, em seus costumes frugais, em sua imperturbável seriedade que, mesmo antes de dar conselhos, atraía pessoas.

Fonte: Vargas Llosa, 1982, p. 15.

Trata-se de um texto descritivo. Seu propósito comunicativo é levar o leitor a construir uma imagem mental da pessoa que se descreve e, para tanto, vale-se de figuras, o que lhe confere um efeito de sentido de realidade. Lendo o texto, conseguimos visualizar a pessoa descrita, no caso, Antônio Conselheiro. No texto não há temporalidade, pelo contrário, o retrato de Conselheiro é apresentado em um determinado momento. Sua descrição obedece ao critério espacial: primeiro, apresenta-se um aspecto geral (alto e magro), depois características da pele, dos ossos e dos olhos, mais adiante de suas vestimentas e, finalmente, seus costumes e aspecto. A relação entre os segmentos textuais é de simultaneidade (não há um antes e um depois). Do ponto de vista linguístico, sua organização assim se apresenta:

a) uso de adjetivos: homem **alto** e **magro**, de pele **escura**, ossos **proeminentes**, aspecto **tranquilo**, costumes **frugais**...;

b) verbos de ligação ou de estado no pretérito imperfeito;

c) na estrutura sintática, predomínio de orações coordenadas ou justapostas;

d) ausência de relação de temporalidade e de causa e consequência entre as frases.

Veja outro exemplo de texto descritivo.

> O cabelo é ruivo, bem ruivo, com cachos pequenos, e o rosto é pálido, alongado, com feições regulares, atraentes, e umas suíças pequenas, um tanto estranhas, tão ruivas quanto o cabelo. As sobrancelhas são, de algum modo, mais escuras; são bem arqueadas e parecem capazes de se mexer bastante. Os olhos são penetrantes, estranhos – terríveis; mas só sei dizer que são um tanto pequenos e muito fixos. A boca é larga, os lábios são

> finos e tirando as suíças pequenas o rosto é bem escanhoado.
> De certo modo, ele me dá a impressão de ser um ator.
>
> **Fonte:** James, 2011, p. 45.

Trata-se de um sequência descritiva inscrita num texto predominantemente narrativo. *A outra volta do parafuso*, de Henry James, narra as experiências de uma governanta encarregada de cuidar de duas crianças. A história é narrada pela própria governanta, que vê na casa em que trabalha a presença de pessoas que já morreram. O trecho lido é uma descrição que a Sra. Grose, uma funcionária da casa, faz à protagonista de um antigo funcionário já morto e que aparecera para a governanta.

Observe que não há temporalidade (não há um antes nem um depois) e que a adjetivação é o recurso utilizado para apresentar as características do antigo funcionário. Tais adjetivos funcionam como núcleos de predicados nominais, isto é, constituídos por verbos de ligação e predicativo. Veja:

"O cabelo **é ruivo, bem ruivo** *[...]"*
"[...] o rosto **é pálido, alongado** *[...]"*
"As sobrancelhas **são** *[...]* **mais escuras; são bem arqueadas** *[...]"*
"Os olhos **são penetrantes, estranhos – terríveis** *[...]"*
"[...] [os olhos] **são um tanto pequenos e muito fixos.**"
"A boca **é larga,** *os lábios* **são finos** *[...]"*
"[...] o rosto **é bem escanhoado** *[...]"*

Encerrando o que comentamos sobre o texto descritivo, gostaríamos de chamar a atenção para um fato: os dois exemplos apresentados são partes de textos narrativos. Alguém poderia pensar então que sequências descritivas dentro de textos narrativos não têm função e que a narrativa poderia prescindir delas. Alguns leitores chegam até mesmo a pular as sequências descritivas de textos narrativos, restringindo sua leitura à narração propriamente dita.

É preciso observar, no entanto, que as descrições exercem funções dentro da narração, entendendo-se por *função* a possibilidade de um elemento da obra estar em correlação com outros elementos e com a obra inteira, exercendo, por isso, papel relevante para a construção do sentido. Falando de sua obra, o escritor francês Gustave Flaubert afirmava que nela nenhuma descrição era gratuita, pois todas serviam à caracterização das personagens e ao desenrolar da ação. Veja que no primeiro texto a descrição de Conselheiro já orienta o leitor no sentido de ver nele o caráter místico – a imagem que dele é construída no texto é a de um santo ou profeta.

No texto de Henry James, a função da descrição pormenorizada de um morto tem a função de mostrar que o que a governanta viu era exatamente a figura do funcionário morto e não um vulto qualquer que, por acaso, passasse por ali. Tanto que, terminada a descrição, a governanta diz à sua interlocutora que fora exatamente essa "pessoa" que ela vira.

3.5.2 O texto narrativo

Leia o texto a seguir.

> Fabiano procurou em vão perceber um toque de chocalho. Avizinhou-se da casa, bateu, tentou forçar a porta. Encontrando resistência, penetrou num cercadinho cheio de plantas mortas, rodeou a tapera, alcançou o terreiro do fundo, viu um barranco vazio, um bosque de catingueiras murchas, um pé de turco e o prolongamento da cerca do curral. Trepou-se no mourão do canto, examinou a catinga, onde avultavam as ossadas e o negrume dos urubus. Desceu, empurrou a porta da cozinha.

> Voltou desanimado, ficou um instante no copiar, fazendo tenção de hospedar ali a família. Mas chegando aos juazeiros, encontrou os meninos adormecidos e não quis acordá-los. Foi apanhar gravetos, trouxe do chiqueiro das cabras uma braçada de madeira meio ruída pelo cupim, arrancou touceiras de macambira, arrumou tudo para a fogueira.
>
> **Fonte:** Ramos, 2009, p. 13.

Trata-se de um texto narrativo. Seu propósito comunicativo é contar um fato, um acontecimento. Do ponto de vista de sua organização linguística, temos uma sequência de ações representadas por verbos de ação no pretérito perfeito que se referem a uma personagem. Ao contrário do texto descritivo, há temporalidade. As ações se encadeiam em ordem cronológica (do passado para o presente): Fabiano **avizinhou-se** da casa, **bateu**, **tentou forçar** a porta, **penetrou** num cercadinho cheio de plantas mortas, **rodeou** a tapera, **alcançou** o terreiro do fundo, **viu** um barranco vazio, **trepou-se** no mourão, **examinou** a catinga, **desceu**, **empurrou** a porta da cozinha, **voltou** desanimado, **ficou** um instante no copiar, **encontrou** os meninos, não **quis acordar** os meninos, **foi apanhar** gravetos, **trouxe** do chiqueiro das cabras uma braçada de madeira, **arrancou** touceiras, **arrumou** tudo para a fogueira.

Observe que essas ações, representadas por verbos de ação, encadeiam-se em uma sequência cronológica, do passado para o presente, ou seja, todo texto narrativo tem um **antes** e um **depois**. Como veremos, ao estudar o discurso narrativo (Capítulo 7), nada obsta que a ordem cronológica seja invertida, como nos romances policiais em que se conta o crime primeiro e depois o que aconteceu para que aquele crime se consumasse, ou até mesmo que os fatos não sejam narrados em ordem cronológica, como ocorre em narrativas em que os acontecimentos são narrados à medida que vêm à mente do narrador (tempo psicológico).

Uma narrativa básica segue o seguinte esquema: atribuir ações a personagens. Há ainda alguém que conta o fato, o narrador, que, no caso do texto de Graciliano Ramos, não pertence à história. Por apresentar personagens, num determinado tempo, em determinado lugar, vivendo situções, a narração é predominantemente figurativa. Volte ao texto e verifique que prevalecem as palavras que remetem ao mundo real: *casa, porta, cercadinho, plantas, tapera, terreiro, barranco, catingueiras...* Por meio desse discurso figurativo é que se dá o efeito de sentido de realidade ao texto.

No discurso narrativo, há mudanças no estado da personagem, por exemplo, ela não tem algo e consegue o que não tem ou possui algo e perde o que possui. Em outros casos, ela quer fazer algo, e a mudança consiste do não querer para o querer. Pode ocorrer de ela não saber e passar a saber. Enfim, a mudança de estado significa aquisição ou perda de algo.

O trecho de *Vidas secas* relata um momento da fuga da família por causa da seca. Depois de caminharem bastante e com a fome apertando, encontram uma casa. A visão da casa faz com que Fabiano passe a ter a esperança de conseguir comida. Essa esperança, como se vê, é logo frustrada.

No discurso literário, há predominância de gêneros cuja forma de organização do discurso é narrativa: romance, conto, novela, poemas narrativos. Mas as narrativas não estão presentes só nos textos literários ou na escola; elas fazem parte da vida das pessoas em todas as épocas e culturas. Todos os povos contam e ouvem histórias. Desde pequenos, somos acostumados a ouvir histórias. Há um impulso básico no ser humano pelas narrativas. No Capítulo 7, trataremos com detalhes do discurso narrativo.

3.5.3 O texto argumentativo

Leia o texto a seguir.

> Não acredito que a guerra seja apenas obra de políticos e capitalistas. Ah, não, o homem comum é igualmente culpado; caso contrário, os povos e as nações teriam se rebelado há muito tempo! Há uma necessidade destrutiva nas pessoas, a necessidade de demonstrar fúria, de assassinar e matar. E até que toda a humanidade, sem exceção, passe por uma metamorfose, as guerras continuarão a ser declaradas, e tudo que foi cuidadosamente construído, cultivado e criado será cortado e destruído, só para começar outra vez!
>
> **Fonte:** Frank, 2007, p. 291.

Trata-se de um texto argumentativo. O discurso é organizado com o propósito comunicativo de levar o leitor a aderir a um ponto de vista defendido pela autora. Tem caráter mais abstrato – predominam temas (*acredito, obra, culpado, necessidade, fúria, construído, cultivado, criado, destruído*) em vez de figuras. As figuras que aparecem no texto não remetem a um ser específico do mundo real, mas são tomadas em sentido genérico. Veja que, quando a autora escreve "a guerra", não está se referindo à guerra que ocorria no momento da enunciação (a II Guerra Mundial), mas a qualquer guerra. As palavras *políticos* e *capitalistas*, no plural, remetem à generalidade (todos os políticos e todos os capitalistas). O mesmo ocorrre com as palavras *povos* e *nações*.

O discurso organiza-se em função do ato de persuadir, convencer. Para tanto, a autora se vale de argumentos. Argumentar é apresentar fatos, dados, ideias, razões, provas, visando comprovar, pela linguagem, uma afirmação. No texto, Anne sustenta uma opinião: a guerra não é apenas obra de políticos e capitalistas. Num texto argumentativo, a opinião que defendemos, denomina-se *tese*. Os argumentos utilizados no texto têm por finalidade sustentar essa tese e levar o leitor a aderir a ela.

Do ponto de vista linguístico, o texto argumentativo se caracteriza pelo encadeamento lógico e não cronológico de orações que exprimem diversas relações de sentido, como causa, consequência, condição, concessão e finalidade, e pela presença de modalizadores, operadores argumentativos e verbos que introduzem opiniões. A ausência de temportalidade é marcada por verbos no presente (*acredito, seja, é*) e no infinitivo (*assassinar* e *matar*). Podem ocorrer outros tempos que têm relação com o presente, normalmente o pretérito perfeito e o futuro do presente.

3.5.4 O texto expositivo

Leia o texto a seguir.

A atividade muscular de um cidadão que segue calmamente seu caminho um dia inteiro é muito maior do que a de um atleta que sustenta uma vez ao dia um peso enorme; isso foi comprovado fisiologicamente, e é provável também que as pequenas atividades cotidianas, na sua soma social e nessa capacidade de serem somadas, ponham muito mais energia no mundo do que as ações heroicas [...].

Fonte: Musil, 2006, p. 31.

Trata-se de um texto expositivo. Seu propósito comunicativo é transmitir um saber, uma informação nova. O autor supõe que o leitor não sabe X e, por meio do texto, tenta levá-lo a saber X. Esse tipo de texto não é comum nos gêneros literários; dada sua finalidade, é mais frequente nos gêneros pertencentes à esfera didática. Nesse caso, é comum apresentar linguagem mista – as informações verbais podem ser complementadas por ilustrações, gráficos, tabelas etc. Dentre as várias formas de se organizar o discurso, os textos expositivos são os que mais se prestam a uma configuração hipertextual. Se você fizer uma rápida passagem pela rede e verificar textos que contêm *hiperlinks*, vai notar que em sua grande maioria são textos expositivos, isso porque, como nesse tipo de texto o propósito comunicativo é transmitir um saber, a possibilidade de se estabelecerem *links* entre as informações é mais ampla. Consulte algum verbete na enciclopédia digital Wikipédia. Você verá que, ao se explicar o item que dá título ao verbete, abrem-se inúmeros *links* para outros verbetes da própria Wikipédia.

Do ponto de vista de sua estruturação linguística, predomina uma linguagem objetiva com palavras usadas em sentido próprio e verbos no presente do indicativo.

3.6 Intertextualidade

Os textos comportam uma ambiguidade, pois, ao mesmo tempo que se apresentam como uma unidade autônoma, provida de coerência e sentido, inserem-se numa corrente e estão ligados por motivos temáticos ou composicionais a outros textos que os precederam, e um texto "novo" poderá servir de motivo para outros textos. Podemos então afirmar que, na realidade, não existem textos "novos", na medida em que todo texto faz referência a texto(s) que o(os) precedeu(eram). A isso damos o nome de *intertextualidade*, que, para Fiorin (2011, p. 30), é entendida como "o processo de incorporação de um texto em outro, seja para reproduzir o sentido incorporado, seja para transformá-lo".

Como você pode observar, neste texto que você está lendo, seu autor está constantemente fazendo referência a outros textos. Muitas delas você percebe com facilidade, pois há a indicação do texto a que se faz referência, inclusive com o ano de publicação e o número da página de onde foi extraída a citação direta. Em outros momentos, essa referência não está explicitada, já que o autor não fez a citação textual da referência, mas preferiu parafraseá-la, isto é, dizer para você, leitor, o que outro autor disse, não literalmente, mas com suas próprias palavras. Ao texto retomado numa relação intertextual damos o nome de *texto-fonte* ou *intertexto*.

A intertextualidade pode se manifestar de diversas formas, por exemplo, uma obra que tem por intertexto outra. A peça de teatro *Gota d'água*, de Chico Buarque e Paulo Pontes, é uma releitura da tragédia grega *Medeia*, de Eurípedes. Aliás, a literatura grega clássica serviu de intertexto para diversos textos modernos, literários ou não. As fábulas de Esopo foram posteriormente recontadas por La Fontaine. Freud foi buscar na literatura grega antiga muitos elementos para sua teoria. O complexo de Édipo, de que trata Freud, remete a uma peça do teatro grego, *Édipo Rei*, de Sófocles. O romance *Ulisses*, de James Joyce, guarda relações intertextuais com a *Odisseia*, de Homero. A Bíblia é outro texto que serviu de intertexto para inúmeras produções literárias. Citamos aqui apenas alguns exemplos: o soneto "Sete anos de pastor Jacó servia", de Camões, é claramente uma releitura de episódio bíblico; o escritor brasileiro Moacyr Scliar escreveu algumas obras cujo intertexto é a Bíblia, tais como *Manual da paixão solitária*, *Os vendilhões do templo* e *A mulher que escreveu a Bíblia*. Em outra obra, sustentamos que na literatura, é comum que um texto dialogue com outro a fim de subvertê-lo ou negá-lo, ressaltando a diferença entre eles, com o propósito de obter efeito jocoso ou satírico. Ao texto resultante dessa transformação do texto fonte, damos o nome de **paródia** (do grego: *paro* [ao lado de] + *oide* [poema cantado]). Evidentemente, é necessário que o leitor reconheça o texto parodiado, para que a paródia atinja os efeitos pretendidos pelo seu autor. (Terra, 2014, p. 81-82, grifo do original)

As paródias recaem em textos que o autor julga estarem na memória do leitor, por isso os textos mais conhecidos são os mais parodiados. As relações intertextuais podem não ser temáticas, mas formais. Quando um autor moderno escreve um soneto, está retomando uma forma criada pelo poeta italiano Petrarca no século XIV. Em *Os lusíadas*, Camões retoma um modelo de produção literária da Antiguidade, a epopeia.

Cumpre dizer que a intertextualidade não diz respeito apenas a textos verbais – uma pintura, por exemplo, pode estar remetendo a outra pintura; uma música a outra música. Há também intertextualidade entre semióticas diferentes, como a transposição para cinema ou história em quadrinhos de romances. Como exemplo, podemos citar o filme *V de vingança*, de James McTeigue. Trata-se de uma transposição para a linguagem cinematográfica de uma história em quadrinhos, de mesmo nome, de David Lloyd e Allan Moore.

Como os textos fazem referência a outros textos, o leitor competente deve perceber essas referências, sob pena de não dar sentido ao que está lendo, vendo ou escutando. Para ilustrar o que falamos, atente para o texto que segue.

Trata-se de texto em que há cruzamento de linguagens (verbal e não verbal). Se chamamos isso de *texto*, estamos partindo do princípio de que ele tenha um sentido. Sabemos que o sentido não está no texto, mas é construído pelo leitor num processo interativo.

O texto pertence ao gênero *charge*, portanto deve atuar junto ao leitor para provocar riso, graça. A graça depende de o leitor construir um sentido para o que lê, vê ou escuta. Estamos diante de duas hipóteses: 1) você construiu um sentido para o texto e percebeu a intenção do autor; 2) você não construiu um sentido e não percebeu a intenção do autor. Nesse caso, você não pode chamar de *texto* a figura anterior.

Para construir o sentido dessa charge, é necessário que o leitor estabeleça uma relação intertextual, pois, como vimos, todo texto repousa num já dito. Caso não se consiga estabelecer o *link* com o intertexto, fica praticamente impossível construir um sentido para ele.

Para estabelecer as relações intertextuais, apoiamo-nos nos conhecimentos que temos armazenados na memória, no caso, os chamados *conhecimentos enciclopédicos*, que são aqueles relativos às coisas do mundo, como saber que o Brasil fica no Hemisfério Sul, que Machado de Assis escreveu *Dom Casmurro*, que Tom Jobim compôs "Águas de março", que a teoria da relatividade foi proposta por Einstein ou que o ouro é um metal.

Voltemos à charge. A imagem apresentada permite inferir que:

a) a cena se passa num salão de aeroporto;

b) o sujeito que segura o cartaz é um motorista à espera de alguém que está desembarcando;

c) o sujeito que vai desembarcar não conhece a pessoa que a espera;

d) o sujeito que vai desembarcar atende pelo nome de *Godot*.

Sabemos tudo isso porque temos armazenado na memória um modelo mental desse tipo de situação, ou porque já a presenciamos quando desembarcamos em algum aeroporto, ou porque já a vivenciamos em algum momento.

Mesmo sabendo tudo isso, é possível que ainda você não tenha construído o sentido para o texto. Por quê? Simplesmente porque não conseguiu estabelecer um *link* com o texto ao qual faz referência, possivelmente porque não o conheça, por não fazer parte de seu conhecimento enciclopédico. É uma situação similar àquela em que procuramos um dado no computador, mas ele não tem aquele dado armazenado e nos responde com a mensagem "NO DATA FOUND".

Veja que você interpretou toda a charge: há um sujeito esperando Godot. O sentido e o humor consistem em que *Esperando*

Godot é o nome de uma das mais importantes peças do teatro ocidental, escrita pelo dramaturgo irlandês Samuel Beckett. Se o *link* com a peça de Beckett não for feito, o texto não terá sentido algum (na verdade, nem poderíamos chamá-lo de *texto*).

Renato Russo (1989), na letra da música "Monte Castelo", faz referências explícitas a um poema de Camões e a um texto bíblico. Os primeiros versos da canção ("Ainda que eu falasse a língua dos homens/E falasse a língua dos anjos/sem amor eu nada seria") remetem a um intertexto bíblico, a primeira epístola de Paulo aos Coríntios, cujo versículo 13 diz: "Ainda que eu falasse a língua dos homens e dos anjos, e não tivesse o amor, seria como o metal que soa ou como o sino que tine". Os versos "O amor é o fogo que arde sem se ver/É ferida que dói e não se sente/É um contentamento descontente/É dor que desatina sem doer" reproduzem um conhecido soneto camoniano.

Apresentamos, a seguir, um trecho de um texto do colunista esportivo Juca Kfouri, publicado na *Folha de S. Paulo*, em 18 de abril de 2013.

Não chore, Marin!

QUEM CHORA somos nós. Chora a nossa pátria, mãe gentil. Choram Marias e Clarices no solo do Brasil. E choramos pela miséria a que está reduzido o nosso futebol, sob esta CBF dirigida tal e qual fosse pela dona de um bordel.

Por mais que saibamos que temos talento para virar o jogo, por mais que mantenhamos a esperança equilibrista.

Porque, se o show de todo artista tem de continuar, é constrangedor vislumbrar a cena de terça, quando a tarde caía feito um viaduto na sede da Casa Bêbada do Futebol, trajando luto e sem lembrar de Carlitos, o nosso Mané Garrincha.

> Eram 27 cartolas de chapéu-coco, todos com brilho de aluguel.
>
> Todos submissos, menos o que não foi, o presidente da federação mineira, talvez por tentar se equilibrar de sombrinha.
>
> [...]
>
> **Fonte:** Kfouri, 2013, p. D3.

Você, com certeza, já percebeu as relações intertextuais do texto de Juca Kfouri. Expressões como "Chora a nossa pátria, mãe gentil", "Choram Marias e Clarices no solo do Brasil", "qual fosse pela dona de um bordel", "a esperança equilibrista", "o show de todo artista tem de continuar", "a tarde caía feito um viaduto", "trajando luto", "e sem lembrar de Carlitos chapéu-coco", "todos com brilho de aluguel" e "equilibrar de sombrinha" nos remetem à letra da canção "O bêbado e a equilibrista", de João Bosco e Aldir Blanc. Evidentemente, só é possível estabelecer o *link* entre os textos, se tivermos armazenado em nossa memória o conhecimento da letra dessa canção.

FECHANDO O CAPÍTULO

Neste capítulo, vimos algumas noções de texto. Optamos por considerar o texto como uma unidade de sentido, provida de coerência, sendo o local em que ocorre a interação autor-leitor. Portanto, quando falamos em leitura, temos de levar em conta essa relação triádica: autor-texto-leitor.

Vimos ainda que o sentido não está no texto, mas é construído pelo leitor na interação e que não há um sentido único para o texto, já que cada leitor constrói o sentido a partir de seus conhecimentos prévios. Gostaríamos de acrescentar que há um sentido histórico para os textos, vale dizer, a leitura que fazemos hoje, no século XXI, da tragédia de Édipo não é a mesma que se fez em épocas passadas, uma vez que leituras passadas desse texto alimentam leituras atuais. Construir o sentido do texto é o objetivo de toda leitura. Só podemos afirmar que um texto foi lido, se conseguirmos dar a ele um sentido; se formos incapazes de atribuir sentido, então não teremos lido, simplesmente decodificamos sinais gráficos. O capítulo mostrou também que nos textos o sentido está coberto pelo plano da expressão. Os textos podem ser mais ou menos abstratos, o que depende de haver a predominância de temas (textos mais abstratos) ou de figuras (textos mais concretos). Os textos podem ainda atender a diversas ações discursivas, sendo as principais descrever, narrar, argumentar e expor. Mostramos também que os textos dialogam com outros textos numa relação que denominamos de *intertextualidade*. A construção de sentido, portanto, pressupõe que o leitor estabeleça relações do texto que lê com aqueles aos quais faz referência explícita ou implícita.

SUGESTÕES DE ATIVIDADES

1. Provavelmente, você já conhece o texto que vai ler a seguir, pois ele consta de inúmeras antologias escolares. Se você não o conhece, será uma boa oportunidade para isso. Caso já o conheça, sempre vale uma releitura.

Um Apólogo

Era uma vez uma agulha, que disse a um novelo de linha:

– Por que está você com esse ar, toda cheia de si, toda enrolada, para fingir que vale alguma coisa neste mundo?

– Deixe-me, senhora.

– Que a deixe? Que a deixe, por quê? Porque lhe digo que está com um ar insuportável? Repito que sim, e falarei sempre que me der na cabeça.

– Que cabeça, senhora? A senhora não é alfinete, é agulha. Agulha não tem cabeça. Que lhe importa o meu ar? Cada qual tem o ar que Deus lhe deu. Importe-se com a sua vida e deixe a dos outros.

– Mas você é orgulhosa.

– Decerto que sou.

– Mas por quê?

– É boa! Porque coso. Então os vestidos e enfeites de nossa ama, quem é que os cose, senão eu?

– Você? Esta agora é melhor. Você é que os cose? Você ignora que quem os cose sou eu, e muito eu?

– Você fura o pano, nada mais; eu é que coso, prendo um pedaço ao outro, dou feição aos babados..

– Sim, mas que vale isso? Eu é que furo o pano, vou adiante, puxando por você, que vem atrás, obedecendo ao que eu faço e mando...

– Também os batedores vão adiante do imperador.

– Você imperador?

– Não digo isso. Mas a verdade é que você faz um papel subalterno, indo adiante; vai só mostrando o caminho, vai fazendo o trabalho obscuro e ínfimo. Eu é que prendo, ligo, ajunto...

Estavam nisto, quando a costureira chegou à casa da baronesa. Não sei se disse que isto se passava em casa de uma baronesa, que tinha a modista ao pé de si, para não andar atrás dela. Chegou a costureira, pegou do pano, pegou da agulha, pegou da linha, enfiou a linha na agulha, e entrou a coser. Uma e outra iam andando orgulhosas, pelo pano adiante, que era a melhor das sedas, entre os dedos da costureira, ágeis como os galgos de Diana – para dar a isto uma cor poética. E dizia a agulha:

– Então, senhora linha, ainda teima no que dizia há pouco? Não repara que esta distinta costureira só se importa comigo; eu é que vou aqui entre os dedos dela, unidinha a eles, furando abaixo e acima.

A linha não respondia nada; ia andando. Buraco aberto pela agulha era logo enchido por ela, silenciosa e ativa como quem sabe o que faz, e não está para ouvir palavras loucas. A agulha vendo que ela não lhe dava resposta, calou-se também, e foi andando. E era tudo silêncio na saleta de costura; não se ouvia mais que o *plic-plic plic-plic* da agulha no pano. Caindo o sol, a costureira dobrou a costura, para o dia seguinte; continuou ainda nesse e no outro, até que no quarto acabou a obra, e ficou esperando o baile.

Veio a noite do baile, e a baronesa vestiu-se. A costureira, que a ajudou a vestir-se, levava a agulha espetada no corpinho, para dar algum ponto necessário. E quando compunha o vestido da bela dama, e puxava a um lado ou outro, arregaçava daqui ou dali, alisando, abotoando, acolchetando, a linha, para mofar da agulha, perguntou-lhe:

– Ora agora, diga-me quem é que vai ao baile, no corpo da baronesa, fazendo parte do vestido e da elegância? Quem é que vai dançar com ministros e diplomatas, enquanto você volta para a caixinha da costureira, antes de ir para o balaio das mucamas? Vamos, diga lá.

Parece que a agulha não disse nada; mas um alfinete, de cabeça grande e não menor experiência, murmurou à pobre agulha:

> – Anda, aprende, tola. Cansas-te em abrir caminho para ela
> e ela é que vai gozar da vida, enquanto aí ficas na caixinha de
> costura. Faze como eu, que não abro caminho para ninguém.
> Onde me espetam, fico.
>
> Contei esta história a um professor de melancolia, que me
> disse, abanando a cabeça: – Também eu tenho servido de agulha
> a muita linha ordinária!
>
> **Fonte:** Assis, 1962, p. 554-556.

Os títulos sinalizam ao leitor sobre o que vai ler, uma vez que são responsáveis pela ancoragem do texto a uma determinada situação comunicativa, o que nos permite estabelecer expectativas sobre o que vamos ler.

O título do texto de Machado antecipa ao leitor o gênero de texto que irá ler, um apólogo, que é um texto narrativo ficcional, com diálogos, em que as personagens são seres inanimados e que, como nas fábulas, encerra uma moral.

Conhecendo o gênero, sabemos que o texto veicula um preceito de conduta moral socialmente aceito como edificante. O tema do texto é recoberto por figuras. Qual tema elas recobrem?

2. O parágrafo a seguir foi extraído do romance *Fim*, de Fernanda Torres. Leia-o e procure estabelecer as relações intertextuais, identificando os intertextos a que o texto faz referência.

> O ato supremo do romantismo é o suicídio. Ruth nasceu com o
> defeito de ser feminina ao extremo e, por consequência, român-
> tica em excesso. Sempre viu nisso vantagem, mas, agora que
> descobria a fragilidade de sua natureza, daria tudo para se livrar
> de si mesma. Se possuísse a audácia de Bovary, tomaria cicuta,
> a nobreza de Sônia, enfrentaria a Sibéria, se miserável, como

Fantine, arrancaria os dentes. Mas não, era uma mortal carioca, classe média, como tantas.

Fonte: Torres, 2013, p.120-121.

3. A ilustração a seguir reproduz uma inscrição em muro de uma grande cidade cidade brasileira. Com base nela e no que estudamos até agora, você deverá responder às questões propostas na sequência.

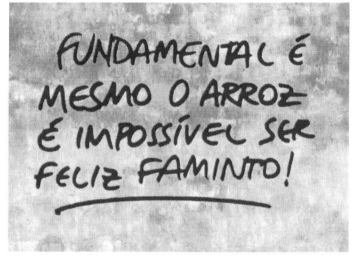

a) Para você, trata-se de manifestação artística ou é simplesmente uma pichação como tantas outras?
b) Neste capítulo, comentamos que os textos repousam num já dito. Para você, essa inscrição no muro é um texto? Justifique. Há alguma relação dessa inscrição no muro com algum texto prévio? Qual?

SUGESTÕES DE LEITURA

CAVALCANTE, M. M. **Os sentidos do texto**. São Paulo: Contexto, 2012.

ELIAS, V. M.; KOCH, I. V. **Ler e compreender**: os sentidos do texto. 2. ed. São Paulo: Contexto, 2006.

FÁVERO, L. L. **Coesão e coerência textuais**. 8. ed. São Paulo: Ática, 2000.

GUIMARÃES, E. **A articulação do texto**. 7. ed. São Paulo: Ática, 1999.

KOCH, I. V.; BENTES, A. C.; MAGALHÃES, M. **Intertextualidade**: diálogos possíveis. São Paulo: Cortez, 2007.

TERRA, E. **Leitura do texto literário**. São Paulo: Contexto, 2014.

ZILBERMAN, R. **Fim do livro, fim dos leitores?** São Paulo: Senac, 2001.

FIGURAS DE RETÓRICA

No capítulo anterior, vimos que os textos podem ser figurativos ou temáticos. Nos primeiros, predominam as palavras concretas (figuras); no segundos, as palavras abstratas (temas). Deixamos claro que as figuras ali se referiam a palavras que remetem a elementos que estão presentes no mundo real (pessoas, coisas, vegetais, animais, minerais.), estando ou não utilizadas em sentido próprio, ou seja, num texto figurativo, as figuras não significam necessariamente que estejam sendo utilizadas em sentido figurado. No poema de Fernando Pessoa visto no capítulo anterior ("O Tejo é mais belo que o rio que corre pela minha aldeia"), as figuras *rio, aldeia, navios, mar* são representadas por palavras empregadas em seu sentido próprio, o chamado *sentido base* ou *denotativo*. *Rio*, nesse poema, significa exatamente "rio", "curso d'água natural", diferente do que ocorre no verso de Paulinho da Viola ("Foi um rio que passou em minha vida"), em que a palavra *rio* está sendo empregada em sentido figurado, ou conotativo, constituindo uma figura de retórica denominada *metáfora*, que estudaremos adiante.

4.1 A retórica

O estudo das figuras de retórica desde há muito tempo é objeto de uma disciplina denominada *retórica*. Suas origens podem ser encontradas em Aristóteles (séc. IV a.c.), ligando-se à ideia de bem dizer, de argumentar. A retórica entrou em um período de declínio quando deixou o aspecto discursivo, ou seja, como organizar os textos a fim de persuadir o leitor/ouvinte, e voltou-se exclusivamente aos ornamentos do discurso, para o uso de palavras e expressões que visavam tornar o discurso mais belo e não necessariamente persuasivo. Isso pode ser observado em algumas manifestações literárias do fim do século XIX, particularmente na poesia dos parnasianos. Há um poema de Olavo Bilac, não à toa chamado de "Profissão de fé", que faz a apologia de um discurso caracterizado pelo ornamento. Veja, a seguir, uns trechos desse poema.

> Invejo o ourives quando escrevo:
> Imito o amor
> Com que ele, em ouro, o alto relevo
> Faz de uma flor.
>
> Imito-o. E, pois, nem de Carrara
> A pedra firo:
> O alvo cristal, a pedra rara,
> O ônix prefiro.
>
> Por isso, corre, por servir-me,
> Sobre o papel
> A pena, como em prata firme
> Corre o cinzel.
>
> Corre; desenha, enfeita a imagem,
> A ideia veste:
> Cinge-lhe ao corpo a ampla roupagem
> Azul-celeste.
>
> Torce, aprimora, alteia, lima
> A frase; e, enfim,
> No verso de ouro engasta a rima,
> Como um rubim.
>
> **Fonte:** Bilac, 2014.

Mas a retórica ressurge no século XX, graças aos trabalhos de Jean Dubois, do Grupo μ, de Chaim Perelman e Lucie Olbrechts-Tyteca, que recolocam os estudos da retórica voltados para a argumentação e para a organização do discurso, retomando a concepção aristotélica de retórica como exposição de argumentos ou de discursos que visam persuadir o leitor/ouvinte. Ferreira (2010, p. 145) sustenta que "a nova retórica reveste de atualidade as premissas da retórica aristotélica e propõe uma metodologia de análise não apenas de discurso, mas do próprio comportamento social". A retórica deixa então de centrar-se sobre os ornamentos do discurso e volta-se para as técnicas discursivas, no que se refere não só à produção, mas também à interpretação de textos. É nessa perspectiva (discursiva) que nos interessam as figuras de retórica.

A relação de figuras de retórica é bastante extensa. Em alguns casos, uma diferença sutil levou os teóricos a dar nomes diferentes para um mesmo procedimento retórico, por exemplo, a figura que denominamos *inversão* recebe o nome de *hipérbato, anástrofe* ou *sinquise*, dependendo do modo como os termos aparecem invertidos no enunciado. A diferença entre antonomásia e perífrase está apenas no termo a que elas se referem, se pessoa ou não pessoa. Não há distinção relevante entre sinédoque e metonímia, tanto que atualmente não se tem feito mais a diferença entre essas duas figuras.

Neste capítulo, trataremos de algumas figuras de retórica apenas. Lembramos que não tem sentido memorizar uma lista de figuras; o que esperamos é que se perceba como estas constroem o sentido dos textos.

O texto a seguir é um capítulo do romance *Lavoura arcaica*, de Raduan Nassar. Para quem não leu o livro, ou não viu o filme de mesmo nome, dirigido por Luiz Fernando Carvalho, esclarecemos que o texto desse capítulo é dito pelo pai na hora da refeição à sua família.

…e quanto mais engrossam a casca, mais se torturam com o peso da carapaça, pensam que estão em segurança, mas se consomem de medo, escondem-se dos outros sem saber que atrofiam os próprios olhos, fazem-se prisioneiros de si mesmos e

> nem sequer suspeitam, trazem na mão a chave mas se esquecem de que ela abre, e, obsessivos, afligem-se com seus problemas pessoais sem chegar à cura, pois recusam o remédio; a sabedoria está justamente em não se fechar nesse mundo menor: humilde, o homem abandona a sua individualidade para fazer parte de uma unidade maior, que é de onde retira sua grandeza; só através da família é que cada um em casa há de aumentar sua existência, é se entregando a ela que cada um em casa há de sossegar os próprios problemas, é preservando sua união que cada um em casa há de fruir as mais sublimes recompensas; nossa lei não é retrair mas ir ao encontro, não é separar mas reunir, onde estiver um há de estar o irmão também...
>
> **Fonte:** Nassar, 2005, p. 145-146.

Trata-se de um texto predominantemente figurativo, ou seja, o tema é recoberto por palavras concretas. Observando como essas figuras se encadeiam, construímos um sentido para o texto. As figuras se organizam em dois blocos: um remetendo à ideia de retração, de individualidade, de separação; outro, à ideia de expansão, de união, de reunião. Figuras como *casca, carapaça, esconder, atrofiar, prisioneiro, retrair* e *separar* remetem à ideia de retração; figuras como *chave, abrir, aumentar, família* e *reunir*, à ideia de expansão.

A essa oposição subjazem outras: separação/união; indivíduo/família. As figuras referentes à retração ligam-se à ideia de proteção: a casca e a carapaça protegem o ser do ataque externo. No texto, entretanto, essa ideia de proteção é desconstruída na medida em que nos mostra que a proteção não consiste na retração, no fechar-se em si mesmo, no enclausurar-se, mas na expansão do indivíduo, que se dá reunindo em família, pois é por meio dela que se expande a existência.

Como você pode observar, esse texto se constrói pela aproximação de figuras que se opõem semanticamente. Damos o nome de *antítese* à figura de retórica que consiste em aproximar figuras ou temas que se opõem pelo sentido. O uso de antíteses no texto tem efeito de sentido argumentativo, pois, aproximando opostos, permite ao leitor estabelecer relações comparativas. O texto orienta argumentativamente no sentido de que existe uma falsa ideia de proteção no retrair-se, revelando que a verdadeira proteção do indivíduo está no reunir-se aos outros por meio da família.

4.2 Língua e fala

Antes de entrarmos no estudo das figuras de retórica, é fundamental que nos detenhamos na distinção proposta por Saussure (1972) entre língua e fala (*langue* e *parole*). Denominamos *linguagem* a todo sistema de sinais convencionais pelos quais os sujeitos interagem com os outros e estabelecem comunicação. Saussure nos mostra que a linguagem humana tem um lado individual e um lado social, sendo impossível conceber um sem o outro. O lado social denomina-se *língua (langue)*. Trata-se de um sistema abstrato, independente do indivíduo. Ao lado individual e concreto Saussure denomina *fala (parole)*. Embora distintas, há um uma interdependência entre língua e fala. Em outros termos, a língua é necessária para que a fala seja inteligível e é a fala que faz evoluir a língua.

Usamos o termo *discurso* para nomear as realizações concretas na língua, ou seja, fala e discurso, nesta obra, designam a mesma coisa: o uso que os falantes fazem da língua em situações concretas, a realização da língua por um ato de vontade do falante. A língua, como você viu, não existe concretamente; é, portanto, virtual. Ela pode ser entendida como um conjunto de sinais (os signos) e regras para a combinação desses signos (essas regras denominamos, em sentido amplo, *gramática da língua*). Nela podemos observar um componente fônico (os sons da fala), um componente sintático (as relações entre os signos) e um componente semântico (o sentido dos signos).

As figuras de retórica podem ser observadas nesses três componentes, daí falarmos em figuras de som, figuras de construção, figuras de palavras (ou tropos). A retórica refere-se, ainda, a figuras de pensamento.

Chamamos a atenção para o fato de as figuras de retórica não serem exclusividade do discurso literário – elas estão presentes nos variados discursos, inclusive na fala cotidiana de diversas variedades linguísticas. Quando alguém diz que "Fulano é fera, mas deu uma mancada", as palavras *fera* e *mancada* são figuras de retórica, já que não estão sendo usadas em sentido próprio (animal feroz e ato de mancar, coxear, claudicar, capengar, respectivamente), mas em sentido figurado (pessoa exímia no que faz e atitude errônea, respectivamente). O sentido de uma expressão como *botar a boca no trombone* não decorre da soma das palavras que a formam, por isso não devemos entendê-la literalmente, mas com o sentido de "reclamar", "protestar", "denunciar algo". As figuras de retórica podem também ser observadas na publicidade, nas letras de música popular, nos ditados populares, nos trava-línguas, nos jargões de determinadas profissões, enfim, em qualquer situação em que se use a linguagem, as figuras poderão estar presentes.

As figuras de retórica podem ser vistas como desvios do uso consagrado como normal. Embora a fala seja uma realização individual, não podemos esquecer que a língua tem um caráter convencional. Isso quer dizer que há, por exemplo, uma convenção que nos leva a designar um ser humano, adulto, macho pela palavra *homem* e não pela palavra *cachorro*. No entanto, podemos ter enunciados como "Este homem é um cachorro" ou "Aquela menina é uma gata", em que as palavras *cachorro* e *gata* passam a significar "homem" e "menina", respectivamente. O que ocorreu? Um desvio no uso corrente das palavras *cachorro* e *gata*, uma predicação imprópria, já que os predicados *cachorro* e *gata* não são normalmente atribuíveis a homem e menina. Com esse desvio de uso, essas palavras passam a ter sentidos diferentes do sentido base (denotativo). *Cachorro* e *gata*, nesses exemplos, não significam "animal canino macho" e "animal felino fêmea", mas "pessoa de mau caráter" e "mulher jovem muito atraente", respectivamente. Esse desvio de uso ou predicação imprópria constitui uma figura de retórica. Veja que o uso das palavras *cachorro* e *gata* nesses exemplos tem efeito argumentativo na medida em que intensifica os seres que predicam, ou seja, dizer que aquele homem é um cachorro e aquela menina é uma gata é mais persuasivo do que dizer que aquele homem é infame e aquela menina é muito atraente.

Como vimos, as figuras de retórica classificam-se em figuras de som, figuras de construção, figuras de palavras (ou tropos) e figuras de pensamento. Voltamos a insistir que o essencial não é saber a classificação das figuras, mas os efeitos de sentido que elas conferem aos enunciados, devendo-se observar que elas não estão nos textos apenas como ornamentos, mas têm um efeito retórico, isto é, são responsáveis pela discursivização.

4.3 Figuras de som

O signo linguístico, como comentamos, apresenta duas faces: o significante, que é a expressão concreta do signo, e o significado, o conteúdo abstrato, o conceito que está em nossa mente. As figuras de som exploram o caráter fônico do significante, objetivando com isso ressaltar o significado. São três, basicamente, as figuras de som, descritas na sequência.

1. Aliteração

Consiste na repetição ordenada dos mesmos sons consonantais.

"Nós passávamos, feito flecha, feito faca, feito fogo." (Guimarães Rosa)

Nesse exemplo, temos a repetição de alguns fonemas consonantais – a fricativa surda /f/ e a oclusiva surda /t/ –, os quais criam um efeito de sentido que reforça a ideia de rapidez.

Veja outro exemplo:

"A vigília da barata era vida vivendo, a minha própria vida vigilante se vivendo." (Clarice Lispector)

2. Assonância

Consiste na repetição ordenada de sons vocálicos idênticos.

"Despudorada, dada,
À danada agrada andar seminua." (Chico Buarque)

Nesse exemplo, ocorre a repetição do fonema vocálico /a/.

Num dos mais célebres textos de nossa literatura de cordel, *A peleja de Cego Aderaldo com Zé Pretinho*, há uns versos ditos por Cego Aderaldo e depois repetidos com inversão das palavras que são verdadeiros trava-línguas. Os versos, na primeira ocorrência, dizem:

"Quem a paca cara compra,
Paca cara pagará."

Como Zé Pretinho não consegue replicar os versos, pede a Cego Aderaldo que os repita, solicitação à qual assim responde o Cego:

"Paca cara pagará,
Quem a paca cara compra."

Zé Pretinho continua sem ter como responder e pede ao Cego que repita a paca mais uma vez. O Cego então diz:

"Quem a paca cara compra,
Pagará a paca cara."

Agora Zé Pretinho não tem mais como fugir da "paca" e tem de dizê-la, o que faz da seguinte forma:

"Quem a caca cara compra,
Caca caca cacará!"

Nesses versos, Cego Aderaldo explora a sonoridade das palavras. A repetição do fonema /a/ constitui um exemplo de assonância; a do fonema /p/, de aliteração. O poeta se mostra um verdadeiro malabarista com as palavras, pois não só ressalta o aspecto fônico, como ainda troca as palavras de posição nos versos, sem alterar o sentido, deixando o desafiante sem condições de acompanhá-lo no desafio.

3. Paronomásia

Consiste na aproximação de palavras de sons parecidos, mas de significados distintos.

O exemplo a seguir é de uma trova acadêmica, de autoria desconhecida, cantada pelos estudantes da Faculdade de Direito da Universidade de São Paulo (USP).

"Não sei se é fato ou se é fita,
Não sei se é fita ou se é fato,
O fato é que ela me fita,
Me fita mesmo de fato."

Nessa estrofe, aproximam-se as palavras *fato* e *fita*, muito parecidas na pronúncia (diferentes apenas por um fonema: /a/ e /i/).

Trata-se de palavras de significados distintos, mas com formas semelhantes. Com isso, consegue-se que elementos da forma deem relevância ao sentido. Observe ainda que elas se repetem de forma cruzada, constituindo uma figura de construção denominada *quiasmo*, comentada adiante.

É importante ressaltar que a ocorrência de uma dessas figuras num texto não exclui a possibilidade de outra(s), ou seja, você pode encontrar textos em que foram trabalhadas, ao mesmo tempo, aliteração, assonância e paronomásia. Observe que nos exemplos de aliteração que oferecemos também ocorre assonância e nos de assonância também ocorre aliteração. Nos exemplos apresentados de paronomásia, também ocorrem aliterações e assonâncias.

Voltemos a um poema de Fernando Pessoa, visto no Capítulo 2.

Em horas inda louras, lindas
Clorindas e Belindas, brandas,
Brincam no tempo das berlindas,
As vindas vendo das varandas,
De onde ouvem vir a rir as vindas
Fitam a fio as frias bandas.

Mas em torno à tarde se entorna
A atordoar o ar que arde
Que a eterna tarde já não torna!
E o tom de atoarda todo o alarde
Do adornado ardor transtorna
No ar de torpor da tarda tarde.

E há nevoentos desencantos
Dos encantos dos pensamentos

> Nos santos lentos dos recantos
> Dos bentos cantos dos conventos...
> Prantos de intentos, lentos, tantos
> Que encantam os atentos ventos.
>
> **Fonte:** Pessoa, 1972, p. 134.

As figuras retóricas que exploram o componente fônico do poema estão presentes por todo o texto, conferindo-lhe uma significação especial. Nos mesmos versos estão presentes aliterações e assonâncias ("Do adornado ardor transtorna"). Mesmo quando não se repetem exatamente os mesmos fonemas vocálicos, temos um sentido de fechamento, decorrente da repetição de fonemas nasais, como podemos ver, por exemplo, na última estrofe.

> E há nevo**entos** des**encan**tos
> Dos **en**cantos dos **pen**sam**entos**
> Nos **san**tos **len**tos dos reca**ntos**
> Dos b**entos can**tos dos **con**ven**tos**...
> Pr**antos** de **intentos, len**tos, t**antos**
> Que **encantam** os at**entos ven**tos.

Veja ainda que esse efeito de sentido de fechamento dado pela repetição de vogais nasais é prolongado pela repetição da sibilante /s/.

Como mencionamos, as figuras de retórica não são exclusivas de textos literários. Nos exemplos a seguir, um trava-língua e dois ditados populares, elas estão presentes.

Não tem truque, troque o trinco, traga o troco e tire o trapo do prato.
Tire o trinco, não tem truque, troque o troco e traga o trapo do prato.

Quem com ferro fere com ferro será ferido.

De raminho em raminho, passarinho faz seu ninho.

4.4 Figuras de construção (ou de sintaxe)

As figuras de construção dizem respeito ao componente sintático da língua. A sintaxe, como sabemos, trata das relações e da ordem das palavras na frase.

1. Elipse

Consiste na omissão intencional de um termo facilmente identificável pelo contexto.

"Jantei sozinho. E quando voltei a casa, fui direito ao atelier, destapei o retrato, lancei uma pincelada ao acaso, tornei a cobrir a tela." (José Saramago)

Nesse trecho, ocorre a omissão do sujeito (eu) que fica implícito nas desinências dos verbos. Além disso, as orações "fui direito ao atelier", "destapei o retrato", "lancei uma pincelada ao acaso", "tornei a cobrir a tela" relacionam-se umas com as outras sem auxílio de conectivo, constituindo uma figura de construção denominada *assíndeto*, comentada adiante.

2. Zeugma

Consiste na omissão de um termo que já apareceu antes no cotexto.

"O meu nome é Severino
Não tenho outro de pia" (João Cabral de Melo Neto)
(omissão do termo *nome*)

Nesse exemplo, além de zeugma, temos uma figura de palavra, na medida em que a palavra *pia* substitui a palavra *batismo* ("não tenho outro nome de batismo"), por uma relação de proximidade (a pia é o lugar onde se batisma). Essa figura denomina-se *metonímia* e será vista adiante.

3. Polissíndeto

Consiste na repetição de conectivos na ligação entre elementos do texto.

"Obedeço-lhe a viver, espontaneamente,
Como quem abre os olhos e vê,
E chamo-lhe luar e sol e flores e árvores e montes
E amo-o sem pensar nele,
E penso-o vendo e ouvindo
E ando com ele toda hora." (Fernando Pessoa)

Normalmente, quando coordenamos vários termos, a conjunção aditiva deve aparecer somente ligando o último elemento da sequência, os demais devem vir justapostos (na escrita, separados por vírgula). Nos exemplos, temos um desvio com relação ao uso normal. Verifique que essa repetição tem o condão de conferir ritmo ao enunciado.

A ausência de conectivos na ligação dos elementos do texto chama-se **assíndeto**.

"Camisas verdes e calções negros corriam, pulavam, chocavam-se,
embaralhavam-se, caíam, contorcionavam-se, esfalfavam-se, brigavam".
(Antônio de Alcântara Machado)

4. Inversão

Consiste na mudança da ordem natural dos termos na frase. Em português, a disposição normal das palavras na frase segue a seguinte ordem: sujeito, verbo, complemento. Essa é a chamada *ordem direta*. Embora seja a ordem normal, ela pode ser alterada para dar maior realce a um termo do enunciado. Sabemos que, no enunciado, a relevância recai sobre o termo que o inicia. Se, por exemplo, queremos dar destaque a um outro termo que não seja o sujeito, mudamos a ordem dos termos que compõem o enunciado, colocando aquele a que se quer dar destaque no início.

O conhecido "Soneto de fidelidade", de Vinícius de Moraes, começa assim:

"De tudo ao meu amor serei atento.
Antes, e com tal zelo, e sempre, e tanto"

Na ordem direta, teríamos: "Seria atento antes de tudo ao meu amor". Veja que, além da inversão, temos a elipse do sujeito (eu) e o polissíndeto (repetição da conjunção aditiva *e*).

Veja outros exemplos de inversão:

"Os bons vi sempre passar
No Mundo graves tormentos" (Camões)

Na ordem direta, teríamos: "Vi os bons sempre passar(em) graves tormentos no mundo".

"Vamos dormir dos astros sob o manto." (Salvador Mendonça)

Na ordem direta, teríamos: "Vamos dormir sob o manto dos astros".

"Amo do nauta o doloroso grito
Em frágil prancha sobre o mar de horrores,

Porque meu seio se tornou pedra,
Porque minh'alma descorou de dores." (Fagundes Varela)

No primeiro verso, na ordem direta, teríamos: "Amo o doloroso grito do nauta".

Inversão é o nome genérico atribuído à figura de retórica que consiste na alteração da ordem dos termos na frase. Conforme o grau de alteração, numa escala crescente de dificuldade, a inversão receberá o nome de **hipérbato, anástrofe** ou **sínquise.**

5. Silepse

Nas aulas de gramática, ensina-se que o verbo concorda com o sujeito em número e pessoa e os nomes (substantivos, adjetivos, pronomes) concordam entre si em gênero e número. Essa concordância, ensinada nas aulas de gramática, é por isso mesmo denominada *concordância gramatical.*

Nos textos, podemos encontrar casos em que a concordância não é feita segundo as regras prescritas pela gramática, mas com uma ideia que está implícita no termo com o qual deveria ser feita a concordância gramatical; por isso mesmo esse tipo de concordância é chamada de *ideológica.*

Silepse é o nome que se dá à figura de retórica em que a concordância não é feita com a palavra expressa no enunciado, mas com a ideia que subjaz a ela.

Numa conhecida música do grupo Ultraje a Rigor, há o seguinte verso:

"A gente somos inútil"

Do ponto de vista gramatical, o verbo *ser* deveria estar na terceira pessoa do singular concordando com o sujeito *a gente* (a gente é inútil). No entanto, na canção, intencionalmente, faz-se a concordância na primeira pessoa do plural (nós). Veja que esse recurso confere um tom de crítica social à música. Como, nesse caso, o desvio na concordância foi com relação à pessoa do discurso (primeira no lugar da terceira), temos uma **silepse de pessoa**. No romance *Relato de um certo oriente*, de Milton Hatoum, há a seguinte passagem:

> *"Os filhos de Emilie éramos proibidos de participar destas reuniões que varavam a noite e terminavam no pátio da fonte, aclarado por uma luz azulada."*

Pelas regras de concordância, o verbo *ser* deveria estar na terceira pessoa do plural, concordando com o sujeito *os filhos de Emilie*, porém o narrador optou por fazer a concordância não com o sujeito expresso no enunciado, mas com a ideia, incluindo-se como filho de Emilie. Nesse caso, temos também uma silepse de pessoa.

A silepse pode ser ainda de gênero ou de número, como nos exemplos a seguir.

> *"Sobre a triste Ouro Preto o ouro dos astros chove."* (Olavo Bilac)

> *Vossa Excelência me parece muito preocupado, Senhor Ministro.*

> *"E o resto do povo tinham feito o pelo-sinal e virado as costas..."* (Guimarães Rosa)

Na expressão "a triste Ouro Preto", o artigo definido feminino concorda em gênero com a ideia de cidade, implícita na expressão "Ouro Preto". Temos **silepse de gênero**. Esse tipo de silepse é bastante comum quando se empregam pronomes de tratamento, em que a concordância não é feita com a forma gramatical do pronome, mas com o sexo da pessoa por ele representado, como em "Vossa Excelência me parece muito preocupado, Senhor Ministro".

No seguinte frase de Guimarães Rosa "E o resto do povo tinham feito o pelo-sinal e virado as costas...", a forma verbal "tinham feito" não concorda gramaticalmente em número com o termo "o resto do povo", que funciona como sujeito dessa formal verbal, mas com a ideia implícita nesse termo (as pessoas). Temos, portanto, **silepse de número.**

6. Anacoluto

Consiste em deixar um termo solto na frase. Muitas vezes, inicia-se uma determinada construção sintática e depois se opta por outra.

"O carro funerário conduzia o cadáver de Carlota Durval, senhora de vinte e oito anos, morta no esplendor da beleza.

***Os que acompanhavam o enterro**, apenas dois o faziam por estima à finada: eram Luís Patrício e Valadares."* (Machado de Assis)

*"**Eu**, parece-me que estou muito contente, meu senhor."* (Eça de Queirós)

Os enunciados normalmente têm a seguinte articulação: tópico e comentário. Tópico é o elemento conhecido, e comentário é o elemento novo. Em termos gramaticais, equivaleria ao que denominamos, respectivamente, de *sujeito* e *predicado*. Na realidade, nem sempre ocorre a equivalência tópico/comentário com sujeito/predicado, uma vez que na frase se pode estar falando de alguma coisa (o tópico), mas o sujeito gramatical ser outro elemento, como ocorre nesta passagem de Dostoiévski:

"As chaves ele tirou no mesmo instante daquele bolso; como da vez anterior, tudo estava em um molho, em um aro de aço".

O tópico, isto é, o tema, aquilo de que se fala, é *as chaves*, que não é o sujeito da frase, já que o sujeito está representado pelo pronome *ele*.

O anacoluto, por quebrar a estrutura sintática da frase, ficando "solto", tem função argumentativa importante, na medida em que destaca o tópico do enunciado.

7. Pleonasmo

Consiste numa redundância cuja finalidade é reforçar a mensagem.

"Ó **mar salgado**, *quanto do teu sal*
São lágrimas de Portugal!" (Fernando Pessoa)

Um dos procedimentos mais comuns na construção de pleonasmos se dá pela antecipação do complemento da frase, que é depois retomado por um pronome átono, como podemos observar nos exemplos a seguir.

"*No espaço de três meses fez-se a maravilhosa mudança nos costumes de Simão.* **As companhias da ralé** *desprezou-***as.**" (Camilo Castelo Branco)

"**A mim me** *parece que o senhor se engana.*" (Miguel de Cervantes)

Evidentemente, não devemos confundir esse tipo de pleonasmo com aquele que as gramáticas denominam **pleonasmo vicioso**, que nada acrescenta à expressividade da mensagem, como em *hemorragia de sangue* e *brisa matinal da manhã*.

8. Anáfora

Consiste na repetição de uma mesma palavra no início de versos ou frases.

"O primeiro remédio é o tempo. Tudo cura o tempo, tudo faz esquecer,
tudo gasta, tudo digere, tudo acaba." (Antônio Vieira)

"Vi uma estrela tão alta,
Vi uma estrela tão fria!
Vi uma estrela luzindo,
Na minha vida vazia." (Manuel Bandeira)

"Se você gritasse,
se você gemesse,
se você tocasse,
a valsa vienense,
se você dormisse,
se você cansasse,
se você morresse..." (Carlos Drummond de Andrade)

Neste último exemplo, além da anáfora, observe a aliteração resultante da repetição do fonema sibilante.

Anáfora também é o nome que se dá ao processo sintático-semântico que consiste na retomada de expressão textual mencionada no texto, denominada *antecedente*, estabelecendo com ela uma relação de referência. No romance *Iracema*, de José de Alencar, temos a seguinte passagem:

"Mais rápida que a corça selvagem, a morena virgem corria o sertão
e as matas do Ipu, onde campeava sua guerreira tribo, da grande nação
tabajara. O pé grácil e nu, mal roçando, alisava apenas a verde pelúcia
que vestia a terra com as primeiras águas."

Nesse trecho, a expressão *a morena virgem* retoma a palavra *Iracema*, que apareceu em parágrafos anteriores, estabelecendo com ela uma relação de identidade semântica. Trata-se de um termo anafórico. Nesse caso, os anafóricos são importantes elementos para estabelecer relações de coesão textual.

9. Quiasmo

Consiste em dispor palavras ou expressões simetricamente em forma cruzada (como um "x").

Provavelmente, você deve se lembrar de um *slogan* publicitário de uma marca de biscoitos:

"Tostines é fresquinho porque vende mais ou vende mais porque é fresquinho?"

A repetição cruzada de "é fresquinho porque vende mais"/"vende mais porque é fresquinho" tem um efeito persuasivo importante, na medida em que instaura um círculo vicioso. Não há, portanto, resposta para essa pergunta, de sorte que ambos os predicados atribuídos ao biscoito passam a ser tomados como verdadeiros.

Quando falamos da paronomásia, citamos uma trova acadêmica em que há a repetição das palavras *fato* e *fita*:

"Não sei se é fato ou se é fita,
Não sei se é fita ou se é fato,
O fato é que ela me fita,
Me fita mesmo de fato."

Observe que as palavras *fato* e *fita* se repetem nos versos em forma cruzada, constituindo um quiasmo. Além dessa figura de construção, nessa estrofe podemos observar figuras de som: repetição de palavras parecidas (paronomásia) e de mesmos fonemas consonantais (aliteração) e vocálicos (assonância).

Veja outros exemplos de quiasmo:

"Cheguei. Chegaste. Vinhas fatigada

E triste, e triste e fatigado eu vinha.

Tinhas a alma de sonhos povoada,

E a alma de sonhos povoada eu tinha..." (Olavo Bilac)

"É uma casa portuguesa, com certeza

É, com certeza, uma casa portuguesa! " (Reinaldo Ferreira, V. M. Sequeira, Artur Fonseca)

10. Hipálage

Consiste em atribuir a uma palavra o que pertence logicamente a outra palavra da mesma frase.

"O **voo negro** dos urubus fazia círculos altos em redor de bichos moribundos." (Graciliano Ramos)

No enunciado, o adjetivo *negro* está se referindo ao substantivo *voo*. Nosso conhecimento de mundo, no entanto, nos mostra que *negro* deveria referir-se a *urubus* e não a *voo*. Esse deslocamento do qualificativo de uma palavra para outra (uma predicação imprópria) nos causa estranheza, obrigando-nos a voltar a atenção ao sentido do enunciado.

No Hino Nacional Brasileiro, temos a seguinte passagem:

"Ao som do mar e à luz do **céu profundo**,"

O adjetivo *profundo* logicamente se refere a *mar* e não a *céu*.

11. Anadiplose

É uma figura de repetição de palavras muito comum em textos poéticos. Palavra(s) que aparece(m) no final de um verso ou frase é (são) repetida(s) no início do verso ou frase seguinte.

No início do Capítulo 2 de *Iracema*, de José de Alencar, a palavra *Iracema*, que termina a primeira frase, inicia a segunda.

*"Além, muito além daquela serra, que ainda azula no horizonte, nasceu **Iracema**.*

***Iracema**, a virgem dos lábios de mel, que tinha os cabelos mais negros que a asa da graúna, e mais longos que seu talhe de palmeira".*

Veja outros exemplos de anadiplose:

*"A frouxidão no amor é uma **ofensa**,*
***Ofensa** que se ele eleva a grau supremo."* (Bocage)

*"Maldade, que encaminha à **vaidade**,*
***Vaidade**, que todo me há **vencido**;*
***Vencido** quero ver-me, e **arrependido**,*
***Arrependido** a tanta enormidade."* (Gregório de Matos)

4.5 Figuras de palavras (tropos)

As figuras de palavras (tropos) resultam de alterações semânticas, isto é, de sentido de palavras ou expressões.

1. Metáfora

Aristóteles (1959, p. 312) afirma que "a metáfora é a transposição do nome de uma coisa para outra [...] por de via de analogia". A metáfora, pois, consiste numa alteração de significado baseada em traços de similaridade entre dois conceitos. Geralmente, uma palavra que designa uma coisa passa a designar outra, por haver entre elas traços de semelhança. A metáfora é, portanto, uma comparação implícita, isto é, sem o conectivo comparativo.

A metáfora está intimamente ligada à linguagem humana não só como recurso expressivo, mas também como forma de criar novas palavras. Quando alguém criou a palavra *orelhão* para nomear as cabines de telefone público, fez isso por um processo metafórico, já que aquelas cabines lembram uma grande orelha. O mesmo ocorre com o termo *fio dental*, criado por um processo metafórico para designar um tipo de roupa de banho. A metáfora e a metonímia são as principais figuras de retórica. Há quem afirme, com razão, que essas são as únicas figura de linguagem, pois as demais ou são espécies de metáfora ou de metonímia. Ressaltamos que o estudo das metáforas não é de competência exclusiva da retórica; várias outras disciplinas têm se preocupado com esse processo de criação de novos significados: a linguística, a semântica, a estilística, a poética, a psicologia e a psicanálise. Sobre o papel da metáfora no discurso, Fairclough (2001, p. 241) assinala que

> As metáforas penetram em todos os tipos de linguagem e em todos os tipos de discurso, mesmo nos casos menos promissores, como o discurso científico e técnico. Além disso, as metáforas não são apenas adornos estilísticos superficiais do discurso. Quando nós significamos coisas por meio de uma metáfora e não de outra, estamos construindo nossa realidade de uma maneira e não de outra. As metáforas estruturam o modo como pensamos e o modo como agimos, e nossos sistemas de conhecimento e crença, de uma forma penetrante e fundamental.

Atente para este verso de Fernando Pessoa:

"Meu pensamento é um rio subterrâneo."

Um rio subterrâneo é metáfora de *meu pensamento*. Uma expressão que, normalmente designa uma coisa (curso d'água que corre por baixo da terra) passa a designar outra. Houve, pois, uma transposição de significado. Como isso foi possível? Lembre-se do exemplo que citamos anteriormente, o do orelhão. Por que uma cabine telefônica passou a se chamar *orelhão*? Como isso foi possível? Porque, de certa forma, aquele modelo de cabine telefônica lembra uma orelha grande; porque há entre a cabine telefônica e a orelha grande traços de similaridade. Essa é a palavra-chave para entender o processo metafórico: similaridade. Toda metáfora se apoia numa relação de semelhança entre dois conceitos. Veja que o raciocínio em que se baseia a criação de metáforas é um raciocínio analógico.

Voltemos ao verso de Fernando Pessoa: *rio subterrâneo* passa a designar *pensamento*, por haver entre esses dois elementos alguma semelhança que o poeta quis evidenciar.

Observe que a metáfora é uma forma de comparação em que a palavra que exprime o nexo comparativo não vem expressa no enunciado. Se a frase fosse "Meu pensamento é como um rio subterrâneo", não teríamos metáfora, e sim comparação. Mas note que a metáfora é mais expressiva que a comparação. Na metáfora, a partir da interação entre dois conceitos (A e B), infere-se um terceiro (C).

Veja, na passagem a seguir, como o escritor moçambicano Mia Couto se vale de metáforas para caracterizar a guerra.

*"A guerra é **uma cobra** que usa nossos próprios dentes para nos morder. Seu veneno circulava agora em **todos os rios de nossa alma**. De dia já não saímos, de noite não sonhávamos. O sonho é **o olho da vida**. Nós estávamos cegos."*

Há casos de metáfora, contudo, em que só aparece o termo metafórico, como no exemplo apresentado no início deste capítulo: "Foi um rio que passou em minha vida". Nos versos a seguir, também temos exemplos de metáforas em que só aparecem os termos metafóricos.

"Eu semeio o vento
Na minha cidade
Vou pra rua e bebo a tempestade" (Chico Buarque)

Neles, as formas verbais *semeio* e *bebo* são metáforas. Observe inicialmente que estão empregadas em sentido figurado. O sentido original de *semear* e *beber* é, respectivamente, "lançar sementes à terra" e "ingerir líquido"; portanto, literalmente falando, não é possível semear vento nem beber tempestade. Temos aí predicações impróprias, já que ocorrem desvios semânticos, com base na analogia.

A escolha da expressão metafórica não é aleatória, na medida em que revela a visão de mundo de quem a emprega em relação ao ser nomeado. Logo, não é suficiente identificar as metáforas. A leitura competente se faz pelo desvelamento da metáfora, uma vez que o sentido que ela constrói relaciona-se a aspectos ideológicos de quem a emprega, como você pode observar no trecho a seguir, extraído do romance *Niketche: uma história de poligamia*, da escritora moçambicana Paulina Chiziane. Nele, temos um diálogo entre o marido (Tony) e sua mulher (Rami). Trata-se de texto figurativo em que metáforas revelam a visão machista que o homem tem da mulher na sociedade patriarcal moçambicana.

> – Rami, a minha vida era boa. Fazia tudo o que queria. Visitava as mulheres quando me apetecia. Tirava o dinheiro do meu bolso, pagava-as quando mereciam. Agora que têm esses vossos negócios julgam-se senhoras mas não passam de rameiras. Julgam que têm espaço, mas não passam de um buraco. Julgam que têm direito e voz, mas não passam de patos mudos.
> – Estamos a ganhar dinheiro para melhorar a vida, Tony.
> – Por isso me afrontam, porque têm dinheiro. Por isso me abusam, porque têm negócios. Por isso me faltam ao respeito, porque se sentem senhoras. Mas eu sou um galo, tenho cabeça no alto, eu canto, eu tenho dotes para grandes cantos. Pois saibam que o vosso destino é cacarejar; desovar, chocar, olhar para a terra e esgaravatar para ganhar uma minhoca e farelo de grão. Por mais poder que venham a ter, não passarão de uma raça

cacarejante mendigando eternamente o abraço supremo de um galo como eu, para se afirmarem na vida. Você são morcegos na noite piando tristezas, e as vossas vozes eternos gemidos.

Fonte: Chiziane, 2004, p. 166-167.

2. Metonímia

Como a metáfora, a metonímia consiste numa transposição de significado, isto é, uma palavra que usualmente designa uma coisa passa a designar outra. Todavia, a transposição de significado não é feita com base em traços de semelhança, como na metáfora, mas por uma relação lógica de contiguidade, isto é, de proximidade, de coexistência, de implicação entre os termos (a parte pelo todo, o autor pela obra, o efeito pela causa, o continente pelo conteúdo, o instrumento pela pessoa que o utiliza, o concreto pelo abstrato, o lugar pelo produto, o gênero pela espécie, o singular pelo plural, o particular pelo geral etc.).

Veja o trecho a seguir, extraído do romance *O seminarista*, de Rubem Fonseca.

"Gamela demorou a abrir a porta. Ao seu lado um dos guarda-costas, o mesmo que estava com ele na casa de Suzane, o de gravata vermelha de bolinhas. Acho que ele só tinha aquela gravata. Os dois pareciam estar nervosos. Gamela dispensou o gravata vermelha de bolinhas com um gesto."

No trecho, um dos guarda-costas é identificado por usar uma gravata vermelha de bolinhas. Na última frase desse trecho, o narrador diz que, com um gesto, Gamela dispensou "o gravata vermelha de bolinhas". Essa expressão substitui *guarda-costas* por uma relação de coexistência. No caso, a roupa (a gravata) passa a significar a pessoa que o utiliza.

Observe mais exemplos de metonímia:

"Verdade é que, ao lado dessas faltas, coube-me a boa fortuna de não comprar o pão com o suor do meu rosto." (Machado de Assis)

(*pão* no lugar de *alimento* = o particular pelo geral; *suor do meu rosto* no lugar de *trabalho* = o efeito pela causa)

"e num domingo de repouso, depois do almoço, quando o vinho já estiver dizendo coisas mornas em nossa cabeça, e o sol lá fora já estiver tombando para o outro lado, eu e você sairemos de casa para fruir a plenitude de um passeio [...]". (Raduan Nassar)

Nesse exemplo, tomou-se a causa pelo efeito. Não é o vinho quem diz, mas o efeito do vinho. Ao mesmo tempo, temos uma prosopopeia ou personificação – já que se atribui ao vinho (ser inanimado) um predicado próprio de ser animado (dizer) – e um eufemismo, já que podemos entender que "o vinho dizer coisas mornas em nossa cabeça" significa um ligeiro estado de embriaguez. O adjetivo *mornas* está empregado em sentido conotativo, configurando uma metáfora.

Veja que na metonímia a transposição de significados ocorre entre conceitos de um mesmo domínio (*gravata* e *homem*; *pão* e *alimento*; *suor* e *trabalho*; *vinho* e *embriaguez*). Na metáfora, os conceitos pertencem a domínios distintos (*cabine telefônica* e *orelha*; *pensamento* e *rio*; *guerra* e *cobra*).

OBSERVAÇÃO

Como mencionamos, muitos autores distinguem metonímia de sinédoque. Consideram a figura como **sinédoque** quando a relação entre os termos é quantitativa, ou seja, pela sinédoque se alarga ou se reduz a significação de uma palavra. As relações entre os termos são basicamente as seguintes: a parte pelo todo, o singular pelo plural, o gênero pela espécie, o particular pelo geral (ou vice-versa).

Consideram a figura como **metonímia** quando a relação entre os termos é qualitativa. Na metonímia, há uma implicação entre os conceitos que decorre de uma relação de contiguidade entre eles. As relações entre os termos são: a causa pelo efeito, o continente pelo conteúdo, o autor pela obra, o lugar pelo produto, o instrumento pela pessoa que o utiliza etc. Há um caso de metonímia que ocorre em nomes próprios. É o caso de artistas que incorporam ao seu nome o nome do instrumento que utilizam: Paulinho da Viola, Jacó do Bandolim, Nélson Cavaquinho, Jackson do Pandeiro.

Como podemos notar, a diferença entre metonímia e sinédoque é bastante sutil e a distinção que se faz entre elas não é de todo relevante. Como o conceito de metonímia abarca o de sinédoque, a maioria dos autores, ao contrário do que acontecia antigamente, não faz mais a distinção entre essas duas figuras, preferindo usar o nome *metonímia* para designar a figura de linguagem em que a transposição de significado decorre de uma relação de contiguidade material ou conceitual existente entre os termos. É essa a posição que adotamos nesta obra.

3. Catacrese

É o emprego de palavras fora do seu significado real; entretanto, em decorrência do uso contínuo, não mais se percebe que estão sendo empregadas em sentido figurado. É o que ocorre em:

Embarcaram num trem expresso com destino a Milão.

Na feira, vendiam pés de alface de vários tipos.

No talão só havia duas folhas de cheque.

A catacrese ocorre quando, por falta de um termo específico para designar um conceito, toma-se outro por empréstimo. Note que, por falta de uma palavra específica para designar a ato de adentrar num trem para empreender viagem, tomamos por empréstimo a palavra *embarcar* e a usamos fora do seu sentido habitual. Verifique ainda que essa transposição tem por fundamento a vaga semelhança entre um conceito e outro. O verbo *embarcar*, que originalmente designava o ingresso em barco, atualmente é empregado com referência a toda espécie de meio de transporte: metrô, avião, ônibus etc.

É necessário que se faça uma observação importante: só há figura de retórica quando há intenção de se fazer uso figurado (conotativo). Na catacrese, não há intenção alguma do falante em valer-se de uma linguagem figurada, portanto não devemos considerar a catacrese uma figura de retórica.

4. Antonomásia

Consiste em substituir um nome de pessoa (ou personagem) por uma expressão que o identifique com facilidade.

No trecho a seguir, a expressão *Cavaleiro da Triste Figura* é uma antonomásia que substitui *Dom Quixote*.

"Trazia a cabeça descoberta; e, embora tivesse passado com a ligeireza que dissemos, todas estas minudências foram vistas e anotadas pelo Cavaleiro da Triste Figura."

Dá-se o nome de **perífrase** quando o termo substituído não é nome de pessoa. Nesse caso, há um alargamento de sentido com efeito retórico. Observe o trecho a seguir, extraído do romance *Fim*, de Fernanda Torres.

"A Princesinha do Mar acolhia muitas tribos. Álvaro conhecia Ribeiro de infância, moravam ambos na Ministro Rocha Azevedo e iam à praia na Miguel Lemos".

Nele, a expressão *Princesinha do Mar* refere-se à praia de Copacabana. O uso dessa perífrase no romance guarda relação textual com a canção "Copacabana", de Tom Jobim, em que a praia carioca é chamada por essa perífrase.

5. **Sinestesia**

Consiste em mesclar numa expressão sensações percebidas por diferentes órgãos do sentido.

Um amarrado de ervas aromáticas (salsa, cebolinha etc.) recebe o nome de *cheiro-verde*. Essa expressão foi criada por um processo em que se misturaram duas propriedades das ervas, perceptíveis por diferentes órgãos do sentido: a cor verde, percebida visualmente, com o cheiro, que é percebido pelo olfato. *Cheiro-verde* configura, pois, uma sinestesia.

No discurso literário, são frequentes as sinestesias. Na novela *Manuelzão e Miguilim*, de Guimarães Rosa, há uma passagem em que se dá a Miguilin uma xícara grande com algo para beber "que cheirava à claridade". Na expressão *cheirava à claridade*, mescla-se uma sensação olfativa (cheirar) com uma visual (claridade). Veja mais exemplos de sinestesia:

> "É um vagalume lanterneiro, que riscou um psiu de luz." (Guimarães Rosa)

Em um *psiu de luz*, temos uma sensação auditiva (psiu) que se mescla a uma visual (luz).

4.6 Figuras de pensamento

As figuras de pensamento dizem respeito ao sentido global do enunciado. Nelas, explora-se a relação entre o conteúdo linguístico (aquilo que se diz) e o referente extralinguístico. O conhecimento de mundo do leitor/ouvinte é que o leva a perceber que há um desvio entre o que se diz literalmente e a realidade a que a expressão linguística corresponde.

1. Antítese

Consiste na aproximação de termos contrários, de palavras que se opõem pelo sentido. A estrofe a seguir foi extraído da obra *Dom Quixote*, de Miguel de Cervantes.

> *"Procuro na morte a vida,*
> *saúde na enfermidade,*
> *nas masmorras liberdade,*
> *no que é fechado saída*
> *e no traidor lealdade."*

Como você pode observar, o texto se constrói pela aproximação de palavras que se opõem pelo sentido: *morte* × *vida*; *saúde* × *enfermidade*; *masmorras* × *liberdade*; *fechado* × *saída*; *traidor* × *lealdade*.

> **OBSERVAÇÃO**
>
> Damos o nome de **paradoxo** (ou **oxímoro**) à expressão antitética em que os termos opostos pelo sentido se fundem numa expressão pelo menos aparentemente contraditória. Note que o paradoxo é uma antítese radical, pois os termos não são apenas opostos, mas contraditórios, como neste verso de Fernando Pessoa:
>
> *"O mito é o nada que é tudo."*
>
> No romance *Lavoura arcaica*, de Raduan Nassar, temos a seguinte passagem:
>
> *"liberado na loucura, eu que só estava a meio caminho dessa lúcida escuridão [...]".*
>
> Se atentarmos para o fato de que *lúcida* significa "que se manifesta com luz", "resplandecente", "brilhante", temos uma expressão que funde contraditórios: *lúcida escuridão*.

2. Ironia

Consiste em utilizar um termo em sentido oposto ao usual, obtendo-se, com isso, efeito crítico e/ou humorístico.

Neste trecho do conto *Negrinha*, de Monteiro Lobato, temos uma ironia, na medida em que o adjetivo *excelente* significa o contrário do que expressa literalmente:

"A excelente Dona Inácia era mestra na arte de judiar de crianças."

Observe que a ironia conjuga dois planos: um orientado positivamente, outro negativamente. No exemplo de Lobato, do ponto de vista literal, *excelente* tem orientação positiva, mas no enunciado assume valor negativo.

3. Eufemismo

Consiste em substituir uma expressão por outra menos brusca; em síntese, consiste em "suavizar" alguma asserção desagradável.

O trecho a seguir foi retirado do livro *Laila e Majnun*, uma clássica história de amor da literatura persa. Seu autor é Nizami.

"Mas, mesmo tarde demais, decidiu revelar seu segredo pela primeira e última vez. Tomou a mão de sua mãe e disse: Querida mãe, minha luz está enfraquecendo, e logo a vela de meu ser se apagará. Antes que se faça a escuridão e que minha alma seja levada, eu tenho de dar voz ao que está no meu coração."

Como podemos observar, há uma série de expressões usadas para "suavizar" a ideia de morte: *minha luz está se enfraquecendo, a vela de meu ser se apagará, se faça a escuridão, minha alma seja levada.* No exemplo a seguir, Manuel Bandeira utiliza a expressão *a Indesejada das gentes* para "suavizar" a ideia de morte.

"Quando a Indesejada das gentes chegar
(Não sei de dura ou caroável),
Talvez eu tenha medo."

A ideia de morte é provavelmente a que tem gerado o maior número de eufemismos, inclusive na linguagem popular: *abotoar o paletó, esticar as canelas, comer capim pela raiz, bater as botas* etc.

Eufemismos também são usados para substituir tabus linguísticos, ou seja, palavras que não se devem ou não se costumam dizer por motivos culturais, religiosos, morais etc. Hoje, é cada vez mais comum a interdição de certas palavras, trocando-as por outras politicamente corretas.

4. Hipérbole

Consiste em exagerar uma ideia com finalidade enfática.
O trecho a seguir é uma cena da peça *O avarento*, de Molière. Veja como se constrói, por meio de hipérboles, a imagem de Harpagon (o avarento) como uma pessoa extremamente apegada ao dinheiro.

> HARPAGON (gritando por socorro, antes de entrar; e entrando em desalinho, alucinado) – Ladrão!... Ladrão!... Assassino!... Assassino!... Onde está a Justiça, meu Deus?... Estou perdido!... Assassinaram-me, degolaram-me, roubaram meu dinheiro... Quem poderia ter sido?... Que fizeram dele?... Onde está ele?... Que farei para encontrá-lo?... Estará lá?... Ou aqui?!... Quem fez isso?!... Ah!... Para, miserável!... devolva o meu dinheiro!... (agarra o próprio braço, arquejante) Ah! sou eu mesmo!... Sou eu mesmo!... Meu espírito está perturbado!... Ignoro onde estou, quem sou e o que faço!... ai de mim! Meu pobre dinheiro, meu querido dinheiro, meu grande, meu adorado amigo!... Privaram-me de ti!... E visto que me foste arrebatado, perdi minha razão de ser, meu consolo, minha alegria!... Tudo acabou para mim!... Nada mais tenho a fazer no mundo! Longe de ti é impossível continuar a viver! Não posso mais!... Eu sufoco!... Eu morro!... Eu estou morto!... Eu estou enterrado!...
>
> **Fonte:** Molière, 1996, p. 100-101.

O escritor francês François Rabelais se vale de hipérboles para caracterizar suas personagens Gargântua e Pantagruel, criando com isso efeitos de humor. Tudo nessas personagens é exagerado. Sobre a infância de Pantagruel ficamos sabendo que ainda no berço ele "mamava o leite de quatro mil e setecentas vacas". Observe o que afirma o autor em seguida:

> Certo dia pela manhã, quando se queria que ele mamasse em uma de suas vacas (pois não teve jamais outra ama de leite, como diz a história), ele desatou o nó que prendia ao berço um de seus braços, e agarrou a referida vaca por debaixo das pernas e lhe comeu as duas tetas e metade do ventre, com o fígado e os rins: e a teria devorado inteiramente, se a vaca não tivesse berrado horrivelmente...
>
> **Fonte:** Rabelais, 2003, p. 256.

Nesta estrofe de Augusto dos Anjos, a ideia de choro é potencializada por meio da hipérbole:

"No tempo de meu Pai, sob estes galhos,
Como uma vela fúnebre de cera,
Chorei bilhões de vezes com a canseira
De inexorabilíssimos trabalhos!"

5. Prosopopeia ou personificação

Consiste em atribuir a seres não humanos predicados que são próprios de seres humanos.

No trecho a seguir, extraído de *Dom Casmurro*, de Machado de Assis, atribuem-se ao coqueiro predicados que são próprios de seres humanos.

"Um coqueiro, vendo-me inquieto e adivinhando a causa, murmurou de cima de si que não era feio que os meninos de quinze anos andassem nos cantos com as meninas de quatorze [...]"

As narrativas alegóricas fazem uso da personificação na medida em que personagens não humanas assumem características próprias de seres humanos. No conto "Um apólogo", de Machado de Assis, as personagens *agulha* e *linha* encarnam comportamentos próprios de seres humanos.

6. Gradação ou clímax

Consiste na apresentação de ideias em progressão ascendente (clímax) ou descendente (anticlímax).

Observe como Balzac, neste trecho de *O pai Goriot*, dispõe figuras em progressão ascendente, enfatizando o aspecto mal conservado da mobília.

"Para explicar como esse mobiliário é velho, rachado, apodrecido, bambo, corroído, estropiado, mutilado, inválido, agonizante, seria preciso dele fazer uma descrição que retardaria demais o interesse desta história e que os apressados não perdoariam."

Quando falamos em anáfora, demos o seguinte exemplo:

"O primeiro remédio é o tempo. Tudo cura o tempo, tudo faz esquecer, tudo gasta, tudo digere, tudo acaba." (Antônio Vieira)

Além da ausência de conjunções para relacionar as orações coordenadas, o que constitui a anáfora, temos os termos do segundo período dispostos numa gradação descendente.

Veja agora este exemplo:

"O trigo... nasceu, cresceu, espigou, amadureceu, colheu-se." (Antônio Vieira)

Nesse trecho, os termos vêm dispostos em gradação ascendente.

7. Apóstrofe

Consiste na invocação de alguém ou alguma coisa, real ou fictício.

"**Deus! ó Deus!** *onde estás que não respondes?* (Castro Alves)

"*No mais,* **Musa**, *no mais, que a lira tenho*
Destemperada e a voz enrouquecida [...]" (Camões)

Por meio da apóstrofe, o enunciador traz para a cena da enunciação o enunciatário, intensificando o enunciado para exprimir emoção profunda.

FECHANDO O CAPÍTULO

Vimos, neste capítulo, que as figuras de retórica são utilizadas no encadeamento de temas e figuras e que sua função vai muito além de ser um ornamento do discurso. Além de poderem tornar o texto mais belo e agradável, elas têm papel relevante na textualização. O importante não é dominar o nome e a classificação das figuras, mas perceber os efeitos de sentido que elas conferem ao texto, particularmente seu caráter argumentativo, daí ser fundamental perceber aquilo que denominamos de *predicação imprópria*, ou seja, a figura de retórica como desvio de uma norma.

Ler textos e construir sentido implica fazer perguntas aos textos. Sugerimos que a leitura não deve consistir em saber identificar a figura de retórica, mas em se perguntar ao texto por que se usou a figura.

SUGESTÕES DE ATIVIDADES

1. Leia o poema de Manual Bandeira intitulado "A onda". Nossa sugestão é que você localize esse texto no acervo de bibliotecas ou na internet. Você pode, por exemplo, encontrá-lo no seguinte

site: <http://pensador.uol.com.br/frase/NjMoMzc3>. Depois de lê-lo, responda às questões que seguem.

a) Trata-se de texto figurativo com um repertório pequeno de palavras. Quais figuras de retórica predominam no texto?

b) Como vimos, a característica marcante do texto poético é o ritmo. Levando isso em conta, identifique os recursos que conferem ritmo ao poema. O que esse ritmo lhe lembra?

c) Por fim, observe que, no último verso, ocorre a repetição de uma mesma expressão nominal: **a onda**. Qual efeito de sentido resulta desse recurso?

2. A seguir você vai ler um fragmento de um poema de Patativa do Assaré.

> Poeta, cantô da rua,
> Que na cidade nasceu,
> Cante a cidade que é sua,
> Que eu canto o sertão que é meu.
>
> Se aí você teve estudo,
> Aqui, Deus me ensinou tudo,
> Sem de livro precisá
> Por favô, não mêxa aqui,
> Que eu também não mêxo aí,
> Cante lá, que eu canto cá.
>
> Você teve inducação,
> Aprendeu munta ciença,
> Mas das coisa do sertão
> Não tem boa esperiença.
> Nunca fez uma paioça,
> Nunca trabaiou na roça,

Não pode conhecê bem,
Pois nesta penosa vida,
Só quem provou da comida
Sabe o gosto que ela tem.

Pra gente cantá o sertão,
Precisa nele morá,
Tê armoço de fejão
E a janta de mucunzá,
Vivê pobre, sem dinhêro
Trabaiando o dia intêro,
Socado dentro do mato,
De apragata currelepe,
Pisando inriba do estrepe,
Brocando a unha-de-gato.

Você é munto ditoso,
Sabe lê, sabe escrevê,
Pois vá cantando o seu gozo,
Que eu canto meu padecê.
Inquanto a felicidade
Você canta na cidade,
Cá no sertão eu infrento
A fome, a dô e a misera:
Pra sê poeta divera,
Precisa tê sofrimento.
[...]

Fonte: Patativa do Assaré, 2004, p. 25-26.

Trata-se de um texto bastante rico e explorá-lo apenas quanto
às figuras de retórica seria empobrecê-lo, por isso o deixamos à

vontade para usá-lo na exploração de outros aspectos referentes à textualidade.

O texto se presta inicialmente a se discutir um tema abordado no Capítulo 2: Afinal, o que é mesmo literatura? Trata-se de forma não canônica de produção literária e, infelizmente, não prestigiada. Pode-se começar a discussão por aí.

É possível discutir esse tipo de manifestação cultural popular também sob o ângulo da recepção: Quem é seu público? No que ele difere do leitor da chamada *grande literatura*? Outro aspecto relevante a ser trabalhado é, evidentemente, a variedade linguística utilizada, que a aproxima bastante da oralidade. O poema, é claro, pode ser lido, mas é concebido para ser "cantado" (veja o título!), o que significa que mesmo aqueles que não têm acesso ao código escrito podem fruir o poema. Pode-se discutir a adequação do registro de fala ao público.

Ainda antes de analisar a organização das figuras, observe que o poeta se instaura no texto por meio de um marcador de pessoa (eu), que configura um "tu" com o qual dialoga. Esse "eu" que se instaura no enunciado cria um "aqui" e um "agora". O enunciador (o eu) e o enunciatário (o tu) não são os sujeitos empíricos, mas sujeitos discursivos, estabelecidos pelo texto. Esse tema será estudado quando tratarmos da enunciação (Capítulo 6).

Essa oposição eu-tu/aqui-lá será recorrente em todo o poema. A partir daí, sugerimos que se levantem as oposições presentes no nível da expressão a fim de se verificar o que elas recobrem.

SUGESTÕES DE LEITURA

FERREIRA, L. A. **Leitura e persuasão**: princípios de análise retórica. São Paulo: Contexto, 2010.

FIORIN, J. L. **Figuras de retórica**. São Paulo: Contexto, 2014.

OS GÊNEROS LITERÁRIOS

O estudo dos gêneros do discurso está em pauta, sobretudo depois que os textos de Mikhail Bakhtin chegaram até nós. Hoje, não se concebe um ensino de língua que não seja realizado a partir da perspectiva dos gêneros do discurso. Os Parâmetros Curriculares Nacionais (PCN) assumem isso ao se afirmar que "o estudo dos gêneros discursivos e dos modos como se articulam proporcionam uma visão ampla das possibilidades de usos da linguagem, incluindo aí o texto literário" (Brasil, 2000, p. 8). É por isso que optamos por dedicar um capítulo inteiro desta obra ao estudo dos gêneros literários.

5.1 Os gêneros do discurso

Em sentido amplo, denominamos *gênero* a uma classe de discursos, isto é, de realizações linguísticas, ou atos de fala. Uma teoria dos gêneros consiste, portanto, numa codificação de práticas discursivas. Novos textos individuais passam a ser produzidos de acordo com uma norma que constitui essa codificação. Nesse sentido, do

ponto de vista dos produtores, os gêneros atuam como "modelos" e, para os receptores, funcionam como horizonte de expectativas.

Os gêneros têm caráter cultural e histórico, o que significa que há gêneros de uma cultura que não aparecem necessariamente em outras e que há gêneros que estão ligados a uma cultura de um determinado tempo.

O estudo dos gêneros é bastante antigo e estende-se de Platão, em sua obra *A República*, até os dias atuais. Outro pensador da Antiguidade que se debruçou sobre a questão dos gêneros foi Aristóteles, que, em sua *Poética*, propõe uma classificação dos textos com base nos gêneros. No entanto, há uma diferença fundamental entre a perspectiva aristotélica e a bakhtiniana com relação aos gêneros. Na *Poética*, o estudo dos gêneros restringia-se à esfera do discurso literário e os gêneros eram vistos como modelos a serem seguidos.

Também a retórica antiga deu atenção aos gêneros, porém restrita àqueles pertencentes aos discursos jurídico e político e sob o prisma da influência do texto sobre o ouvinte. Não é o que ocorre em Bakhtin, que trata dos gêneros em relação às esferas de circulação dos discursos, sejam ou não literários. Para Bakhtin (2000, p. 301), "para falar, utilizamo-nos sempre dos gêneros do discurso, em outras palavras, todos os nossos enunciados dispõem de uma forma padrão e relativamente estável de estruturação de um todo". Isso significa que no exercício da linguagem, oral ou escrita, valemo-nos de formas de textos que circulam socialmente. Não nos comunicamos por frases, mas por textos que se enquadram em alguma forma padronizada, um gênero do discurso. Quando vamos nos expressar, não buscamos as palavras nos dicionários, mas em textos que circulam socialmente, materializados em gêneros.

São exemplos de gêneros do discurso, entre outros: a notícia, o telefonema, o aviso, o requerimento, a piada, o editorial, o anúncio publicitário, o bilhete, o sermão, a aula, a receita culinária, a resenha, a monografia, o poema, o romance. Como as atividades humanas são inumeráveis, os gêneros do discurso são praticamente infinitos. Alguns estão presentes em situações de comunicação mais informais (o bate-papo, a piada, o bilhete, o *e-mail*); outros, em situações mais formais (o requerimento, o editorial). Uns são, do ponto de vista do estilo, construções mais elaboradas (o romance, o sermão); outros têm estilo mais simples (a piada, o bilhete). Alguns têm uma forma muito estável (requerimento); em outros, a estabilidade é menor (a aula).

Além disso, novos gêneros surgem para atender a propósitos comunicativos novos, ou novas tecnologias. Com a internet, assistimos ao surgimento de diversos gêneros que já fazem parte de nosso dia a dia, como o *e-mail*, o *blog* e o tuíte. As palavras de Bakhtin (2000, p. 279) são claras nesse sentido: "A riqueza e a variedade dos gêneros do discurso são infinitas, pois a variedade virtual da atividade humana é inesgotável, e cada esfera dessa atividade comporta um repertório de gêneros do discurso que vai diferenciando-se e ampliando-se à medida que a própria esfera se desenvolve e fica mais complexa". Acrescentamos, ainda, que há gêneros em que a linguagem verbal se mescla com linguagens não verbais, como ocorre nas histórias em quadrinhos, charges, textos que se valem de recursos multimídias etc.

Bakhtin (2000) faz um distinção relevante entre os gêneros: para ele, há gêneros primários, ou simples, e gêneros secundários, ou complexos. Gêneros secundários são aqueles relativos a uma situação cultural mais complexa, mais evoluída e, normalmente, manifestam-se na forma escrita. O romance, o poema, o conto, o artigo científico, a monografia são exemplos de gêneros secundários. Como exemplos de gêneros primários, podemos apontar aqueles que ocorrem na comunicação espontânea, que se manifestam na forma oral, como o diálogo que travamos em situações informais de interação. Os gêneros secundários absorvem e modificam gêneros primários; assim, num romance, podemos ter a reprodução de falas (diálogos).

Bakhtin ressalta ainda que os gêneros do discurso apresentam três características: conteúdo temático (conjunto de temas que podem ser abordados pelo gênero), estrutura composicional (forma como o texto é organizado) e estilo (procedimentos linguísticos utilizados).

Para exemplificar, pensemos num gênero de grande circulação na esfera cotidiana e bastante conhecido pelos usuários da língua: a receita culinária, cujo propósito comunicativo é instruir o leitor/ouvinte a fazer determinada comida. Seu conteúdo temático é, portanto, a elaboração de algo comestível. Esse gênero textual apresenta um estrutura composicional relativamente estável, normalmente com duas seções, precedidas de um título: "ingredientes" e "modo de fazer". Eventualmente, outras seções podem aparecer: "rendimento", "tempo de preparo", "quantidade de calorias".

O estilo, ou seja, os procedimentos linguísticos adotados na receita, caracteriza-se por linguagem formal, uso de formas verbais imperativas (às vezes infinitivas), predomínio de orações coordenadas e/ou períodos simples.

O estudo dos fatos linguísticos sob a perspectiva dos gêneros não está restrito às manifestações do discurso literário, mas a todas as áreas dos estudos da linguagem – gramática, filologia, lexicologia, linguística, semântica, estilística etc. –, na medida em que o estudioso deve se debruçar em manifestações linguísticas concretas e estas, como sabemos, materializam-se em gêneros do discurso. Para a elaboração de um dicionário, por exemplo, o lexicógrafo vai compor seu *corpus* a partir de pesquisa em textos concretos da maior variedade de gêneros do discurso possível. A mesma coisa deverá fazer o gramático em seu trabalho. Aquilo que se convencionou chamar *uso culto da língua* não deve ser buscado apenas na esfera literária, mas também em outras esferas discursivas e, consequentemente, em outros gêneros.

Os falantes têm um conhecimento intuitivo dos gêneros do discurso com que lidam em sua práticas linguageiras, ou seja, conhecemos os gêneros sem necessariamente ter um conhecimento teórico sobre eles; portanto, a competência genérica não pressupõe uma competência metagenérica – o conhecimento teórico das características do gênero –, assim como a competência linguística não pressupõe uma competência metalinguística. Os falantes sabem usar a língua, mas não têm necessariamente conhecimento de uma nomenclatura gramatical específica. É em decorrência das competências linguística e genérica que conseguimos nos comunicar. Bakhtin chega a afirmar que, se não existissem os gêneros e se não os dominássemos, a comunicação humana seria praticamente impossível, pois teríamos de "criar" um gênero a cada vez que quiséssemos nos comunicar. É em decorrência da competência genérica que reconhecemos o que o locutor diz, se é uma piada ou uma ordem, por exemplo. Essa competência permite aos falantes ajustarem os seus projetos de dizer a um determinado gênero em função da esfera de comunicação, do tema (o conteúdo de seu dizer), de seus parceiros etc.

5.2 Um breve histórico sobre os gêneros

A escola, como se sabe, deve trabalhar a diversidade dos gêneros, inclusive os de circulação na modalidade oral. Como é impossível estudar todos os gêneros (lembre-se de que o número de gêneros é praticamente infinito), é necessário que se faça um recorte e se trabalhem os gêneros que mais têm a ver com as situações comunicativas da comunidade escolar. Evidentemente, os textos literários não devem ser deixados de lado, em razão de seu caráter formativo e do fato de representarem uma forma de acesso ao universo da cultura letrada.

Os gêneros literários podem se manifestar na forma oral ou escrita, em verso ou prosa. Dada a natureza deste livro, que enfoca a leitura, trataremos especificamente dos gêneros literários escritos. Não é nosso intuito fazer uma lista exaustiva das formas literárias em verso (ode, soneto, epopeia, elegia, écloga, trova, madrigal, rondó etc.), apresentando as caracteríticas de cada uma. Em virtude do caráter didático deste livro, faremos o estudo dos gêneros levando em conta se são em prosa ou verso. Às manifestações em verso denominaremos simplesmente **poesia**. As manifestações literárias em prosa mais frequentes nos dias atuais são o **conto**, o **romance** e a **novela**.

Aristóteles assim inicia sua *Poética*: "Propomo-nos tratar da produção poética em si mesma e de seus diversos gêneros, dizer qual a função de cada um deles, como se deve constituir a fábula, no intuito de obter o belo poético [...]" (Aristóteles, 1959, p. 269). Esclarecemos alguns pontos. Os gêneros a serem abordados por Aristóteles, evidentemente, são os conhecidos na época. Interessam-nos três deles: a **epopeia**, a **tragédia**, a **comédia**. *Fábula*, no texto aristotélico, é a tradução da palavra grega *mito*, isto é, narrativa, estória. Retomaremos esse conceito quando tratarmos dos gêneros narrativos. O belo, para Aristóteles, está ligado à ideia de ordenação entre as partes e a extensão de um todo.

Aristóteles afirma que esses gêneros se enquadram no que ele denomina "artes de imitação". Mímesis (imitação) é um conceito-chave na *Poética* aristotélica. Para Aristóteles, a tendência à imitação é instintiva no ser humano, desde a infância, distinguindo-o dos demais seres. Os seres humanos não apenas gostam de imitar, mas têm prazer em presenciar imitações. A arte, segundo o filósofo, é imitação da natureza. Os critérios que ele aponta para distinguir as formas de mímesis são os objetos, os meios e os modos utilizados nas imitações. Pintura, música e poesia se distinguem pelos meios empregados: cores e formas; harmonia e ritmo; e linguagem, respectivamente. Quando a imitação tem por objeto atos de personagens (esse é o caso das obras literárias), essas personagens podem ser representadas ou melhores, ou piores, ou iguais a todos nós. A epopeia e a tragédia representam os homens melhores do que são; a comédia representa os homens piores do que são, sendo a imitação dos maus costumes a representação daquilo que é ridículo.

Se tanto a epopeia como a tragédia representam os homens melhores do que são, o que distingue uma de outra? Aristóteles nos mostra que a diferença reside no modo de imitar: a narração e o drama. Na tragédia, temos as personagens em ação diante de nós, o que não ocorre na epopeia, em que há apenas a narrativa. Na epopeia, temos o modo narrativo; na tragédia, o dramático.

Na tragédia, temos a representação completa de uma ação por meio de atores que visam suscitar a compaixão e o terror, tendo por efeito a purgação (catarse) desses sentimentos. À imitação de uma ação Aristóteles dá o nome de *fábula* (*mito*, em grego) e esta resulta do encadeamentos de atos das personagens, o que nos permite qualificá-las. Na tragédia, o que se imita não são os homens, mas as ações destes. Se a tragédia e a comédia apresentam cenograficamente as ações humanas, a epopeia as conta. É importante observar que, diferentemente da poesia lírica, que retrata o homem individual, esses gêneros têm por objeto a coletividade, a *pólis*, ou o herói que a encarna. Entre *Édipo Rei*, de Sófocles, e a *Odisseia*, de Homero, a diferença não reside no objeto da imitação (ambas imitam homens melhores do que nós), mas no modo como imitam. Em *Édipo Rei*, temos uma representação da tragédia de Édipo (modo dramático); na *Odisseia*, a narração das aventuras de Odisseu (modo narrativo). Comédia e tragédia se aproximam quanto ao modo de imitação (atores representam ações), mas diferem quanto aos homens que imitam. Na tragédia, imitam-se as ações de homens melhores do que os comuns; na comédia, as ações de homens piores do que os comuns.

Outro conceito-chave exposto por Aristóteles é o de verossimilhança. Atentemos para a origem dessa palavra: *vero* + *símil*. *Vero* significa "verdadeiro"; *símil*, "semelhante". Portanto, verossímil é aquilo que parece ser verdade, que se assemelha ao verdadeiro. Veja o que afirma Aristóteles:

> [...] é evidente que não compete ao poeta narrar exatamente o que aconteceu; mas sim o que poderia ter acontecido, o possível, segundo a verossimilhança ou a necessidade. O historiador e o poeta não se distinguem um do outro, pelo fato de o primeiro escrever em prosa e o segundo em verso (pois, se a obra de Heródoto houvesse

sido composta em verso, nem por isso deixaria de ser obra de história, figurando ou não o metro nela). Diferem entre si, porque um escreveu o que aconteceu e o outro o que poderia ter acontecido. (Aristóteles, 1959, p. 287)

Podemos resumir a questão dos gêneros literários em Aristóteles da seguinte forma: são resultados da mímese. O processo mimético se distingue em decorrência do objeto, do meio e do modo da imitação.

Quadro 5.1

O processo de imitação

Mímesis			
Gênero	Objeto	Modo	Meio
Epopeia	Homens melhores em ação	Narrativo	Linguagem (ritmo, metro)
Tragédia	Homens melhores em ação	Dramático	Linguagem (ritmo, metro)
Comédia	Homens piores em ação	Dramático	Linguagem (ritmo, metro)

A *Poética* pode ser considerada um texto fundador no que diz respeito aos estudos dos gêneros. No entanto, é preciso considerar que tal texto chegou até nós incompleto. Nele, Aristóteles limita-se ao estudo da tragédia e da epopeia; não há na obra aristotélica um estudo a respeito do gênero lírico. Na seção seguinte, apresentaremos uma classificação didática dos gêneros literários, com base na intencionalidade do produtor.

5.3 Classificação dos gêneros literários

Levando em conta a intencionalidade do produtor, podemos classificar os gêneros literários em **lírico**, **épico** e **dramático**.

O gênero lírico diz respeito às manifestões literárias centradas na individualidade. A palavra *lírico* provém de *lira*, "instrumento de cordas dedilháveis ou tocadas com plectro, de larga difusão na Antiguidade" (Houaiss; Villar, 2009). O nome desse gênero literário decorre do fato de que a apresentação dos textos era acompanhada por instrumentos musicais. Quando os textos líricos, originalmente cantados, passam para a forma escrita, mantêm a musicalidade, que é conseguida basicamente por meio do ritmo e do metro.

A característica essencial desse gênero é o fato de ele estar centrado no indivíduo, sendo, portanto, a expressão da subjetividade do artista, mesmo quando trata da realidade objetiva. Poemas líricos podem apresentar-se sob diversas formas (soneto, madrigal, ode, elegia etc.), com versos metrificados ou não, com rimas ou não e em formas não fixas. Vale lembrar que damos o nome de *poema* às manifestações literárias em versos e que nem todo poema é lírico, uma vez que podemos ter poemas épicos e satíricos.

O gênero épico está ligado à narrativa. *Épico* provém do grego *épos*, que significa "palavra". Portanto, podemos afirmar que épico é aquilo que é narrado por meio de palavras; assim, mantém as características dos gêneros do modo narrativo, apresentando narrador, narratário, personagens, enredo, tempo e espaço (ver Capítulo 7). Como vimos, para Aristóteles, o épico é a imitação de ações de homens melhores e é expresso pelos poemas, ditos *poemas épicos* (ou *epopeias*), de que a *Ilíada* e a *Odisseia*, de Homero, são exemplos.

O gênero épico pode se manifestar tanto em prosa quanto em verso. São exemplos do gênero épico em verso as epopeias (ou poemas épicos). Além da *Ilíada* e da *Odisseia*, que já apontamos, são também exemplos de poemas épicos a *Eneida*, de Virgílio, *Os lusíadas*, de Camões, e *O Uraguai*, de Basílio da Gama. Na literatura moderna, os poemas épicos deram lugar a um gênero muito popular: o romance.

São exemplos de manisfestações literárias do gênero épico em prosa o conto e a novela, além do já citado romance.

Se, no poema épico, tínhamos a imitação de homens melhores do que os comuns e que encarnavam uma coletividade, as formas literárias em prosa do gênero épico moderno (romance, conto e novela) representam não necessariamente o homem melhor que os demais, mas o homem comum, visto como ser individual, com suas contradições, qualidades e defeitos.

O gênero dramático está ligado ao que Aristóteles denominava de *trágico*. Consiste não na narrativa de ações por alguém (como no gênero épico), mas na representação das ações por personagens que as vivem, como é o caso das representações teatrais.

Do ponto de vista da recepção, textos do gênero lírico destinam-se à leitura ou à audição; os do gênero épico, à leitura ou à audição (caso sejam narrativas curtas); e os do gênero dramático, à representação por meio de atores, embora possam ser simplesmente lidos.

O fragmento de texto que você vai ler a seguir exemplifica o gênero dramático.

Auto da Compadecida (diálogo inicial)

PALHAÇO: O distinto público imagine à sua direita uma igreja, da qual o centro do palco será o pátio. A saída para a rua é à sua esquerda. *(Essa fala dará ideia da cena, se se adotar uma encenação mais simplificada, e pode ser conservada mesmo que se monte um cenário mais rico.)* O resto é com os atores. *(Aqui pode-se tocar uma música alegre e o Palhaço sai dançando. Uma pequena pausa e entram Chicó e João Grilo.)*

JOÃO GRILO: E ele vem mesmo? Estou desconfiado, Chicó. Você é tão sem confiança.

CHICÓ: Eu, sem confiança? Que é isso, João, está me desconhecendo? Juro como ele vem. Quer benzer o cachorro da mulher para ver se o bicho não morre. A dificuldade não é ele vir, é o padre benzer. O bispo está aí e tenho certeza de que o Padre João não vai querer benzer o cachorro.

JOÃO GRILO: Não vai benzer? Por quê? Que é que um cachorro tem de mais?

CHICÓ: Bom, eu digo assim porque sei como esse povo é cheio de coisas, mas não é nada de mais. Eu mesmo já tive um cavalo bento.

JOÃO GRILO: Que é isso, Chicó? *(Passa o dedo na garganta.)* Já estou ficando por aqui com suas histórias. É sempre uma coisa toda esquisita. Quando se pede uma explicação, vem sempre com "não sei, só sei que foi assim".

CHICÓ: Mas eu tive o cavalo, meu filho, o que é que eu vou fazer? Vou mentir, dizer que não tive?

JOÃO GRILO: Você vem com uma história dessas e depois se queixa porque o povo diz que você é sem confiança.

CHICÓ: Eu, sem confiança? Antônio Martinho está aí para dar as provas do que eu digo.

JOÃO GRILO: Antônio Martinho? Faz três anos que ele morreu.

CHICÓ: Mas era vivo quando eu tive o bicho.

JOÃO GRILO: Quando você teve o bicho? E foi você quem pariu o cavalo, Chicó?

[...]

CHICÓ: Foi uma velha que me vendeu barato, porque ia se mudar, mas recomendou todo cuidado, porque o cavalo era bento. E só podia ser mesmo, porque cavalo bom como aquele eu nunca tinha visto. Uma vez corremos atrás de uma garrota, das seis da manhã até as seis da tarde, sem parar nem um momento, eu a cavalo, ele a pé. Fui derrubar a novilha já de noitinha, mas

> quando acabei o serviço e enchocalhei a rês, olhei ao redor, e não conhecia o lugar em que estávamos. Tomei uma vereda que havia assim e saí tangendo o boi...
>
> **JOÃO GRILO:** O boi? Não era uma garrota?
>
> **CHICÓ:** Uma garrota e um boi.
>
> **JOÃO GRILO:** E você corria atrás dos dois de uma vez?
>
> **CHICÓ,** *irritado:* Corria, é proibido?
>
> **JOÃO GRILO:** Não, mas eu me admiro é eles correrem tanto tempo juntos, sem se apartarem. Como foi isso?
>
> **CHICÓ:** Não sei, só sei que foi assim.
>
> **Fonte:** Suassuna, 2001, p. 25-28.

A denominação *auto* já sinaliza que o texto pertence ao gênero dramático, uma vez que *auto* designa um tipo de composição dramática originária da Idade Média, cujas personagens geralmente são alegóricas, representando pecados, virtudes etc., e cuja linguagem é simples e jocosa, com fins moralizantes.

O texto é apresentado em forma dialogada e os fatos são narrados sem a mediação de um narrador. A fala do Palhaço tem a função de apresentar o lugar onde a ação vai acontecer (composto de uma igreja à direita, um pátio no centro e uma rua à esquerda) e prepara a entrada dos atores. Como se trata de um texto escrito destinado a ser representado por atores, as informações entre parênteses, denominadas *rubricas*, não são falas das personagens, mas informações do autor, orientando a representação em cena.

Note que esse texto pertence ao gênero dramático porque, na terminologia de Aristóteles, seu modo de mímesis não é o narrativo, mas a reprersentação das ações por meio de atores. Normalmente, no gênero dramático temos a tragédia, a comédia e a tragicomédia, um híbrido de tragédia e comédia. *Auto da Compadecida* é uma comédia, pois visa ao riso.

5.3.1 O poema lírico

Se partirmos do pressuposto de que não há sinônimos perfeitos, deve haver então uma diferença entre *poesia* e *poema*. Embora hoje em dia se usem essas palavras como sinônimas perfeitas (Li um poema de Castro Alves/Li uma poesia de Castro Alves), há, sim, uma diferença entre elas.

Poesia provém do grego (*poíēsis,eōs* criação: fabricação, confecção). Na palavra *poesia* está, pois, contida a ideia de se criar algo a partir do nada. A palavra *poema* também provém do grego (*poíēma, atos*: obra, criação do espírito, invenção). A distinção é sutil: *poesia* refere-se ao fazer, ao criar; *poema*, ao resultado, à coisa feita, à obra pronta. Portanto, o que lemos são poemas (a obra) e, em nossa leitura, percebemos (ou não) a poesia. Era comum antigamente os professores pedirem aos alunos que decorassem um poema e depois o recitassem para a classe; o fato é que a maioria dos alunos sabia o poema de cor, mas não percebia necessariamente a poesia contida nele.

Em linhas gerais, dizemos que um poema é uma construção literária em versos, que podem ser regulares ou não, apresentar rima ou não. Versos regulares são versos que apresentam o mesmo número de sílabas poéticas. Os mais comuns são os que apresentam cinco, sete, dez ou doze sílabas, chamados, respectivamente, de *pentassílabos* (ou *redondilha menor*), *heptassílabos* (ou *redondilha maior*), *decassílabos* e *dodecassílabos* (ou *alexandrinos*). Quanto à rima, trata-se da identidade de sons em geral no final dos versos.

Os poemas podem apresentar formas fixas ou não. O soneto é exemplo de poema que tem forma fixa, já que só é soneto a construção poética que apresenta quatorze versos, distribuídos em dois quartetos (estrofes de quatro versos) e dois tercetos (estrofes de três versos). Observe, no entanto, que o soneto não é um poema, mas uma forma usada comumente no discurso literário, o que equivale a dizer que podemos ter um texto não literário escrito em forma de soneto.

Se um poema não precisa ter necessariamente rimas nem apresentar regularidade nos versos, o que determina que um texto seja considerado poema? Antes de mais nada, como vimos no Capítulo 2, para um texto ser considerado literário, levam-se em conta fatores de legitimação institucional. Assim, nem todo poema é considerado obra literária. Contudo, podemos adiantar que a característica básica dos textos poéticos é o ritmo.

A palavra *ritmo* provém do grego (*rhuthmós*: medida, cadência). A noção de ritmo na poesia está ligada à noção de tempo. Trata-se de uma repetição periódica de sons no tempo. Em português, o ritmo é obtido por meio da sucessão de sílabas no tempo (ritmo silábico). Como se sabe, em português, o acento é intensivo, isto é, as sílabas são pronunciadas com maior ou menor intensidade, daí se classificarem em sílabas átonas (pouca intensidade) ou tônicas (muita intensidade). O ritmo resulta da repetição de sílabas tônicas em intervalos de tempo. Embora possamos ter ritmo em textos em prosa, ele não é essencial, ao contrário da poesia. Chamamos atenção para o fato de que o ritmo não deve ser confundido com a métrica, uma vez que mesmo versos livres, aqueles que não têm o mesmo número de sílabas poéticas, apresentam ritmo.

Nas línguas em que o acento é durativo, como o latim, cujas sílabas são breves ou longas (sendo que a longa tem a duração de duas breves), o ritmo era marcado pela disposição de sílabas breves e longas na cadeia sintagmática em unidades denominadas *pés* (o nome é devido ao fato de que o ritmo era marcado com batidas do pé). Em português, como vimos, o acento não é durativo, mas intensivo (átonas e tônicas). Observe na estrofe a seguir, extraída do poema *José*, de Carlos Drummond de Andrade, como se configura o ritmo.

> Se você gritasse,
> se você gemesse,
> se você tocasse
> a valsa vienense,
> se você dormisse,
> se você cansasse,
> se você morresse...
> Mas você não morre,
> você é duro, José!
>
> **Fonte:** Andrade, 1973, p. 130.

Em primeiro lugar, nessa estrofe, temos versos de cinco sílabas (redondilha menor), exceto o último, que tem sete sílabas (redondilha maior). A contagem das sílabas métricas é feita até a última sílaba tônica, desprezando-se as átonas que a sucedem. Veja a seguir:

1	2	3	4	5	
se	vo	**cê**	gri	**tas**	se
se	vo	**cê**	ge	**mes**	se
se	vo	**cê**	to	**cas**	se
a	**val**	sa	vi e	**nen**	se
se	vo	**cê**	dor	**mis**	se
se	vo	**cê**	can	**sas**	se
se	vo	**cê**	mor	**res**	se
Mas	vo	**cê**	não	**mor**	re

1	2	3	4	5	6	7
vo	**cê**	é	**du**	ro	Jo	**sé**

Observe a regularidade na distribuição de sílabas tônicas nos versos (estão destacadas **em negrito**). Nos versos de cinco sílabas, os acentos estão na terceira e quinta sílabas (exceto no verso "a valsa vienense". Mas o ritmo não decorre apenas da disposição de átonas e tônicas. A repetição dos mesmos sons (representados pela letra *s* e pelo dígrafo *ss*) – configurando uma aliteração e a repetição das mesmas palavras no início dos versos (anáfora) – confere à estrofe o ritmo de uma valsa, só quebrado no último verso. Passemos agora à leitura de um poema de Camões.

Mudam-se os tempos, mudam-se as vontades,
Muda-se o ser, muda-se a confiança,
Todo o mundo é composto de mudança,
Tomando sempre novas qualidades.

Continuamente vemos novidades,
Diferentes em tudo da esperança,
Do mal ficam as mágoas na lembrança,
E do bem (se algum houve...) as saudades.

O tempo cobre o chão de verde manto,
Que já coberto foi de neve fria,
E em mim converte em choro o doce canto.

E, afora este mudar-se cada dia,
Outra mudança faz de mor espanto:
Que não se muda já como soía.

Fonte: Camões, 1963, p. 284.

Trata-se de um soneto, composição poética de quatorze versos (dois quartetos e dois tercetos). Todos os versos são decassílabos e apresentam o seguinte esquema de rimas: ABBA/ABBA/CDC/DCD. A seguir, apresentamos o soneto com a divisão em sílabas métricas.

1	2	3	4	5	6	7	8	9	10	
Mu	dam	se os	tem	pos	**mu**	dam	se as	von	**ta**	des
Mu	da	se o	**ser**	mu	da	se a	**con**	fi	**an**	ça
To	do o	mun	do é	com	**pos**	to	de	mu	**dan**	ça
To	man	do	sem	pre	**no**	vas	qua	li	**da**	des
Con	ti	nua	men	te	**ve**	mos	no	vi	**da**	des
Di	fe	ren	tes	em	**tu**	do	da es	pe	**ran**	ça
Do	mal	fi	cam	as	**má**	goas	na	lem	**bran**	ça
E	do	bem	(se al	gum	**hou**	ve)	as	sau	**da**	des
O	tem	po	co	bre o	**chão**	de	ver	de	**man**	to
Que	já	co	ber	to	**foi**	de	né	voa	**fri**	a
E em	mim	con	ver	te em	**cho**	ro o	do	ce	**can**	to
E a	fo	ra es	te	mu	**dar**	se a	ca	da	**di**	a
Ou	tra	mu	dan	ça	**faz**	de	mor	es	**pan**	to
Que	não	se	mu	da	**já**	co	mo	so	**í**	a

Em relação ao ritmo, convém observar que, além da regularidade dos versos (todos decassílabos), da presença de sílabas tônicas em intervalos regulares e das rimas, predominam vogais fechadas e nasais, estas representadas pelos dígrafos vocálicos (vogal + *n* ou *m*, em final de sílaba). Mas um poema não é apenas som. Veja que nele se podem observar algumas das figuras de retórica já estudadas.

a) Repetição:

*"**Mudam-se** os tempos, **mudam-se** as vontades,*
*
Muda-se o ser, **muda-se** a confiança"*

A palavra que inicia uma oração é a mesma que inicia a oração seguinte. Além disso, repete-se a estrutura sintática da orações (verbo + se + sintagma nominal). Essa repetição semântica e sintática intensifica a ideia de mudança expressa nos versos.

b) Zeugma:

"E do bem (se algum [bem] houve...) [ficam] as saudades."

c) Inversões:

"Diferentes em tudo da esperança" (Diferentes da esperança em tudo)

"Do mal ficam as mágoas na lembrança" (As mágoas do mal ficam na lembrança)

As inversões colocam em destaque os termos fora da ordem normal.

d) Pleonasmo:

"neve fria"

e) Sinestesia:

"doce canto"

Muitas palavras no poema são polissêmicas, isto é, têm muitos significados. O primeiro passo consiste em o leitor construir um significado para elas. Para isso, deve observar como se relacionam pelo sentido com as outras. Observe que, no poema, o tema da mudança é visto sob dois planos distintos: o exterior – a passagem do tempo muda as estações e, em consequência, a paisagem (o campo coberto de verde – primavera – com o tempo se vê coberto de neve – inverno) – e o interior – o que era alegria (doce canto) vê-se transformado em tristeza (choro).

Esses dois planos, exterior e interior, correspondem, respectivamente ao plano da aparência, aquilo que se mostra exteriormente e é percebido pelos sentidos, e ao da essência, aquilo que caracteriza um ser, que lhe dá a identidade, que o distingue dos demais.

Levando em conta esses planos, estabecemos o sentido de algumas palavras do texto:

- *vontade*: força interior que impulsiona o ser humano para algo;
- *ser*: aquilo é, a essência, a natureza íntima;
- *confiança*: força interior;
- *qualidade*: propriedade que determina a essência do ser;
- *novidade*: aquilo que aparece pela primeira vez;
- *esperança*: sentimento que vê como possível a realização do que se deseja;
- *lembrança*: aquilo que ocorre ao espírito como resultado de experiências já vividas;
- *saudade*: sentimento melancólico de incompletude;
- *mor*: maior;
- *soía*: imperfeito do verbo *soer*, que significa "acontecer com frequência", "costumar".

Trata-se de um poema lírico em que se conjuga a subjetividade com o desejo de interpretar a realidade objetiva. O tema do poema é a mudança, o fluir do tempo, que faz com que coisas e pessoas não sejam mais as mesmas. Essa ideia de que tudo muda remete à filosofia de Heráclito de Éfeso, para quem tudo está em constante mudança – seres, coisas ou ideias. Veja que no poema o ser (a essência) muda, mas muda também a propriedade do ser (qualidades). Mas a mudança maior que o poeta ressalta e que lhe traz espanto é a da própria mudança, pois não se muda (hoje) como soía, ou seja, como costumava.[1]

Vamos ler agora um poema de Hilda Hilst.

Árias pequenas.

Para bandolim

XII
Antes que o mundo acabe, Túlio,
Deita-te e prova
Esse milagre do gosto
Que se fez na minha boca
Enquanto o mundo grita
Belicoso. E ao meu lado
Te fazes árabe, me faço israelita
E nos cobrimos de beijos
E de flores

Antes que o mundo se acabe
Antes que acabe em nós
Nosso desejo.

Fonte: HILST, H. **Da poesia**. 1. ed. São Paulo: Companhia das Letras, 2017, p. 277.

Trata-se de um poema lírico em forma e versos livres, sem rimas. Há um eu-lírico que fala em primeira pessoa e que, pela enunciação, constitui um tu, Túlio, a quem se dirige.

---

1 Lembramos que esse soneto de Camões é objeto de uma página de *fanfiction*. Caso você queira conhecê-la, acesse o *link*: <http://fanfiction.com.br/historia/109974/gentil_Senhora/capitulo/1>.

É um texto figurativo, pois predominam palavras concretas, que revestem semanticamente o tema. Numa estrutura mais profunda, temos uma oposição entre amor (físico) e violência. No instante poético, o eu-lírico convida o interlocutor à união ("Deita-te e prova/Esse milagre do gosto/Que se fez em minha boca") antes que o mundo exterior, marcado pela violência e destruição, se acabe ("Enquanto o mundo grita/Belicoso"). A união dos seres pelo desejo é o que move os seres humanos a se unirem, inclusive aqueles que pela violência se opõem ("Te fazes árabe, me faço israelita").

5.3.2 Gêneros literários do discurso narrativo

Atualmente, os gêneros literários do discurso narrativo mais cultivados são o **romance**, o **conto** e a **novela**. Todos contam uma história em que há personagens, ação, tempo e espaço. Além disso, há alguém que conta a história: o narrador, que pode ser ou não personagem da história que narra. Os elementos da narrativa serão estudados com detalhes no Capítulo 7. Por ora, interessa-nos saber o que diferencia esses três gêneros literários, que atingem um público bastante variado.

A diferença entre esses três gêneros literários reside principalmente em sua **extensão**. O conto é uma narrativa breve, condensada; não é por acaso que, em inglês, recebe o nome de *short history*, isto é, história curta. Já o romance é uma narrativa longa. A extensão da narrativa evidentemente traz implicações de outra ordem. Por ser uma narrativa curta, o conto apresenta poucas personagens, desenvolve-se num tempo curto e, em geral, num espaço restrito. Normalmente é centrado em um único conflito e não há recuos na narrativa. Como exemplo, podemos citar os contos de Machado de Assis, como *A cartomante* e *A causa secreta*, e os de Edgar Allan Poe, como *A carta roubada* e *Os crimes da rua Morgue*. De autores contemporâneos, podemos citar a produção literária de Dalton Trevisan.

Os suportes do gênero *conto* são bastante diversificados. Por se tratar de narrativa de pequena extensão, pode ter por suporte, além de livros impressos, jornais, revistas, *e-books*, *sites*, *blogs* etc.

O romance, por ser uma narrativa longa, pode apresentar muitas personagens, desenvolver-se num tempo longo e num espaço amplo e múltiplo e apresentar outros conflitos além de um central. No romance, pode haver recuos na narrativa, isto é, o narrador suspende o prosseguimento da história no tempo, para voltar ao passado e esclarecer algum ponto que julgue relevante. Como exemplo, podemos citar, entre os clássicos, *Dom Casmurro* e *Quincas Borba*, de Machado de Assis, e, entre os contemporâneos, *Cinzas do Norte* e *Dois irmãos*, de Milton Hatoum. Quanto ao suporte, os romances atualmente se apresentam em livros impressos, *e-books* e arquivos em PDF. Salientamos, no entanto, que no século XIX era comum a veiculação de romances por meio de folhetins publicados pela imprensa.

A novela é um gênero intermediário entre o romance e o conto; portanto, quanto ao tamanho, é uma narrativa de média extensão, que costuma apresentar um andamento mais rápido do que o romance, isso porque não costuma deter-se em descrições, análises psicológicas e recuos na narrativa. O ritmo mais acelerado decorre sobretudo do fato de privilegiar as ações das personagens. Como exemplos de novela, podemos citar *Amor de Perdição*, de Camilo Castelo Branco, *A morte e a morte de Quincas Berro D'Água*, de Jorge Amado, e *A metamorfose*, de Franz Kafka. Quanto ao suporte, podemos encontrar novelas principalmente em livros impressos, *e-books* e arquivos em PDF.

FECHANDO O CAPÍTULO

Neste capítulo, vimos que todos os textos de qualquer espécie se apresentam em formas relativamente estáveis, denominadas *gêneros do discurso*, cuja variedade é praticamente infinita.

Na obra de Aristóteles denominada *Poética*, que chegou até nós incompleta, já encontramos um estudo dos gêneros. Nela, o filósofo discorre largamente sobre a tragédia, fala da epopeia, mas não há nenhum estudo referente ao gênero lírico. Em Aristóteles, os gêneros são vistos como modelos a serem imitados. No século XX, o pensador russo Mikhail Bakhtin discute a questão dos gêneros sob outro prisma. Os gêneros passam a ser vistos não como modelos, mas como a materialização de práticas discursivas. As ideias de Aristóteles, no entanto, continuam ainda exercendo muita influência nos estudiosos, sobretudo no que se refere aos textos literários. Os conceitos de mímesis (imitação) e de verossimilhança são basilares na teoria aristotélica dos gêneros literários. Atualmente, tem-se proposto uma classificação dos gêneros literários em lírico, épico e dramático. No primeiro, temos a expressão do eu individual, da subjetividade, das emoções e dos sentimentos; seu exemplo mais típico é a poesia lírica. O gênero épico é próprio das narrações, sejam em verso, como as epopeias, sejam em prosa, como o romance, o conto e a novela. No gênero dramático, temos a representação de ações humanas por meio de atores.

A poesia lírica é expressão subjetiva de um eu-lírico, que não deve ser confundido com o autor empírico. A poesia pode se apresentar em formas fixas, como o soneto, ou livres. Não há necessidade de que haja metrificação regular (versos com o mesmo número de sílabas) e rimas para que que um texto seja qualificado como poesia. A característica essencial da poesia reside na linguagem, que é marcada pelo ritmo.

SUGESTÃO DE ATIVIDADE

1. Releia o soneto camoniano "Mudam-se os tempos, mudam-se as vontades" (p. 196) e diga que semelhanças e diferenças ele guarda com os textos a seguir.

Texto 1

Nada do que foi será
De novo do jeito que já foi
um dia
Tudo passa, tudo sempre
Passará

Fonte: Santos; Motta, 1983.

Texto 2

O senhor... Mire e veja: o mais importante e bonito, do mundo, é isto: que as pessoas não estão sempre iguais, ainda não foram terminadas – mas que elas vão sempre mudando. Afinam ou desafinam. Verdade maior. É o que a vida me ensinou. Isso que me alegra, montão.

Fonte: Rosa, 2001, p. 20-21.

SUGESTÕES DE LEITURA

COSTA, L. M. da. **A poética de Aristóteles**: mímese e verossimilhança. São Paulo: Ática, 1992.

SOARES, A. **Gêneros literários**. 6. ed. São Paulo: Ática, 2001.

A ENUNCIAÇÃO

Neste capítulo, trataremos da enunciação conforme concebida pelo linguista francês Émile Benveniste. Para compreender a teoria da enunciação, faz-se necessário retomar um conceito já visto neste livro: a distinção entre língua (*langue*) e fala (*parole*). Veremos, ainda, como as categorias de pessoa, espaço e tempo se instalam no enunciado.

6.1 Enunciação: do virtual ao real

Saussure (1972), como vimos, afirma que a linguagem humana tem um lado individual e um lado social, sendo impossível conceber um sem o outro. Ao lado social e abstrato ele chama **língua** (*langue*); ao lado individual e concreto ele denomina **fala** (*parole*). Para entendermos bem a distinção entre língua e fala, usaremos uma oposição bastante comum nos dias de hoje, sobretudo quando se fala em redes de computadores: a oposição virtual/real.

6

Virtual não significa o que não existe, mas aquilo que existe em potência, que é factível de se tornar real. Veja o quadrinho a seguir de Adão Iturrusgarai.

No Kindle, os livros armazenados pertencem ao domínio do virtual, ou seja, potencialmente, pode haver 3.500 livros armazenados nele. A qualquer momento, aquilo que só existe virtualmente pode se tornar real por um ato de vontade de alguém.

A língua é como os livros armazenados no Kindle – ela só existe virtualmente; é por isso que Saussure afirma que ela é abstrata. Quando alguém, por um ato de vontade, a utiliza, temos a atualização daquilo que é virtual, ou seja, aquilo que era abstrato torna-se concreto.

Se Saussure distinguiu com bastante propriedade língua e fala, Benveniste vai além e nos mostra como se passa da língua para a fala. Benveniste denomina **enunciação** ao processo pelo qual os falantes se apropriam da língua e a convertem em atos de fala, os enunciados. Em outros termos, é pela enunciação que a língua se torna discurso. Para Barros (1988, p. 74), "a enunciação produz o discurso e, ao mesmo tempo, instaura o sujeito da enunciação".

É preciso agora distinguir *enunciação* de *enunciado*. Essas palavras correspondem ao verbo *enunciar*. Nelas, temos o radical latino *nunci-*, o mesmo que aparece em *anunciar, denunciar, pronunciar*. *Enunciar* significa "dizer"; portanto, *enunciado* é aquilo que se disse, o dito, e *enunciação* é o ato de dizer. A enunciação não se confunde com o texto (o enunciado), ela é o ato pelo qual os falantes produzem enunciados. Há aí uma implicação lógica: a enunciação é pressuposta pelo enunciado, ou seja, se há um dito (o enunciado), pressupõe-se logicamente que houve um ato de dizer (a enunciação). Por exemplo, num enunciado como "Amor é um fogo que arde sem se ver", pressupõe-se que houve alguém que o disse.

Aqui é necessário que abramos um parêntese para distinguir *enunciado* de um conceito que estudamos na escola: *frase*. Em primeiro lugar, temos conceitos relativos a domínios distintos. A frase pertence ao domínio da gramática. Trata-se de uma combinação de palavras aceitável segundo as regras da língua; está ligada àquele componente virtual da linguagem humana. O enunciado pertence ao domínio do discurso, isto é, trata-se de realizações efetivas da língua em situações concretas de interlocução. É um acontecimento único e irrepetível. Uma frase pode, pois, corresponder a vários enunciados, dependendo do contexto de interlocução. Exemplificamos: uma frase como "Já é meio-dia" pode resultar de diferentes enunciados. Pode ser uma afirmação como resposta a alguém que indagou a outrem: "Que horas são?". Mas pode assumir diversos outros sentidos, como "está na hora de terminar a aula", expresso por um professor perante a sala numa aula que termina ao meio-dia; pode ter o sentido de "vamos almoçar", expresso por uma mãe ao filho numa família que tem o hábito de almoçar ao meio-dia; pode significar "o jornal da tevê vai começar", em um enunciado dito por alguém a outrem que costuma assistir todos os dias ao telejornal que começa ao meio-dia.

A diferença entre frase e enunciado nos leva a uma outra distinção importante: a que existe entre significado e sentido. O significado está no domínio da frase, enquanto o sentido está no domínio do enunciado. Fechemos o parêntese.

Benveniste nos mostra ainda que a enunciação frequentemente deixa marcas no enunciado e que ela tem um conteúdo linguístico. Para ele, pela enunciação instala-se o **sujeito** no enunciado. Ao instalar-se o sujeito, instalam-se também um **tempo** e um **lugar**. Podemos afirmar resumidamente que a enunciação é a instalação de um eu-aqui-agora, ou seja, de uma pessoa, de um lugar e de um tempo. A essas instâncias (eu-aqui-agora) Benveniste denominou *aparelho formal da enunciação*.

Fixemo-nos inicialmente no conceito de *pessoa do discurso*. Aprendemos desde o ensino fundamental que há três pessoas: *eu, tu, ele* (no plural: *nós, vós, eles*). Benveniste entende que, na verdade, há apenas duas pessoas: o eu e o tu. O ele não é uma pessoa do discurso, pois não participa da interlocução; não está, portanto, no espaço da enunciação. O ele apenas nomeia o referente, isto é, aquele ou aquilo de que(m) os interlocutores falam, por isso Benveniste denomina a terceira pessoa de *não pessoa*.

Como sabemos, a terceira pessoa é a única que apresenta uma forma para o masculino e outra para o feminino (ele/ela) e que faz o plural normalmente pelo acréscimo da desinência -*s* (eles/elas). Ainda: a terceira pessoa é usada quando o predicado não se refere a sujeito algum. Isso demonstra que a terceira pessoa é uma categoria diferente da primeira e da segunda pessoas.

Pela enunciação, o sujeito (eu) se apropria da língua e instala-se o discurso. Ao fazê-lo, cria um parceiro a quem se dirige (tu). *Eu* e *tu* são palavras que assumem sentido no discurso. *Eu* não nomeia um indivíduo, é uma palavra da ordem do discurso, é um signo que não tem referente fixo. *Eu* é quem diz *eu*. *Tu* nomeia aquele a quem o eu se dirige. *Eu* e *tu* são reversíveis, como podemos observar claramente nos diálogos. Assim como *eu* e *tu*, outras categorias gramaticais têm seu sentido dependente da enunciação, como é o caso de certos pronomes e alguns advérbios. São os chamados *dêiticos*, expressões linguísticas cuja interpretação depende da pessoa que as enuncia, bem como do lugar e do momento em que são enunciadas. Referindo-se aos dêiticos, Apothéloz (2003, p. 66-67) ressalta que

Certas expressões linguísticas têm como particularidade que sua interpretação é inteiramente dependente do lugar ou do momento de sua enunciação, ou ainda da pessoa que as enuncia. Aqui se interpreta com relação ao lugar onde se acha o locutor no momento em que ele pronuncia "aqui", agora se interpreta com relação ao momento em que se acha o locutor quando ele pronuncia "agora", e eu designa a pessoa que pronuncia "eu". As expressões linguísticas cuja interpretação se apoia em parâmetros de lugar, tempo e pessoa da situação de enunciação são chamadas de dêiticas.

Os dêiticos são normalmente representados por:

- advérbios (e expressões adverbiais) de lugar e de tempo: *aqui, aí, cá, lá, agora, já, hoje, amanhã, ontem, daqui a pouco, esta noite* etc.;
- pronomes demonstrativos: *este, esse, esta, essa, isto, isso* etc.;
- pronomes pessoais: *eu* (o falante); *tu, você* (o ouvinte);

- tempos verbais: o presente (que coincide com o momento da enunciação); o passado (tempo anterior ao momento da enunciação); o futuro (tempo posterior ao momento da enunciação).

Em relação ao caráter dêitico dos tempos verbais, Benveniste (1989, p. 85) ressalta que

Poder-se-ia supor que a temporalidade é um quadro inato do pensamento. Ela é produzida, na verdade, na e pela enunciação. Da enunciação procede a instauração da categoria do presente, e da categoria do presente nasce a categoria do tempo. O presente é propriamente a origem do tempo. Ele é esta presença no mundo que somente o ato de enunciação torna possível, porque, é necessário refletir bem sobre isso, o homem não dispõe de nenhum outro meio de viver o "agora" e de torná-lo atual senão realizando-o pela inserção do discurso no mundo.

Façamos uma pausa nos aspectos teóricos a fim de mostrar num texto, em rápidas pinceladas, o que vimos até agora. Tomemos para leitura um texto literário bastante conhecido.

Canção do exílio

Minha terra tem palmeiras,
Onde canta o Sabiá;
As aves que aqui gorjeiam,
Não gorjeiam como lá.

Nosso céu tem mais estrelas,
Nossas várzeas têm mais flores,
Nossas flores têm mais vida,
Nossa vida mais amores.

Em cismar sozinho, à noite,
Mais prazer encontro eu lá,
Minha terra tem palmeiras,
Onde canta o Sabiá.

Minha terra tem primores,
Que tais não encontro eu cá,
Em cismar – sozinho, à noite
Mais prazer encontro eu lá;
Minha terra tem palmeiras,
Onde canta o Sabiá.

Não permita Deus que eu morra,
Sem que eu volte para lá;
Sem que desfrute os primores
Que não encontro por cá;
Sem qu'inda aviste as palmeiras,
Onde canta o Sabiá.

Coimbra – julho de 1843.

Fonte: Dias, 1973, p. 318-319.

Trata-se de um texto cujo tema é a exaltação à pátria e que se estrutura por meio de uma oposição mínima *pátria* × *exílio*. Temos um texto figurativo, já que o tema vem recoberto por figuras (palmeiras, sabiá, aves, gorjear, céu, estrelas, várzeas, flores...), que constituem o que se denomina *isotopia*, isto é, uma recorrência no nível da expressão de um elemento semântico, responsável pelo efeito de continuidade ao longo do discurso. Essa isotopia se faz com figuras que remetem a elementos da natureza. A exaltação é feita por meio de oposições, em que os advérbios de lugar *aqui* (*cá*) e *lá* marcam elementos dessa oposição. Por meio da oposição *aqui/lá*, compara-se a natureza de ambos os lugares, sendo que argumentativamente se privilegia o lá em detrimento do aqui. No nível da expressão, articulam-se figuras cujos traços semânticos remetem a uma valorização positiva de "minha terra", como demonstram os adjetivos no grau comparativo de superioridade.

O enunciador é sempre pressuposto. Nos textos em primeira pessoa, ele se manifesta por um narrador, ou seja, o enunciador delega uma voz a alguém que narra os fatos. No poema, o narrador (eu) se instala no texto e deixa nele as marcas de pessoa expressas por pronomes possessivos e pelo pronome pessoal *eu*. Não há no texto um narratário expresso. A instalação de pessoa no texto cria um eixo de coordenadas espácio-temporais (um aqui e agora). O tempo é o momento da enunciação (tempo presente), como podemos observar pelas formas verbais do presente do indicativo: *tem*, *canta*, *gorjeiam*, *encontro* etc. Os advérbios que indicam lugar são *aqui*, *lá* e *cá*, que devem ser interpretados levando-se em conta a enunciação, que ocorre em Coimbra, Portugal, como vemos na indicação transcrita ao fim do poema. Portanto, *aqui* deve ser interpretado como Portugal e *lá* como Brasil. Os possessivos *minha* e *nossa* são de primeira pessoa; referem-se, portanto, ao narrador. Dessa forma, a expressão *minha terra* deve ser interpretada como Brasil, a expressão *nosso céu*, como céu do Brasil e *nossas várzeas*, como várzeas do Brasil.

Esquematizando:

LÁ	AQUI (CÁ)
MINHA TERRA (BRASIL)	EXÍLIO (PORTUGAL)
palmeiras	não palmeiras
sabiá	não sabiá
+ estrelas	– estrelas
+ flores	– flores
+ vida	– vida
+ amores	– amores
+ prazer	– prazer
primores	não primores

A abordagem baseada nas categorias da enunciação permitiu-nos identificar quem fala e donde fala e se há pertencimento ou não a esse lugar. O enunciador é o sujeito exilado, que fala de um lugar que não é o seu, terra estranha (o exílio). O sujeito fora de lugar quer encontrar seu lugar, que não é o da enunciação (o aqui), mas o lá (o espaço fora da enunciação). Todo o poema se organiza com base nessa oposição (aqui/lá; não pertencimento/pertencimento), sendo o aqui o espaço do não pertencimento, do sujeito deslocado de seu lugar.

6.2 Debreagem

Debreagem é um mecanismo pelo qual as categorias de pessoa, tempo e lugar se instalam no enunciado, como pudemos observar na "Canção do exílio", em cujo texto há a instalação de pessoa pelos pronomes, de lugar por advérbios e de tempo pelas formas verbais do presente do indicativo. A debreagem pode ser **enunciativa** ou **enunciva**. Na enunciativa, instala-se o eu-aqui-agora no enunciado, como no poema de Gonçalves Dias. Na debreagem enunciva, há a eliminação das marcas de enunciação no texto, como nestes versos de Camões, que já estudamos:

> Mudam-se os tempos, mudam-se as vontades,
> Muda-se o ser, muda-se a confiança;
> Todo o mundo é composto de mudança,
> Tomando sempre novas qualidades.
>
> **Fonte:** Camões, 1963, p. 284.

Didaticamente podemos dizer que há debreagem enunciativa quando encontramos no texto as marcas linguísticas das instâncias da enunciação (eu-aqui-agora). Se não houver marcas linguísticas do eu-aqui-agora, temos debreagem enunciva.

Sendo as instâncias da enunciação a pessoa, o espaço e o tempo, podemos ter três tipos de debreagem: debreagem **actancial**, debreagem **espacial** e debreagem **temporal**, examinadas na sequência.

6.2.1 Debreagem actancial

A palavra *actancial* provém de *actante*, que é o nome que se dá a cada um dos participantes do processo verbal. Em "Rubião encontrou Sofia", o processo verbal *encontrar* comporta dois actantes, *Rubião* e *Sofia*. Esclarecemos que o termo *actante* é usado para designar unidades sintáticas narrativas, ou seja, elementos que exercem funções na narração. Os actantes (entidades sintáticas), quando individualizados em pessoas, animais, coisas, recebem o nome de *atores* (ou *personagens*).

A debreagem actancial pode ser enunciativa ou enunciva. Na debreagem actancial enunciativa, há a projeção no enunciado dos parceiros da interlocução (*eu* e *tu*), como nestes versos de Hilda Hilst:

> Antes que o mundo acabe, Túlio,
> Deita-te e prova
> Esse milagre do gosto
> Que se fez em minha boca
>
> **Fonte:** Hilst, 2003, p. 91.

Há um eu que fala e pode ser identificado pelo pronome de primeira pessoa (*minha*), que instala um tu, a quem se dirige, marcado pelo pronome de segunda pessoa (*te*), que é identificado por Túlio. Nos versos a seguir, extraídos do poema "Versos íntimos", de Augusto de Anjos, há a instalação de um tu, como podemos observar pelas formas verbais e pelos possessivos de segunda pessoa. A instalação de um tu pressupõe um eu (o narrador).

> Vês! Ninguém assistiu ao formidável
> Enterro de tua última quimera.
> Somente a Ingratidão – esta pantera –
> Foi tua companheira inseparável!
>
> **Fonte:** Anjos, 1971, p. 176.

Em ambos os poemas, o efeito de sentido decorrente da debreagem actancial enunciativa é de subjetividade.

Na debreagem actancial enunciva, não encontramos no enunciado o eu que fala, mas um ele (de quem se fala), como neste trecho que abre o romance *Clara dos Anjos*, de Lima Barreto:

> O carteiro Joaquim dos Anjos não era homem de serestas e serenatas; mas gostava de violão e modinhas. Ele mesmo tocava flauta, instrumento que já foi muito estimado em outras épocas, não sendo atualmente como outrora.
>
> **Fonte:** Barreto, 2012, p. 57-58.

Observe que, nesse fragmento, não há um eu instalado no enunciado narrando os acontecimentos. A narração é feita em terceira pessoa (ele), como se os fatos narrassem a si próprios, criando-se com isso um efeito de sentido de objetividade.

O que vimos confirma o que se ensina na escola: que a narração pode ser em primeira ou terceira pessoa. O importante, no entanto, não é saber se o narrador está em primeira ou terceira pessoa, mas qual o efeito de sentido decorrente disso. Em outros termos: por que se optou narrar em uma pessoa e não em outra? A resposta está no grau maior ou menor de objetividade que decorre da pessoa verbal escolhida para narrar. Na primeira pessoa, temos narrações com o maior efeito de sentido de subjetividade, enquanto o efeito de sentido produzido por narrações em terceira pessoa é de objetividade.

6.2.2 Debreagem temporal

A debreagem temporal diz respeito à instalação da categoria de tempo no enunciado. Pode ser enunciativa ou enunciva. Temos debreagem temporal enunciativa quando ocorre a instalação no enunciado de tempos do presente. Quando ocorre a instalação de tempos do passado e do futuro, temos debreagem temporal enunciva.

Aqui, é necessário que abramos um parêntese para esclarecer a questão do tempo. Quando falamos em tempo, referimo-nos ao tempo linguístico e não ao tempo físico ou cronológico. Tempo físico é o intervalo entre o início e o fim de um movimento. Usamos, por exemplo, o tempo físico para marcar o dia e o ano, levando em conta, respectivamente, a duração do movimento da Terra em torno de seu próprio eixo e em torno do Sol (24 horas e 365 dias, respectivamente). Tempo cronológico é aquele que estabelece uma sucessão a partir de um marco de referência, como o nascimento de

Cristo, por exemplo. O tempo cronológico é marcado pelo calendário. O tempo linguístico é aquele que é estabelecido pela enunciação. Fechemos o parêntese.

O tempo é uma categoria da língua que usamos para indicar a posição dos acontecimentos, tomando como referência o momento da enunciação (ME), que é o presente. O tempo linguístico é, portanto, uma categoria dêitica. Em função do ME, o tempo dos acontecimentos pode ser concomitante ao ME ou não concomitante ao ME. O tempo não concomitante ao ME pode ser anterior ou posterior ao ME, como mostra o esquema a seguir.

Figura 6.1
Tempo linguístico

Nesse esquema, apresentamos os tempos que têm por referência o ME. Evidentemente, há tempos cujo momento de referência não é o ME, mas um ponto de referência localizado no passado ou no futuro, como o pretérito mais-que-perfeito e o futuro do presente composto, cujos pontos de referência estão instalados num momento passado e num momento futuro, respectivamente. Os tempos cujo momento de referência não é o ME são chamados *tempos relativos*, já que são passado ou futuro, em relação a um outro tempo também passado ou futuro.

Em vista desse esquema temporal, podemos narrar fatos que são concomitantes ao momento da enunciação, anteriores ao momento da enunciação ou posteriores ao momento da enunciação. Exemplificamos por meio de textos. Leia-os com atenção.

> Abro a porta do quarto. Tudo em ordem. Vou andando pelo corredor, pés descalços. Tudo em ordem. Não há ninguém na casa. Dou meia-volta, o banheiro, tudo em ordem. Entro no quarto, tranco a porta. Viro-me e vejo um homem ao lado de minha cama.
>
> **Fonte:** Melo, 2009, p. 9.

Nesse trecho, temos a narração de um fato concomitante ao ME (debreagem temporal enunciativa), como podemos notar pelas formas linguísticas dos verbos no presente do indicativo (*abro*, *vou andando*, *há*, *dou*, *entro*, *tranco*, *viro*, *vejo*) que marcam uma sucessão de acontecimentos no tempo. A narração no presente cria um efeito de sentido de realidade – é como se os acontecimentos estivem ocorrendo na frente do enunciador naquele exato momento. Quanto à instalação de pessoa no enunciado, temos debreagem actancial enunciativa, como podemos observar pela instalação do narrador no enunciado marcada pelas formas de primeira pessoa do verbo e pelos pronomes de primeira pessoa (*me* e *minha*).

Leia agora o trecho a seguir, atentando para as formas verbais.

> No dia em que o matariam, Santiago Nasar levantou-se às 5h30m da manhã para esperar o navio em que chegava o bispo. Tinha sonhado que atravessava um bosque de grandes figueiras onde caía uma chuva branda, e por um instante foi feliz no sonho, mas ao acordar sentiu-se completamente salpicado de cagadas de pássaros.
>
> **Fonte:** Márquez, 2007, p. 9.

Trata-se de uma narrativa de fatos não concomitantes ao ME. O tempo não é o agora, mas o então. A instalação do tempo no enunciado se faz por debreagem temporal enunciva.

Os acontecimentos narrados estão localizados num momento anterior ao da enunciação, quando ocorreu a morte de Santiago Nasar. Voltaremos adiante a discutir com detalhes os efeitos de sentido dados pelas formas verbais nesse texto.

Quanto à instalação de pessoa no enunciado, temos debreagem actancial enunciva, já que não há marcas da enunciação no enunciado. Trata-se de uma narração em terceira pessoa cujo efeito de sentido é de objetividade.

6.2.2.1 Os tempos verbais

Nos textos, o tempo é uma construção da linguagem. O narrador estabelece o momento de referência (MR), que pode estar no presente, no passado ou no futuro, para narrar os acontecimentos. Veja um exemplo em que o MR é o presente (hoje):

Hoje de manhã saí muito cedo,
Por ter acordado ainda mais cedo
E não ter nada que quisesse fazer...

Fonte: Pessoa, 1972, p. 245.

Agora veja um exemplo em que o MR é o passado (ontem):

Ontem à tarde um homem das cidades
Falava à porta da estalagem.
Falava comigo também.
Falava da justiça e da luta para haver justiça
E dos operários que sofrem,

> E do trabalho constante, e dos que têm fome,
> E dos ricos, que só têm costas para isso.
>
> **Fonte:** Pessoa, 1972, p. 220.

Nos versos a seguir, o MR é o futuro (amanhã):

> Depois de amanhã serei outro,
> A minha vida triunfar-se-á,
> Todas as minhas qualidades reais de inteligente, lido e prático
> Serão convocadas por um edital...
>
> **Fonte:** Pessoa, 1972, p. 169.

Em função do MR, os acontecimentos narrados, como vimos, podem ser concomitantes, anteriores ou posteriores. Como há três momentos de referência (presente, passado e futuro), vamos ter nove tempos, conforme podemos observar no esquema a seguir.

Quadro 6.1

Esquema dos tempos verbais

Momento de referência (MR)								
Passado			Presente			Futuro		
passado	presente	futuro	passado	presente	futuro	passado	presente	futuro

Não estamos considerando nesse esquema o chamado *presente atemporal*, aquele que, por exemplo, aparece em enunciados que exprimem verdades científicas. Em um enunciado como "A soma do quadrado dos catetos é igual ao quadrado da hipotenusa", o verbo não situa o fato no tempo.

Nas gramáticas, esses tempos são apresentados com uma nomenclatura diferente, muitas vezes incompreensível para os alunos. O passado do presente, é chamado de *pretérito mais-que-perfeito*;

o passado do futuro, de *futuro de presente composto*. Quanto ao passado do presente, ele é chamado de *pretérito perfeito* ou *pretérito imperfeito*, se o processo verbal é tomado por inteiro ou em seu curso, respectivamente. Antes de dominar uma nomenclatura específica, é preciso identificar o(s) MRs e como os tempos se localizam em relação a esse(s) momento(s), e isso só é possível de ser observado em textos.

O primeiro texto de Fernando Pessoa inicia-se desta forma: "Hoje de manhã saí muito cedo". O MR é o presente (hoje), que coincide com o ME. *Saí* é uma forma verbal que exprime um fato anterior ao MR; portanto, trata-se do passado do presente, exprimindo processo verbal concluído, que, na nomenclatura gramatical, recebe o nome de *pretérito perfeito*.

No segundo texto de Fernando Pessoa, temos: "Ontem à tarde um homem das cidades/Falava à porta da estalagem". O MR é o passado (ontem) e *falava* exprime ação concomitante ao MR; portanto, trata-se de um presente do passado. Com relação ao tempo interno, concebe-se o processo verbal em sua duração (aspectivo durativo). Na nomenclatura gramatical, esse tempo recebe o nome de *pretérito imperfeito*.

Uma conhecida música de Guilherme Arantes começa assim:

Amanhã, será um lindo dia
Da mais louca alegria
Que se possa imaginar

Fonte: Arantes, 1997.

O MR está localizado no futuro (amanhã). Exprime um fato concomitante ao MR; portanto, temos um presente do futuro, que, na nomenclatura gramatical, recebe o nome de *futuro do presente*. No português brasileiro, é comum o emprego de uma locução formada de verbo *ir* no presente seguido do infinitivo do verbo principal, no lugar do futuro do presente simples, sobretudo quando o acontecimento futuro é tido como certo, como em "Amanhã de manhã/ Vou pedir uma café pra nós dois", da canção "Café da manhã", de Roberto Carlos e Erasmo Carlos (1978).

Voltemos ao texto de García Márquez, reproduzido anteriormente, e discutamos o emprego de algumas formas verbais. No primeiro enunciado, temos a forma verbal *matariam*, que relata um fato futuro em relação a um MR instalado no passado ("levantou-se às 5h30min da manhã"). Portanto, é futuro do passado (ou futuro do pretérito, na nomeclatura gramatical). *Levantou* e *chegava* exprimem ações passadas, mas com uma diferença quanto ao aspecto dessa ações: enquanto em *levantou* temos uma ação dada como concluída, como um todo, não interessando se durou um certo período de tempo ou não, em *chegava* a ação expressa uma temporalidade interna, considerando um fragmento de tempo em que se desenrolou. A forma verbal *tinha sonhado* exprime um fato concluído no passado, mas tendo como marco de referência um fato passado (*levantou*). Como podemos notar, *tinha sonhado* é passado do passado, sem marcação de tempo interno. Na nomeclatura gramatical, damos a esse tempo o nome de *pretérito mais-que-perfeito*.

6.2.3 Debreagem espacial

A debreagem espacial é a instalação da categoria de espaço no enunciado e é marcada linguisticamente pelas formas dos pronomes demonstrativos (*este, esse, aquele*), pelos advérbios de lugar (*aqui, aí, lá, cá*) e por termos que exercem funções sintáticas de adjunto adverbial de lugar.

Assim como a debreagem actancial e a temporal, a debreagem espacial pode ser enunciativa, quando o espaço marcado no enunciado é o da enunciação (aqui), ou enunciva, quando o espaço é fora da enunciação (lá, ali). Ao contrário das categorias de pessoa e de tempo, o espaço pode estar não explicitado no texto. Leia o excerto a seguir.

> Naquele apartamento havia somente cinco móveis: cama, mesa, estante, escrivaninha e cadeira. A escrivaninha, a cadeira e a estante, na verdade, se integraram depois. Quando fui morar lá, encontrei apenas uma cama e uma mesa dobrável de alumínio. Havia também uma banheira embutida. Mas não sei se isso conta como móvel.
>
> **Fonte:** Luiselli, 2012, p. 11.

Temos um espaço instalado no texto que não é o espaço da enunciação (o aqui), mas o lá, marcado por expressões como *naquele lugar* (adjunto adverbial de lugar) e pelo advérbio de lugar *lá*, que retoma anaforicamente *naquele lugar*.

Temos, portanto, debreagem espacial enunciva. Se o espaço fosse o da enunciação, não teríamos as formas linguísticas *naquele lugar* e *lá*, mas *neste lugar* e *aqui*, respectivamente. Veja, a seguir, como ficaria o texto se o espaço fosse o da enunciação.

> Neste apartamento havia somente cinco móveis: cama, mesa, estante, escrivaninha e cadeira. A escrivaninha, a cadeira e a estante, na verdade se integraram depois. Quando vim morar aqui, encontrei apenas uma cama e uma mesa dobrável de alumínio. Havia também uma banheira embutida. Mas não sei se isso conta como móvel.

Quanto à instalação de pessoa, temos debreagem actancial enunciativa (narração em primeira pessoa) e, quanto à instalação do tempo, temos debreagem temporal enunciva. É uma narrativa de um fato anterior à enunciação.

Leia agora uma estrofe de um poema de Augusto dos Anjos.

> Todas as tardes a esta casa venho.
> Aqui, outrora, sem conchego nobre,
> Viveu, sentiu e amou este homem pobre
> Que carregava canas para o engenho!
>
> **Fonte:** Anjos, 1971, p. 128.

O espaço instalado no texto é o da enunciação, como podemos notar pelas formas linguísticas do pronome demonstrativo (*este*) e do advérbio de lugar (*aqui*). Temos, portanto, debreagem espacial enunciativa.

Como se sabe, as formas do demonstrativo *este* referem-se à primeira pessoa, as formas de *esse*, à segunda pessoa e as formas de *aquele*, à terceira pessoa. Quanto aos advérbios, temos também uma divisão triádica: *aqui* (primeira pessoa), *aí* (segunda pessoa), *ali* (terceira pessoa). As formas de primeira e segunda pessoas referem-se ao espaço da enunciação, pois, como vimos, o eu e o tu são pessoas do discurso e representam parceiros reversíveis na comunicação. As formas de terceira pessoa referem-se ao espaço exterior à enunciação, pois, como vimos, o ele é não pessoa e está fora da enunciação. Veja o quadro a seguir.

Quadro 6.2

Categorias gramaticais e espaço

Pessoa		Demonstrativo	Advérbio
1ª (eu)	espaço da enunciação	este	aqui
2ª (tu)		esse	aí
não pessoa 3ª	espaço fora da enunciação	aquele	lá

Nessa estrofe de Augusto dos Anjos, temos debreagem actancial enunciativa (enunciador instalado no enunciado, narração em primeira pessoa) e debreagem temporal enunciva, pois o tempo é anterior ao ME.

Observe a instalação do espaço no poema "Pasárgada", de Manuel Bandeira.

> Vou-me embora pra Pasárgada.
> Lá sou amigo do rei
> [...]
> Vou-me embora pra Pasárgada
> Aqui eu não sou feliz
>
> **Fonte:** Bandeira, 1974, p. 222.

Temos debreagem espacial enunciativa. O espaço instalado do enunciador é o aqui, que se opõe a um espaço fora da enunciação, Pasárgada (*lá*). Quanto à instalação de pessoa e tempo, temos, respectivamente, debreagem actancial enunciativa e debreagem actancial temporal.

6.3 Embreagem

Embreagem é outra forma de instalação das categorias da enunciação (pessoa, tempo e espaço) no enunciado. Na debreagem, as categorias de pessoa, espaço e tempo são ejetadas da enunciação e projetam-se no enunciado. Na embreagem, ocorre o inverso: há um efeito de retorno à enunciação, com a consequente neutralização das categorias de pessoa, espaço e tempo. Na embreagem, temos o uso de uma pessoa, de um espaço ou de um tempo por outro. Como na debreagem, temos embreagem **actancial**, **espacial** e **temporal**. Segundo Barros (1988, p. 77), "a embreagem apresenta-se como uma operação de retorno de formas já debreadas à enunciação e cria a ilusão de identificação com a instância da enunciação. A enunciação finge recuperar as formas que projetou para fora de si". Toda embreagem, portanto, pressupõe uma debreagem anterior. Observe os versos a seguir.

> Agora eu era herói
>
> E o meu cavalo só falava inglês
>
> **Fonte:** Buarque; Sivuca, 1990.

O advérbio *agora* indica momento presente, portanto o verbo *ser* deveria assumir a forma do presente *sou*. No entanto, usou-se a forma do passado *era*. Houve, pois, o emprego de um tempo verbal no lugar de outro (embreagem temporal). No caso, o uso do imperfeito no lugar do presente cria um efeito de sentido de ficcionalidade.

Quando estudamos as figuras de retórica, vimos que podem ocorrer predicações impróprias. A embreagem é uma forma de predicação imprópria ou de emprego conotativo em relação às categorias de pessoa, espaço e tempo. Veja o trecho a seguir, extraído de *O diário de Anne Frank*.

> Fiquei furiosa e não quis ser despachada daquela maneira. Perguntei o motivo do "Não", mas isso não me levou a lugar algum. O tom de sua resposta foi:
>
> – Você sabe que tenho de estudar também, e se eu não puder fazer isso nas tardes, não vou poder me concentrar. Tenho de terminar a tarefa que decidi fazer; caso contrário, não há sentido em começar. Além disso, você não fala a sério sobre seus estudos. Mitologia: que tipo de trabalho é esse? Ler e tricotar não contam. Eu uso a mesa e não vou abrir mão dela!
>
> – Sr. Dussel – respondi –, eu levo o meu trabalho a sério. Não posso estudar à tarde no outro cômodo, e gostaria que o senhor reconsiderasse o meu pedido!
>
> Tendo dito essas palavras, a insultada Anne virou e fingiu que o doutor não estava ali. Eu estava fervendo de raiva e achava que Dussel tinha sido incrivelmente grosseiro (o que era verdade) e que eu fora muito educada.
>
> **Fonte:** Frank, 2007, p. 119.

Como dissemos, a embreagem pressupõe uma debreagem anterior. No texto, há uma debreagem actancial enunciativa, basta observar as marcas de primeira pessoa presentes no plano da expressão ("Fiquei furiosa", "Perguntei").

Nos textos, pode ocorrer debreagem de segundo grau e até de terceiro grau. Um enunciador delega voz a um narrador, que, por sua vez, delega voz a uma personagem, o interlocutor. A cada um desses "eus" corresponde um tu – respectivamente, enunciatário, narratário e interlocutário.

Nessa obra, o enunciador instala no texto um narrador (Anne). Esse narrador instala no texto um interlocutor com quem dialoga, o Sr. Dussel, que tem por interlocutário Anne. Como esses papéis são reversíveis, Anne passa a ser em determinados momentos interlocutora e o Sr. Dussel, interlocutário.

Observe que, em certo trecho, a narradora deixa de se referir a ela por *eu* (primeira pessoa) e passa a referir-se a si própria por uma terceira pessoa ("a insultada Anne virou e fingiu que o doutor não estava ali"). Veja que não apenas os verbos assumem as formas da terceira pessoa, mas também o advérbio (*ali*).

Esse é um exemplo de embreagem actancial, pois toma-se uma pessoa pela outra, neutralizando a categoria de pessoa, por um retorno à instância da enunciação.

Observe o efeito de sentido decorrente de uma embreagem actancial neste trecho que abre o primeiro capítulo de um romance de Italo Calvino:

> Você vai começar a ler o novo romance de Italo Calvino, *Se um viajante numa noite de inverno*. Relaxe. Concentre-se. Afaste todos os outros pensamentos. Deixe que o mundo a sua volta se dissolva no indefinido.
>
> **Fonte:** Calvino, 1999, p. 11.

Temos um narrador que se dirige a um narratário (*você*). Sabemos que Calvino é o autor do romance, mas verifique que o autor fala dele em terceira pessoa (*Italo Calvino*) e não usa a forma de primeira pessoa ("Você vai começar a ler o **meu** novo romance"). Essa embreagem é necessária para deixar claro ao leitor que o narrador do romance (o eu que fala nele) não é o autor (Italo Calvino), pois, como sabemos, no discurso ficcional, narrador e autor são pessoas distintas. Enquanto o autor é uma pessoa que tem existência empírica, o narrador é um ser ficcional.

FECHANDO O CAPÍTULO

Neste capítulo, apontamos inicialmente uma distinção relevante, estabelecida por Saussure, entre língua (abstrata e social) e fala (concreta e individual) e vimos que é pela fala (ou discurso) que a língua se atualiza, isto é, passa do vitual ao real. Na esteira dessa distinção, estabelecemos a diferença entre frase, que pertence ao domínio da gramática, e discurso, que pertence ao domínio da língua.

Vimos que a passagem da língua para a fala (ou discurso) se dá por meio da enunciação pela qual se instala um eu-aqui-agora. Ao eu contrapõe-se um tu. *Eu* e *tu* são efetivamente pessoas do discurso, ao passo que *ele* é uma não pessoa.

A instalação das categorias de pessoa, espaço e tempo no enunciado recebe o nome de *debreagem*, que pode ser actancial, espacial ou temporal. Quanto à temporalidade, nos textos há um momento de referência, que pode ser passado, presente ou futuro. Em função desse momento de referência, estabelece-se a arquitetura temporal dos textos.

Vimos ainda que há outra forma de instalação das categorias de pessoa, espaço e lugar nos enunciados, a embreagem, em que há uma neutralização das categorias de pessoa, espaço e tempo. Nela, temos o uso de uma pessoa, de um espaço ou de um tempo por outro.

SUGESTÃO DE ATIVIDADE

1. Como o conceito de debreagem pode ser novo para alguns leitores, propomos um texto simples e bastante conhecido para que possam ser aplicados nele os conceitos estudados neste capítulo. A proposta é que se verifique, com base nas marcas linguísticas presentes no plano da expressão, como se instalaram no texto as categorias de pessoa, espaço e tempo.

Marinheiro só

Eu não sou daqui
Marinheiro só
Eu não tenho amor
Marinheiro só
Eu sou da Bahia
Marinheiro só
De São Salvador
Marinheiro só
Lá vem, lá vem
Marinheiro só
Como ele vem faceiro
Marinheiro só
Todo de branco
Marinheiro só
Com o seu bonezinho
Marinheiro só
Ô, marinheiro marinheiro
Marinheiro só
Ô, quem te ensinou a nadar
Marinheiro só
Ou foi o tombo do navio
Marinheiro só
Ou foi o balanço do mar
Marinheiro só

Fonte: Nova Brasil, 2022.

SUGESTÕES DE LEITURA

BENVENISTE, É. O aparelho formal da enunciação. In: BENVENISTE, É. **Problemas de linguística geral II**. 4. ed. Campinas: Pontes, 1989. p. 81-90.

BENVENISTE, É. A subjetividade na linguagem. In: BENVENISTE, É. **Problemas de linguística geral I**. 4. ed. Campinas: Pontes, 1995. p. 284-293.

FIORIN, J. L. **As astúcias da enunciação**: as categorias de pessoa, espaço e tempo. 2. ed. São Paulo: Ática, 2001.

FIORIN, J. L. Enunciação e semiótica. In: FIORIN, J. L. **Em busca do sentido**: estudos discursivos. São Paulo: Contexto, 2008. p. 15-35.

O DISCURSO NARRATIVO

Neste capítulo, trataremos especificamente de textos do discurso narrativo. Na esfera do discurso literário, os gêneros narrativos são normalmente em prosa, tais como o romance, o conto e a novela. Há também poemas narrativos. Um exemplo são os poemas épicos, como a *Ilíada*, a *Odisseia*, a *Eneida* e *Os lusíadas*. Um soneto também pode ser narrativo, como o célebre soneto camoniano "Sete anos de pastor". Veremos que o que caracteriza o discurso narrativo é a temporalidade, isto é, a sucessão de acontecimentos no tempo. Quando se narra, há sempre um antes e um depois, o que não ocorre no discurso descritivo, que é marcado pela simultaneidade. De modo bastante simples, podemos afirmar que narrar á atribuir ações a personagens. Nos gêneros narrativos, além de ação e personagens, há também alguém que conta a história, o narrador, que pode também ser personagem da história que narra. Além disso, as narrativas apresentam ainda um tempo e um espaço.

7.1 Narrar

O verbo *narrar* tem sua origem no latim (*narrare*) e significava "contar", "dar a saber". Esse verbo latino, por sua vez, é derivado de *gnarus*, que significa "que conhece", "que sabe". *Narrar* contém, portanto, a ideia de contar aquilo de que se tem conhecimento. Trata-se de uma ação discursiva que realizamos em nosso cotidiano, sobretudo na forma oral. Vivemos narrando para outras pessoas acontecimentos de que tivemos conhecimento direto ou indireto. No Capítulo 3, vimos que Barthes fala na morte do autor. Outro pensador, Walter Benjamin, afirma que a arte de narrar está morrendo. São suas as seguintes palavras: "a arte de narrar está em vias de extinção. São cada vez mais raras as pessoas que sabem narrar devidamente" (Benjamin, 1994, p. 197). Para esse pensador alemão, as causas da morte da narrativa seriam o aparecimento do romance moderno, que vem substituir as formas orais de transmissão de histórias, e o fato de vivermos numa sociedade cuja forma principal de comunicação é a informação.

A palavra *narração* recobre vários significados. Em sentido amplo, designa o ato ou efeito de narrar, isto é, de contar algo a alguém. Observe que esse sentido engloba tanto o processo (o ato) como o produto (o texto). Se estabelecermos um paralelo com a teoria da enunciação, a narração pode corresponder tanto ao enunciado quanto à enunciação.

Se retomarmos o que vimos sobre os gêneros do discurso, particularmente as ideias de Aristóteles, narração é um dos modos pelos quais se realiza a mímesis. Vimos, naquele capítulo, que os modos de imitar são a narração e o drama. No drama, temos as personagens em ação diante de nós, o que não ocorre na narração, em que há apenas o relato dos fatos.

No Capítulo 3, vimos os modos de organização do discurso e tratamos de textos descritivos, narrativos, argumentativos e expositivos, assinalando que, na verdade, temos a predominância de um modo de organização sobre os demais. Assim, um texto narrativo pode, por exemplo, apresentar descrições.

Ressaltamos que o que caracteriza os textos narrativos é seu propósito comunicativo: contar um fato (real ou fictício). Nele, temos ações que se encadeiam por relações de temporalidade (há um antes e um depois) e causalidade. Ocorrem também transformações – por exemplo, a personagem está privada de algo que depois é conseguido. Os textos narrativos são sempre figurativos.

Um enunciado como "O furioso Otelo matou Desdêmona" é narrativo. Um fato nos é contado (o assassinato de Desdêmona). Trata-se de um fato que se encadeia a outros por relação de temporalidade (houve algo antes que levou Otelo àquele ato) e causalidade (o ciúme levou Otelo a matar Desdêmona). Houve transformações no estado das personagens: Otelo se tornou assassino e viúvo; Desdêmona perdeu a vida. É um texto figurativo, em que Otelo representa o indivíduo transtornado pelo ciúme.

Embora possamos ter narrações de eventos presentes ou futuros (volte ao Capítulo 6 e confira a Seção 6.2.2 – "Debreagem temporal"), normalmente a narração é posterior ao fato narrado. Quando se conta que Otelo matou Desdêmona, o fato já havia ocorrido, por isso nas narrações os tempos verbais são os tempos do passado do presente (pretérito perfeito e pretérito imperfeito). Pode haver também outras formas do passado que tomam como momento de referência não o presente, mas o passado ou o futuro (passado do passado ou passado do futuro, o pretérito mais-que-perfeito e o futuro do pretérito, das gramáticas). O texto a seguir exemplifica o que explicamos.

A nova Califórnia

Havia já anos que o químico vivia em Tubiacanga, quando, uma bela manhã, Bastos o viu entrar pela botica adentro. O prazer do farmacêutico foi imenso. O sábio não se dignara até aí visitar fosse quem fosse, e, certo dia, quando o sacristão Orestes ousou penetrar em sua casa, pedindo-lhe uma esmola para a futura festa de Nossa Senhora da Conceição, foi com visível enfado que ele o recebeu e atendeu.

Fonte: Barreto, 2001, p. 36.

Nele, temos o relato de um fato que é anterior à narração (a visita do químico ao farmacêutico). Os tempos verbais são do sistema do passado (passado do passado): *havia* e *vivia* – pretérito imperfeito; *viu, foi, ousou, recebeu* e *atendeu* – pretérito perfeito; *dignara* – pretério mais-que-perfeito.

Há transformação no estado da personagem (o químico, que até então não visitara ninguém, visita o farmacêutico). Há uma relação de temporalidade que encadeia os fatos (há um antes e um depois).

Há relação de causalidade entre a visita do químico e o prazer do farmacêutico. Trata-se de texto figurativo por predominarem palavras concretas: *químico, Tubiacanga, botica, sábio, farmacêutico, sacristão, casa, esmola, festa* etc.

Nos textos narrativos, aquele que narra os fatos é chamado *narrador*. Vimos, no Capítulo 6, que o enunciador pode delegar a outrem a função de narrar. Nesse caso, temos um narrador instalado no texto por debreagem actancial enunciativa que deixa suas marcas no texto (narração em primeira pessoa). Em outros casos, não há instalação de pessoa no texto (debreagem actancial enunciva). Nessa hipótese, temos uma narração em terceira pessoa. É como se os fatos narrassem a si mesmos, como no trecho do canto "A nova Califórnia".

A escolha por um dos modos de narrar está, como vimos, ligada aos efeitos de sentido pretendidos: nas narrações em primeira pessoa, o efeito de sentido é de subjetividade, ao passo que, nas narrações em terceira, o efeito é de objetividade. Voltaremos ainda neste capítulo a discutir os modos de narrar.

7.2 Estrutura da narrativa

Num texto narrativo, temos atribuição de ações a personagens; portanto, ação e personagem são elementos essenciais de todo texto narrativo. No trecho do conto "A nova Califórnia", que é narrativo, temos ações que se referem a personagens. A ação central desse parágrafo é a visita que o químico faz ao farmacêutico. No conto, essa ação inicial desencadeia uma série de outras ações.

Você deve lembrar que a enunciação é pressuposta pelo enunciado, ou seja, se temos um enunciado como "O prazer do farmacêutico foi imenso", está pressuposto que houve alguém que disse "O prazer do farmacêutico foi imenso". Há, portanto, nesse caso, um enunciador que, embora não deixe suas marcas no enunciado, está pressuposto.

O mesmo fato poderia ter sido narrado pelo farmacêutico, da seguinte forma: "O meu prazer foi imenso". Nesse caso, haveria a marca do enunciador, pois há um eu instalado no texto, como podemos perceber pelo uso do possessivo de primeira pessoa *meu*. Um mesmo fato pode, portanto, ser contado de formas diferentes, o que, evidentemente, resultará em versões diferentes. Você nota isso quando se relata, por exemplo, um acidente de trânsito – cada um dos motoristas envolvidos tem sua versão do ocorrido, que pode ser diferente da de uma testemunha que presenciou o mesmo acidente. A boa imprensa, quando notícia um fato envolvendo pessoas, costuma ouvir ambos os envolvidos.

7.3 Elementos da narrativa

Além de personagem e ação, nos textos narrativos há sempre alguém que conta os fatos, o narrador, que pode estar ou não instalado no texto. O fato narrado ocorre num tempo e num espaço. São, portanto, cinco os elementos da narrativa: narrador, personagem, ação, tempo e espaço. Em certas narrativas, o narrador pode ser uma das personagens da história. Na próxima seção, estudaremos o narrador; nas seguintes, os demais elementos da narrativa.

7.3.1 O narrador

O ato de narrar histórias é muito antigo e faz parte de todas as civilizações conhecidas. Os estudos sobre o narrar também remontam a tempos antigos, podendo ser encontrados em Platão e Aristóteles. Quando tratamos dos gêneros literários (Capítulo 5), vimos que Aristóteles estabeleceu uma diferença entre a epopeia, a tragédia e a comédia quanto ao modo como se processa a imitação. A tragédia e a comédia pertencem ao modo dramático, pois as ações não são narradas, mas representadas. A epopeia pertence ao modo narrativo na medida em que as ações são contadas por alguém (o narrador). Como gênero literário, a epopeia deixou de ser cultivada. No entanto, alguns gêneros literários atuais enquadram-se no modo narrativo e, portanto, apresentam um narrador. Os gêneros literários atuais do modo narrativo são basicamente três: o romance, o conto e a novela.

Damos o nome de *foco narrativo* à participação do narrador em relação à história narrada, se participa ou não como personagem da história narrada. Quando o narrador não é participante da história, temos **narrador heterodiegético**, como no trecho do conto "A nova Califórnia". Veja o trecho a seguir, extraído de *Quincas Borba*, de Machado de Assis.

> Um criado trouxe o café. Rubião pegou na xícara e, enquanto lhe deitava açúcar, ia disfarçadamente mirando a bandeja, que era de prata lavrada. Prata, ouro, eram os metais que amava de coração; não gostava de bronze, mas o amigo Palha disse-lhe que era matéria de preço, e assim se explica esse par de figuras que ali está na sala, um *Mefistófeles* e um *Fausto*.
>
> **Fonte:** Assis, 1979d, p. 643.

Quanto ao foco narrativo, temos um narrador heterodiegético, pois quem narra não é personagem da história. Observe que se trata de uma narração em terceira pessoa: ele (Rubião) pegou na xícara, (ele) deitava açúcar, (ele) ia disfarçadamente mirando a bandeja. Palha disse-lhe (a ele, Rubião) que era matéria de preço.

Quando o narrador participa da história como personagem, temos de distinguir dois casos: se ele é o protagonista, temos **narrador autodiegético**; se ele participa da história como personagem secundária, temos **narrador homodiegético**. Veja os trechos a seguir.

> Algum tempo hesitei se devia abrir estas memórias pelo princípio ou pelo fim, isto é, se poria em primeiro lugar o meu nascimento ou a minha morte. Suposto o uso vulgar seja começar pelo nascimento, duas considerações me levaram a adotar semelhante método: a primeira é que eu não sou propriamente um autor defunto, mas um defundo autor, para quem a campa foi outro berço; a segunda é que o escrito ficaria assim mais galante e mais novo.
>
> **Fonte:** Assis, 1979c, p. 513.

> Confesso que fiquei absolutamente perplexo com aquela nova prova da natureza prática das teorias de meu companheiro. Meu respeito por sua capacidade analítica aumentou de maneira considerável. Mesmo assim, eu ainda nutria a secreta desconfiança de que tudo não passasse de um episódio previamemente combinado com o objetivo de me deixar deslumbrado, embora não pudesse compreender qual a sua intenção ao enganar-me daquele jeito. Quando olhei para Holmes, ele terminara de ler a nota e seus olhos haviam adquirido aquela expressão opaca e distante que indicava abstração mental.
>
> **Fonte:** Doyle, 2002, p. 26.

No primeiro fragmento, temos um narrador autodigético, pois quem narra é a personagem principal (Brás Cubas, o protagonista).

Observe as formas de verbo e pronomes de primeira pessoa: "hesitei", "meu nascimento", "minha morte".

No segundo, quem narra os acontecimentos é uma das personagens. Temos uma narração em primeira pessoa: "Eu confesso que fiquei"; "meu companheiro"; "meu respeito"; "eu ainda nutria"; "com o objetivo de me deixar"; "quando [eu] olhei para Holmes". Nesse exemplo, o narrador instalado no texto é o Dr. Watson, companheiro da personagem principal, que é Sherlock Holmes. A narração é feita não pela personagem principal (Holmes), mas por uma personagem secundária (o Dr. Watson). Nesse caso, temos narrador homodiegético. O quadro a seguir resume o que explicamos.

Quadro 7.1

Foco narrativo

Foco narrativo	Não participa da história.		Narrador heterodiegético.
	Participa da história.	É a personagem principal.	Narrador autodiegético.
		Não é a personagem principal.	Narrador homodiegético.

Quando tratamos da enunciação, vimos que aquele que fala sempre se dirige a um outro, pois a linguagem é dialógica. Um eu sempre pressupõe um tu. Nas narrações, não é diferente, há sempre um tu a quem o narrador se dirige, que é chamado de *narratário*, que nem sempre está explícito no texto, como você pode observar pelos exemplos anteriores. No trecho seguinte, temos narratário explícito. Observe como o narrador "suspende" a narrativa para dialogar com ele.

> Abane a cabeça, leitor; faça todos os gestos de incredulidade. Chegue a deitar fora este livro, se o tédio já o não obrigou a isso antes; tudo é possível. Mas, se o não fez antes e só agora, fio que torne a pegar do livro e que o abra na mesma página, sem crer por isso na veracidade do autor. Todavia, não há nada mais exato. Foi assim mesmo que Capitu falou, com tais palavras e maneiras. Falou do primeiro filho, como se fosse a primeira boneca.
>
> **Fonte:** Assis, 1979a, p. 858.

O conto "Desenredo", de Guimarães Rosa, abre-se por uma frase em que o narrador diz quem vai contar (o narrador) e quem são os narratários (os ouvintes): "Do narrador a seus ouvintes:". Observe que, designando os narratários por *ouvintes*, Guimarães Rosa confere ao conto uma caráter de oralidade, como se a história não fosse ser lida, mas ouvida de um narrador que não se identifica.

Aqui é necessário abrir um parêntese e relembrar algo que já comentamos nesta obra: nos textos ficcionais, o narrador não se confunde com o autor; o narrador é um ser fictício, criado pelo autor para narrar os fatos. Numa narrativa em primeira pessoa, isso é visível: não confundimos o Dr. Watson, ser de papel, com o escritor Sir Arthur Conan Doyle, ser real, nem Brás Cubas, entidade fictícia, com Machado de Assis, entidade empírica. Na canção "Folhetim", de Chico Buarque (1979), a primeira estrofe diz: "Se acaso me quiseres/Sou dessas mulheres/Que só dizem sim/Por uma coisa à toa/ Uma noitada boa/Um cinema, um botequim". O autor, entidade real e empírica, é Chico Buarque, mas quem narra é uma mulher, entidade fictícia, criada pelo autor.

Mesmo nas narrativas com narrador heterodiegético, o narrador não deve ser confundido com o autor. Quem narra a história no romance *Quincas Borba* não é o autor, Machado de Assis, mas um narrador heterodiegético por ele criado. O mesmo ocorre com o narratário constituído pelo narrador, pois se trata não do leitor real, mas de um leitor fictício.

No Capítulo XXVII de *Esaú e Jacó*, também de Machado de Assis, o narrador mantém um diálogo com uma leitora, colocando-a como destinatária da narração. Evidentemente, a narratária não é uma leitora real, mas um ser ficcional como o próprio narrador. Leia o capítulo.

Capítulo XXVII – De uma reflexão intempestiva

Eis aqui entra uma reflexão da leitora: "Mas se duas velhas gravuras os levam a murro e sangue, contentar-se-ão eles com a sua esposa? Não quererão a mesma e única mulher?".

O que a senhora deseja, amiga minha, é chegar já ao capítulo do amor ou dos amores, que é o seu interesse particular nos livros. Daí a habilidade da pergunta, como se dissesse: "Olhe que o senhor ainda nos não mostrou a dama ou damas que têm de ser amadas ou pleiteadas por estes dois jovens inimigos. Já estou cansada de saber que os rapazes não se dão ou se dão mal; é a segunda ou terceira vez que assisto às blandícias da mãe ou aos seus ralhos amigos. Vamos depressa ao amor, às duas, se não é uma só a pessoa...".

Francamente eu não gosto de gente que venha adivinhando e compondo um livro que está sendo escrito com método. A insistência da leitora em falar de uma só mulher chega a ser impertinente. Suponha que eles deveras gostem de uma só pessoa; não parecerá que eu conto o que a leitora me lembrou, quando a verdade é que eu apenas escrevo o que sucedeu e pode ser confirmado por dezenas de testemunhas? Não, senhora minha, não pus a pena na mão, à espreita do que me vissem sugerindo. Se quer compor o livro, aqui tem a pena, aqui tem papel, aqui tem

> um admirador; mas, se quer ler somente, deixe-se estar quieta,
> vá de linha em linha; dou-lhe que boceje entre dois capítulos,
> mas espere o resto, tenha confiança no relator destas aventuras.
>
> **Fonte:** Assis, 1979b, p. 982-983.

Ao narrar os acontecimentos, o narrador o faz de uma determinada perspectiva. A isso damos o nome de **focalização**, que pode ser **externa**, **interna** ou **onisciente**.

A palavra *onisciente* é formada por dois radicais latinos: *omni*, que significa "tudo", e *sciente*, que significa "que sabe". Onisciente é, pois, o que sabe tudo, que tem ciência de tudo. Na focalização onisciente, o narrador sabe tudo a respeito das personagens, podendo até narrar seus pensamentos mais íntimos. O conhecimento que tem das personagens e dos fatos é praticamente ilimitado. Segundo Reis e Lopes (2011, p. 174), "o narrador [onisciente] comporta-se como entidade demiúrgica, controlando e manipulando soberanamente os eventos relatados, as personagens que os interpretam, o tempo em que se movem, os cenários em que se situam, etc.". O fato de o narrador onisciente ter um conhecimento praticamente ilimitado não significa que ele narre tudo. Evidentemente, ele procede a uma selação do que pretende ou não dar conhecimento ao leitor.

Quando há focalização onisciente, o narrador não participa da história. Em *Quincas Borba*, temos focalização onisciente. Leia um trecho do capítulo que abre o romance.

> Rubião fitava a enseada, – eram oito horas da manhã. Quem o
> visse, com os polegares metidos no cordão do chambre, à janela
> de uma grande casa de Botafogo, cuidaria que ele admirava
> aquele pedaço de água quieta; mas, em verdade, vos digo que
> pensava em outra coisa. Cotejava o passado com o presente.
> Que era, há um ano? Professor. Que é agora? Capitalista! Olha

> para si, para as chinelas (umas chinelas de Túnis, que lhe deu recente amigo, Cristiano Palha), para a casa, para o jardim, para a enseada, para os morros e para o céu; e tudo, desde as chinelas até o céu, tudo entra na mesma sensação de propriedade.
> – Vejam como Deus escreve direito por linhas tortas, pensa ele. Se mana Piedade tem casado com Quincas Borba, apenas me daria uma esperança colateral. Não casou; ambos morreram, e aqui está tudo comigo; de modo que o que parecia uma desgraça...
>
> **Fonte:** Assis, 1979d, p. 643.

Observe que o narrador sabe até o que Rubião pensava naquele momento ("Cotejava o passado com o presente"), chegando a reproduzir por palavras seu pensamento: "Vejam como Deus escreve direito por linhas tortas, pensa ele. Se mana Piedade tem casado com Quincas Borba, apenas me daria uma esperança colateral. Não casou; ambos morreram, e aqui está tudo comigo; de modo que o que parecia uma desgraça...". Observe ainda que o narrador onisciente optou por revelar ao leitor apenas os pensamentos de Rubião que interessam à história.

Na focalização externa, o narrador não tem ciência de tudo, limitando-se a narrar apenas aquilo que consegue observar. O leitor, portanto, só tem conhecimento daquilo que um observador externo pode perceber. A perspectiva adotada limita-se aos aspectos exteriores da ação e das personagens. Pode, por exemplo, dizer como a personagem estava vestida, mas não pode dizer o que ela pensa. O trecho a seguir ilustra um narrador com focalização externa.

> Na rua onde mora (ou morava) um conhecido e antipático General do nosso exército, morava (ou mora) também um sueco cujos filhos passavam o dia jogando futebol com bola de meia.
>
> Ora, às vezes acontecia cair a bola no carro do General e um dia o General acabou perdendo a paciência, pediu ao delegado do bairro para dar um jeito nos filhos do vizinho.
>
> O delegado resolveu passar uma chamada no homem e intimou-o a comparecer à delegacia.
>
> O sueco era tímido, meio descuidado no vestir e pelo aspecto não parecia ser um importante industrial, dono de grande fábrica de papel (ou coisa parecida), que realmente ele o era.
>
> **Fonte:** Sabino, 2001, p. 256.

Você pode notar, pelas observações do narrador entre parênteses, que ele não tem um conhecimento ilimitado dos acontecimentos que narra.

Na focalização interna, como o próprio nome sugere, a perspectiva do narrador é a de uma das personagens da história, não necessariamente a principal. Portanto, temos, quanto ao ponto de vista, narrador heterodiegético ou homodiegético. Por ser participante da história de que narra, sua perspectiva é sempre limitada ao espaço em que circula. O trecho a seguir exemplifica a focalização interna.

> A voz da mulher atraiu tanta gente, que fugi da casa do meu professor e fui para a beira do Amazonas. Uma índia, uma das tapuias da cidade, falava e apontava o rio. Não lembro o desenho da pintura no rosto dela; a cor dos traços, sim: vermelha, sumo de urucum. Na tarde úmida, um arco-íris parecia uma serpente abraçando o céu e a água.
>
> **Fonte:** Hatoum, 2008, p. 11.

Observe que há um narrador instalado no texto que narra os acontecimentos a partir do espaço em que circula.

Fechando nossas reflexões sobre o narrador, esclarecemos que, ao narrar os acontecimentos, ele pode fazê-lo com maior ou menor neutralidade, isto é, pode relatar os fatos de modo imparcial, sem emitir juízos de valor, ou então não se limitar a narrar os fatos, emitindo também juízos de valor. Isso diz respeito ao ponto de vista que ele adota, que pode ser objetivo ou subjetivo. No primeiro caso, abstém-se de emitir juízos de valor, ao contrário do que ocorre no segundo. O primeiro trecho exemplifica uma narrador objetivo; o segundo, um narrador subjetivo.

> Realizou-se o prognóstico do médico.
> Lenita, após comprido sono, acordou calma, com nervos sossegados, com os músculos distendidos, soltos. Mas estava abatida, mole, queixava-se de peso na cabeça, de grande cansaço. Passou dois dias na cama, e só ao terceiro pôde levantar-se.
>
> **Fonte:** Ribeiro, 2002, p. 77.

> E enquanto uma chora, outra ri; é a lei do mundo, meu rico senhor; é a perfeição universal. Tudo chorando seria monótono, tudo rindo cansativo; mas uma boa distribuição de lágrimas e polcas, soluços e sarabandas, acaba por trazer à alma do mundo a variedade necessária, e faz-se o equilíbrio da vida.
>
> **Fonte:** Assis, 1979d, p. 676.

7.3.2 A personagem

Na seção anterior, tratamos do narrador, aquele que conta a história, e vimos que, em alguns casos, ele participa da história como personagem, principal ou secundária. Nesta seção, trataremos especificamente de outro elemento essencial da narrativa: a personagem. Em primeiro lugar, lembremos sempre que estamos no domínio da ficção; portanto, personagens não são seres reais, mas ficcionais, mesmo que possam ser inspiradas em seres reais. A palavra *personagem* deriva do latim *persona*, que significava "máscara; figura; papel representado por um ator". Essa palavra latina, por sua vez, provém do grego *prósopon*, "máscara de teatro". Veja que dessas palavras derivaram-se outras de que já tratamos no Capítulo 4 – "Figuras de retórica", ao abordarmos a personificação e a prosopopeia.

O importante é observar que, desde sua origem, a palavra *personagem* está ligada à ideia de representação. No filme *V de vingança*, que já citamos, a personagem principal, chamada apenas de *V*, nunca mostra seu rosto, pois aparece sempre de máscara. No caso, a personagem mascarada, no filme, é a representação da vingança. Ressaltamos ainda que personagens não são exclusivas de textos verbais, ocorrendo em outras linguagens narrativas, como histórias em quadrinhos, filmes, novelas e seriados de tevê, podendo haver personagens não humanas, como as que ocorrem em fábulas, desenhos animados e histórias em quadrinhos.

Se narrar é atribuir ações a personagens, estas são o suporte da ação e exercem uma função na narrativa (herói, vilão, conselheiro etc.). No nível do discurso, as personagens são representadas por unidades lexicais nominais, individualizadas por um nome próprio, ou alcunha, por exemplo, Riobaldo, Fabiano, Rubião, Policarpo Quaresma, Dom Quixote, Hamlet, Emma Bovary, Moby Dick,

Cinderela, V. Trata-se, portanto, de elementos figurativos do discurso narrativo, podendo representar temas (Dom Quixote, o idealismo; Emma Bovary, o sentimentalismo romanesco; V, a vingança). As personagens também são definidas por suas características físicas e/ou psicológicas. Sua caracterização, além da individualização por meio do nome, faz delas unidades identificáveis no nível da história em que se movimentam e relacionáveis entre si com outros elementos da história, ou seja, podemos ver a personagem como um signo dentro sistema de signos (a narrativa).

Assinalamos ainda que, assim como há o discurso do narrador, há também o discurso das personagens, uma vez que estas são instaladas no texto por debreagem. Se retomarmos o que vimos quando discutimos a enunciação, veremos que o enunciador instala no texto um narrador, que, por sua vez, instala personagens que têm seu próprio discurso. Para cada um desses níveis de enunciação, temos um destinatário a quem o discurso é dirigido. Esquematizando, temos a figura a seguir.

Figura 7.1
Hierarquia enunciativa

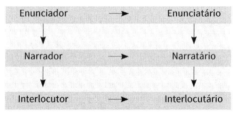

Por exemplo, em *Dom Casmurro* o enunciador instala um narrador, o Dom Casmurro (debreagem de primeiro grau). Este, por sua vez, coloca personagens na narração (Capitu, Dona Glória, José Dias) que dialogam entre si: são interlocutores e interlocutários (debreagem de segundo grau).

Veja o trecho a seguir, extraído de *Dom Casmurro*.

CAPÍTULO III

A Denúncia

Ia a entrar na sala de visitas, quando ouvi proferir o meu nome e escondi-me atrás da porta. A casa era a da Rua de Matacavalos, o mês de novembro, o ano é que é um tanto remoto, mas eu não hei de trocar as datas à minha vida só para agradar às pessoas que não amam histórias velhas; o ano era de 1857.

– D. Glória, a senhora persiste na ideia de meter o nosso Bentinho no seminário? É mais que tempo, e já agora pode haver uma dificuldade.

– Que dificuldade?

– Uma grande dificuldade.

Minha mãe quis saber o que era. José Dias, depois de alguns instantes de concentração, veio ver se havia alguém no corredor; não deu por mim, voltou e, abafando a voz, disse que a dificuldade estava na casa ao pé, a gente do Pádua.

– A gente do Pádua?

– Há algum tempo estou para lhe dizer isto, mas não me atrevia. Não me parece bonito que o nosso Bentinho ande metido nos cantos com a filha do *Tartaruga*, e esta é a dificuldade, porque se eles pegam de namoro, a senhora terá muito que lutar para separá-los.

– Não acho. Metidos nos cantos?

– É um modo de falar. Em segredinhos, sempre juntos. Bentinho quase que não sai de lá. A pequena é uma desmiolada; o pai faz que não vê; tomara ele que as coisas corressem de maneira que... Compreendo o seu gesto; a senhora não crê em tais cálculos, parece-lhe que todos têm a alma cândida...

> – Mas, Sr. José Dias, tenho visto os pequenos brincando, e nunca vi nada que faça desconfiar. Basta a idade; Bentinho mal tem quinze anos. Capitu fez quatorze à semana passada; são dois criançolas. Não se esqueça que foram criados juntos, desde aquela grande enchente, há dez anos, em que a família Pádua perdeu tanta coisa; daí vieram as nossas relações. Pois eu hei de crer...? Mano Cosme, você que acha?
>
> Tio Cosme repondeu com um "Ora!" que, traduzido em vulgar, queria dizer: "São imaginações do José Dias; os pequenos divertem-se, eu divirto-me; onde está o gamão?"
>
> **Fonte:** Assis, 1979a, p. 811.

O capítulo se inicia pelo discurso de um narrador autodiegético (narração em primeira pessoa pela personagem principal) com focalização interna (narra apenas o que vê). No fragmento, esse narrador delega a voz a duas personagens (Dona Glória, mãe de Bentinho, e José Dias), que são, portanto, interlocutores. Quando José Dias fala, é interlocutor e Dona Glória é interlocutária. A situação se inverte quando esta toma a palavra e José Dias passa a ser o interlocutário.

O trecho transcrito permite-nos tecer considerações a respeito da forma pela qual o discurso de personagens é colocado no texto. Observe este trecho:

"– D. Glória, a senhora persiste na ideia de meter o nosso Bentinho no seminário? É mais que tempo, e já agora pode haver uma dificuldade.
– Que dificuldade?
– Uma grande dificuldade."

Nele, o narrador reproduz literalmente as falas das personagens Dona Glória e José Dias que ele ouviu por detrás da porta. Nesse caso, os interlocutores assumem o estatuto de sujeitos da enunciação. Quando isso ocorre, temos discurso direto.

Retomando o conceito de arte como imitação, temos que discurso direto é a forma mais mimética de reprodução dos discursos de personagens, na medida em que são reproduzidos exatamente como as personagens os proferiram.

Veja agora este outro trecho:

"José Dias, depois de alguns instantes de concentração, veio ver se havia alguém no corredor; não deu por mim, voltou e, abafando a voz, disse que a dificuldade estava na casa ao pé, a gente do Pádua."

Esse trecho é discurso do narrador. Observe que ele não instaura José Dias como sujeito da enunciação – o narrador reproduz com suas palavras aquilo que José Dias disse a Dona Glória. Nesse caso, a fala de José Dias é introduzida por um verbo de elocução (*disse*) e o conteúdo da fala é expresso por uma oração subordinada. Nesse caso, temos discurso indireto. Segundo Reis e Lopes (2011, p. 320),

o discurso indireto é a forma menos mimética de reprodução do discurso das personagens. O narrador não abdica de seu estatuto de sujeito da enunciação: seleciona, resume e interpreta a fala e/ou pensamentos das personagens, operando uma série de conversões a nível dos tempos verbais, da categoria linguística de pessoa e das locuções adverbiais de tempo e lugar.

No trecho a seguir, extraído do romance *Meio sol amarelo*, da escritora nigeriana Chimamanda Ngozi Adichie, há o emprego tanto do discurso direto quanto do indireto.

O Patrão era meio tantã; havia passado anos demais lendo livros no exterior, falava sozinho no escritório, nem sempre respondia às saudações e tinha excesso de pelo. A tia de Ugwu disse isso tudo em voz baixa, enquanto seguiam caminho. "Mas é um bom homem", acrescentou. "E, desde que você trabalhe

> direito, vai comer bem. Vai comer carne todo dia, imagine só."
> Ela parou para cuspir; a saliva saiu com um som sugado da boca
> e aterrissou no capim.
>
> **Fonte:** Adichie, 2008, p. 11.

No trecho, podemos identificar duas vozes: a de um narrador heterodiegético e a da tia de Ugwu. As falas da tia são reproduzidas de duas formas diferentes: por discurso direto, marcadas pelas aspas, e por discurso indireto (a primeira frase do texto). Nela, o narrador reproduz o que teria sido dito pela tia sobre o Patrão.

Nas narrativas a partir do século XIX, podemos obervar outra forma de reproduzir o discurso das personagens. Trata-se do discurso indireto livre. Nele, a voz da personagem se mistura à do narrador, como se ambos falassem a um só tempo. O indireto livre é um discurso híbrido: do ponto de vista formal, reproduz a fala ou pensamento da personagem mantendo suas características originais, como no discurso direto, no entanto sem os elos que o subordinam ao discurso do narrador, como o verbo de elocução. No discurso indireto livre, não há indicações para introduzir a fala da personagem (verbo de elocução). Como se misturam a voz do narrador e a de personagem, caracterizando-se um discurso polifônico, pode haver por parte do leitor dificuldade de interpretação quanto à focalização. Reis e Lopes (2011, p. 321) assinalam que "o discurso indireto livre, ao proporcionar uma confluência de vozes, marca sempre, de forma mais ou menos difusa, a atitude do narrador face às personagens, atitude essa que pode ser de distanciamento irônico ou satírico, ou de acentuada empatia".

Veja a seguir um trecho em que se faz uso do discurso indireto livre.

Na palma da mão as notas estavam úmidas de suor. Desejava saber o tamanho da extorsão. Da última vez que fizera contas com o amo o prejuízo parecia menor. Alarmou-se. Ouvira falar em juros e em prazos. Isto lhe dera uma impressão bastante penosa: sempre que os homens sabidos lhe diziam palavras difíceis, ele saía logrado. Sobressaltava escutando-as. Evidentemente só serviam para encobrir ladroeiras. Mas eram bonitas. Às vezes decorava algumas e empregava-as fora de propósito. Depois esqueci-as. Para que um pobre da laia dele usar conversa de gente rica? Sinha Terta é que tinha uma ponta de língua terrível. Era: falava quase tão bem como as pessoas da cidade. Se ele soubesse falar como sinha Terta, procuraria serviço noutra fazenda, haveria de arranjar-se. Não sabia. Nas horas de aperto dava para gaguejar, embaraçava-se como um menino, coçava os cotovelos, aperreado. Por isso esfolavam-no. Safados. Tomar as coisas de um infeliz que não tinha onde cair morto! Não viam que isso não estava certo? Que iam ganhar com semelhante procedimento? Hem? que iam ganhar?

Fonte: Ramos, 2009, p. 97-98.

Em *Vidas secas*, Graciliano Ramos explora com maestria o discurso indireto livre, para revelar os pensamentos das personagens. No trecho que você acabou de ler, há duas vozes que se superpõem: a do narrador heterodiegético onisciente e a da personagem Fabiano, sem que haja indicações formais introduzindo a voz de Fabiano. O trecho se inicia com o discurso do narrador; em determinado momento, é o discurso da personagem que vem à tona. O narrador se vale do discurso indireto livre para colocar em primeiro plano o pensamento de Fabiano, que conversa com ele mesmo. Veja as frases que encerram o trecho, que revelam o monólogo interior: "Safados. Tomar as coisas de um infeliz que não tinha onde cair morto! Não viam que isso não estava certo? Que iam ganhar com semelhante procedimento? Hem? que iam ganhar?".

7.3.3 A ação

O texto narrativo caracteriza-se por apresentar uma sequência de ações que têm como suporte personagens. As ações, como vimos, relacionam-se umas às outras por nexos de temporalidade e de causalidade. Toda narrativa repousa sempre numa estrutura que implica uma transformação. Com um exemplo, pretendemos tornar isso mais claro.

O barril de amontillado

Suportara eu, enquanto possível, as mil ofensas de Fortunato. Mas quando se aventurou ele a insultar-me, jurei vingar-me. Vós, que tão bem conheceis a natureza de minha alma, não havereis de supor, porém, que proferi alguma ameaça. Afinal, deveria vingar-me. Isso era um ponto definitivamente assentado, mas essa resolução, definitiva, excluía ideia de risco. Eu devia não só punir, mas punir com impunidade. Não se desagrava uma injúria quando o castigo cai sobre o desagravante. O mesmo acontece quando o vingador deixa de fazer sentir sua qualidade de vingador a quem o injuriou.

Fica logo entendido que nem por palavras nem por fatos dera causa a Fortunato de duvidar de minha boa-vontade. Continuei, como de costume, a fazer-lhe cara alegre, e ele não percebia que meu sorriso agora se originava da ideia de sua imolação.

O Fortunato tinha o seu lado fraco, embora a outros respeitos fosse um homem acatado e até temido. Orgulhava-se de ser conhecedor de vinhos. Poucos italianos têm o verdadeiro espírito do "conhecedor". Na maior parte, seu entusiasmo adapta-se às circunstâncias do momento e da oportunidade, para ludibriar milionários ingleses e austríacos. Em matéria de pintura e ourivesaria era Fortunato, a igual de seus patrícios, um impostor; mas em assuntos de vinhos velhos era sincero. A este respeito éramos da mesma força. Considerava-me muito entendido em vinhos italianos e sempre que podia, comprava-os em larga escala.

Foi ao escurecer duma tarde, durante o supremo delírio carnavalesco, que encontrei meu amigo. Abordou-me com excessivo ardor, pois já estava bastante bebido. Estava fantasiado com um traje apertado e listado, trazendo na cabeça uma carapuça cônica cheia de guizos. Tão contente fiquei ao vê-lo que quase não largava de apertar-lhe a mão. E disse-lhe:

– Meu caro Fortunato, foi uma felicidade encontrá-lo! Como está você bem disposto hoje! Mas recebi uma pipa dum vinho, dado como amontillado, e tenho minhas dúvidas.

– Como? disse ele. – Amontillado? Uma pipa? Impossível. E no meio do carnaval!

– Tenho minhas dúvidas – repliquei –, mas fui bastante tolo para pagar o preço total do amontillado sem antes consultar você. Não consegui encontrá-lo e tinha receio de perder uma pechincha.

– Amontillado!

– Tenho minhas dúvidas.

– Amontillado!

– E preciso desfazê-las.

– Amontillado!

– Se você não estivesse ocupado... Estou indo à casa Luchesi. Se há alguém que entenda disso, é ele. Haverá de dizer...

– Luchesi não sabe diferençar um amontillado dum xerez.

– No entanto, há uns bobos que dizem por aí que, em matéria de vinhos, vocês se equiparam.

– Pois então vamos.

– Para onde?

– Para sua adega.

– Não, meu amigo. Não quero abusar de sua boa-vontade. Você está ocupado. Luchesi...

– Não estou ocupado, coisa nenhuma... Vamos.

– Não, meu amigo. Não é por isso, mas é que vejo está fortemente resfriado. A adega está duma umidade intolerável. Suas paredes estão incrustadas de salitre.

– Não tem importância, vamos. Um resfriado à toa. Amontillado! Acho que você foi enganado. Quanto a Luchesi, é incapaz de distinguir um xerez dum amontillado.

Assim falando, Fortunato agarrou meu braço. Pondo no rosto uma máscara de seda e enrolando-me num rocló, deixei-me levar por ele, às pressas, na direção do meu palácio.

Todos os criados haviam saído para brincar no carnaval. Dissera-lhes que só voltaria de madrugada e dera-lhes explícitas ordens para não se afastarem de casa. Foi, porém, o bastante, bem o sabia, para que se sumissem logo que virei as costas.

Peguei dois archotes, um dos quais entreguei a Fortunato, e conduzi-o através de várias salas até a passagem abobadada que levava à adega. Desci à frente dele uma longa e tortuosa escada, aconselhando-o a ter cuidado. Chegamos por fim ao sopé e ficamos juntos no chão úmido das catacumbas dos Montresors.

Meu amigo cambaleava e os guizos de sua carapuça tilintavam a cada passo que dava.

– Onde está a pipa? perguntou ele.

– Mais para o fundo – respondi –, mas repare nas teias cristalinas que brilham nas paredes desta caverna.

Ele voltou-se para mim e fitou-me bem nos olhos com aqueles seus dois glóbulos vítreos que destilavam a reuma da bebedice.

– Salitre? – perguntou ele, por fim.

– É, sim – respondi. – Há quanto tempo está você com essa tosse?

– Eh! Eh! Eh! Eh! Eh! Eh!... – pôs-se ele a tossir, e durante muitos minutos não conseguiu meu pobre amigo dizer uma palavra.

– Não é nada – disse ele, afinal.

– Venha – disse eu, decidido. Vamos voltar. Sua saúde é preciosa. Você é rico, respeitado, admirado, amado. Você é feliz como eu era outrora. Você é um homem que faz falta. Quanto a mim, não. Voltaremos. Você pode piorar e não quero ser responsável por isso. Além do quê, posso recorrer a Luchesi...

– Basta! – disse ele. – Essa tosse não vale nada. Não me há de matar. Não é de tosse que hei de morrer.

– Isto é verdade... isto é verdade. . . – respondi – e, de fato, não era a minha intenção alarmá-lo sem motivo. Mas acho que você devia tomar toda a precaução. Um gole deste Médoc nos defenderá da umidade.

Então fiz saltar o gargalo duma garrafa que retirei duma longa pilhada no chão.

– Beba – disse eu, apresentando-lhe o vinho.

Levou a garrafa aos lábios, com um olhar malicioso. Calou-se um instante e me cumprimentou com familiaridade, fazendo tilintar os guizos.

– Bebo pelos defuntos que repousam em torno de nós – disse ele.

– E eu para que você viva muito.

Pegou- me de novo no braço e prosseguimos.

– Estas adegas são enormes – disse ele.

– Os Montresors eram uma família rica e numerosa – respondi.

– Não me lembro quais são suas armas.

– Um enorme pé humano dourado em campo blau; o pé esmagando uma serpente rastejante cujos comilhos se lhe cravam no calcanhar.

– E qual é a divisa?

– *Nemo me impune lacessit*[1].

– Bonito! – disse ele.

O vinho faiscava-lhe nos olhos e os guizos tilintavam. Minha própria imaginação se aquecia com o Médoc. Havíamos passado diante de paredes de ossos empilhados, entre barris e pipotes, até os recessos extremos das catacumbas. Parei de novo e desta vez e atrevi a pegar Fortunato por um braço acima do cotovelo.

– O salitre! Veja, está aumentado. Parece musgo agarrado às paredes. Estamos embaixo do leito do rio. As gotas de umidade filtram-se entre os ossos. Venha, vamos antes que seja demasiado tarde... Sua tosse...

– Não é nada – disse ele. – Continuemos. Mas antes, dê-me outro gole de Médoc. Quebrei o gargalo duma garrafa de De Grave e entreguei-lha. Esvaziou-a dum trago. Seus olhos cintilavam, ardentes. Riu e jogou a garrafa para cima, com um gesto que eu não compreendi.

Olhei surpreso para ele. Repetiu o grotesco movimento.

– Não compreende? – perguntou.

– Não.

– Então não pertence à irmandade?

– Que irmandade?

– Não é maçom?

– Sim, sim! – respondi. – Sim, sim!

– Você, maçom? Não é possível!

– Sou maçom, sim repliquei.

– Mostre o sinal – disse ele.

– É este – respondi, retirando de sob as dobras de meu rocló uma colher de pedreiro.

– Você está brincando – exclamou ele, dando uns passos para trás. – Mas vamos ver o amontillado.

– Pois vamos – disse eu, recolocando a colher debaixo do capote e oferecendo-lhe, de novo, meu braço, sobre o qual se apoiou ele pesadamente. Continuamos o caminho em busca do amontillado. Passamos por uma série de baixas arcadas, demos voltas, seguimos para a frente, descemos de novo e chegamos a uma profunda cripta, onde a impureza do ar reduzia a chama de nossos archotes a brasas avermelhadas.

No recanto mais remoto da cripta, outra se descobria menos espaçosa. Nas suas paredes alinhavam-se restos humanos empilhados até o alto da abóbada, à maneira das grandes catacumbas de Paris. Três lados dessa cripta interior estavam assim ornamentados. Do quarto, haviam sido afastados os ossos, que jaziam misturados no chão, formando em certo ponto um montículo de avultado tamanho. Na parede assim desguarnecida dos ossos, percebemos um outro nicho, com cerca de um metro e vinte de profundidade, noventa centímetros de largura e um metro e oitenta ou dois metros e dez de altura. Não parecia ter sido escavado para um uso especial, mas formado simplesmente pelo intervalo entre dois dos colossais pilares do teto das catacumbas, e tinha como fundo uma das paredes, de sólido granito, que os circunscreviam.

Foi em vão que Fortunato, erguendo a tocha mortiça, tentou espreitar a profundeza do recesso. A fraca luz não nos permitiu ver-lhe o fim.

– Vamos – disse eu –, aqui está o amontillado. Quanto a Luchesi...

– E um ignorantaço! – interrompeu meu amigo, enquanto caminhava, vacilante, para diante e eu o acompanhava rente aos calcanhares. Sem demora, alcançou ele a extremidade do nicho, e não podendo mais prosseguir, por causa da rocha, ficou estupidamente apatetado. Um momento mais e ei-lo acorrentado por mim ao granito. Na sua superfície havia dois anéis de ferro, distando um do outro cerca de sessenta centímetros, horizontalmente. De um deles pendia curta cadeia e do outro um cadeado. Passei a corrente em torno da cintura e prendê-lo, bem seguro, foi obra de minutos. Estava por demais atônito para resistir. Tirando a chave saí do nicho.

– Passe sua mão – disse eu – por sobre a parede. Não deixa de sentir o salitre. É de fato bastante úmido. Mais uma vez permita-me implorar-lhe que volte. Não? Então devo positivamente deixá-lo. Mas é preciso primeiro prestar-lhe todas as pequeninas atenções que puder.

– O amontillado! – vociferou meu amigo, ainda não recobrado do espanto.

– É verdade – repliquei –, o amontillado.

Ao dizer estas palavras, pus-me a procurar as pilhas de ossos a que me referi antes. Jogando-os para um lado, logo descobri grande quantidade de tijolos e argamassa. Com estes e com o auxílio de minha colher de pedreiro comecei com vigor, a emparedar a entrada do nicho.

Mal havia eu começado a acamar a primeira fila de tijolos, descobri que a embriaguez de Fortunato tinha-se dissipado em grande parte. O primeiro indício disto que tive foi um surdo lamento, lá do fundo do nicho. Não era o choro de um homem embriagado. Seguiu, então, um longo e obstinado silêncio. Deitei a segunda camada, a terceira e a quarta; e depois ouvi as furiosas vibrações da corrente. O barulho durou vários minutos, durante os quais, para maior satisfação, interrompi meu trabalho e me sentei em cima dos ossos. Quando afinal o tilintar cessou, tornei a pegar e acabei sem interrupção a quinta, a sexta e a sétima camada. A parede estava agora quase ao nível de meu peito. Parei de novo e levantando o archote por cima dela, lancei uns poucos e fracos raios sobre o rosto dentro do nicho.

Uma explosão de berros fortes e agudos, provindos da garganta do vulto acorrentado, fez-me recuar com violência. Durante um breve momento hesitei. Tremia. Desembainhando minha espada, comecei a apalpar com ela em torno do nicho, mas uns instantes de reflexão me tranquilizaram. Coloquei a mão sobre a alvenaria sólida das catacumbas e senti-me satisfeito. Reaproximei-me da parede. Respondi aos urros do homem. Servi-lhe de eco, ajudei-o a gritar... ultrapassei-o em volume e em força. Fui fazendo assim e por fim cessou o clamor.

Era agora meia-noite e meu serviço chegara a cabo. Completara a oitava, a nona e a décima camadas. Tinha acabado uma porção desta última e a décima primeira. Faltava apenas uma pedra a ser colocada e argamassada. Carreguei-a com dificuldade por causa do peso. Coloquei-a, em parte, na posição devida. Mas então irrompeu de dentro do nicho uma enorme gargalhada que me fez eriçar os cabelos. Seguiu-se-lhe uma voz lamentosa, que tive dificuldade de reconhecer como a do nobre Fortunato. A voz dizia:

– Ah, ah, ah!... Eh, eh, eh! Uma troça bem boa de fato...uma excelente pilhéria! Haveremos de rir a bandeiras despregadas lá no palácio... eh, eh, eh!... a respeito desse vinho, eh! eh! eh!

– O amontillado! – exclamei eu.

– Eh, eh, eh!... Eh, eh, eh!... Sim... o amontillado! já não será tarde? Já não estarão esperando por nós no palácio? minha mulher e os outros? Vamos embora!

– Sim – disse eu. – Vamos embora.

– *Pelo amor de Deus, Montresor!*

– Sim – disse eu. – Pelo amor de Deus!

Aguardei debalde uma resposta a estas palavras. Impacientei-me. Chamei em voz alta:

– Fortunato!

Nenhuma resposta. Chamei de novo:

– Fortunato!

Nenhuma resposta ainda. Lancei uma tocha através da abertura e deixei-a cair lá dentro. Como resposta ouvi apenas o tinir dos guizos. Senti um aperto no coração... devido talvez à umidade das catacumbas. Apressei-me em terminar meu trabalho. Empurrei a última pedra em sua posição. Argamassei-a. Contra a nova parede, reergui a velha muralha de ossos. Já faz meio século que mortal algum os remexeu. *In pace requiescat!*[2]

1. Ninguém me ofende impunemente.
2. Descanse em paz.

Fonte: Poe, 2001, p. 365-371.

O texto que você acabou de ler pertence ao gênero *conto*, uma narrativa breve. Nele, temos um narrador autodiegético com focalização interna. A narração em primeira pessoa produz um efeito de sentido de subjetividade, ou seja, o leitor tem a visão dos acontecimentos a partir da perspectiva da personagem Montresor. O discurso das personagens, Montresor e Fortunato, é reproduzido por meio de discurso direto. Trata-se de um texto figurativo.

A estrutura sintática do enunciado elementar de um texto narrativo se caracteriza pela relação de transitividade entre um sujeito e um objeto. No caso do conto, Montresor busca a vingança, por ter sido ofendido por Fortunato anteriormente. Para conseguir o objeto do querer, a personagem precisa ser dotada de um saber-fazer que a leva a realizar as ações necessárias para conseguir o objeto do querer. Montresor manipula Fortunato a fim de realizar seu desejo de vingança. Nos textos narrativos, há uma situação inicial e, por meio de transformações, chega-se a uma situação final. No texto, situação inicial: Montresor querer a vingança; situação final: Montresor conseguir vingar-se. Entre essas duas situações, medeia uma série de acontecimentos responsáveis por transformações e pela progressão da narrativa.

Toda narrativa conta uma história; mas, como sabemos, uma mesma história pode ser contada de formas diferentes. Isso nos leva a tecer mais algumas considerações sobre as ações de uma narrativa.

Você pode ter estranhado algumas palavras que usamos neste capítulo, como *heterodiegético* e *autodiegético*. *Diegético* é um adjetivo proveniente de *diegese*, palavra de origem grega que significa "narrativa". A diegese é, pois, a matéria narrada, a história propriamente dita (uma pessoa, por ter sido ofendida, arquiteta um plano de vingança contra seu ofensor e, para realizar seu propósito, manipula aquele a quem quer vingar, atraindo-o para a adega do palácio em que mora, onde empareda-o vivo). Mas o conto de Poe perderia muito se fosse reduzido à sua diegese.

Um filme é também um gênero narrativo na medida em que nos conta uma história. A história contada pelo filme é a diegese, mas você há de concordar que o filme é muito mais do que a história contada. Assistimos a filmes cuja história já conhecemos para ver como nos é contada. Isso mostra que os textos narrativos não se esgotam no nível da história narrada. O que faz de um texto verbal uma obra literária é a maneira como a diegese nos é apresentada. A isso damos o nome de **discurso**.

Nos textos narrativos, podemos, portanto, observar dois planos: o plano da história, os conteúdos narrados (diegese), e o plano da expressão desses conteúdos (o discurso). Evidentemente, essa distinção que fazemos é apenas didática, pois entre a expressão (o discurso) e o conteúdo (a diegese) há uma interdependência. É impossível, por exemplo, separar a história de Riobaldo em *Grande sertão: veredas* da forma como é contada. O discurso narrativo é produzido por um narrador num ato de enunciação. É no nível do discurso que se organizam os elementos da narrativa: narrador, personagens, ação, tempo, espaço.

Figura 7.2
Estrutura do texto narrativo

Em síntese: nos textos narrativos, há uma estrutura narrativa, recoberta por uma estrutura discursiva. Abaixo dessas duas, uma estrutura profunda, que é o tema, como na ilustração anterior.

7.3.4 O tempo

Como a narrativa implica sucessão de acontecimentos, fica claro que toda narrativa se desenvolve no tempo.

Quando estudamos a enunciação (Capítulo 6), vimos que, segundo Benveniste, quando se passa do sistema da língua para o discurso, instalam-se um eu, um aqui e um agora. O tempo é uma categoria sempre presente na linguagem, pois, mesmo que não se o explicite, sua marca estará no sistema verbal. Podemos narrar acontecimentos passados – o que é mais comum –, presentes ou futuros. Nas narrativas, devemos observar dois tempos: o **tempo da diegese** e o **tempo do discurso**. Nos parágrafos seguintes, abordaremos esses dois tempos da narrativa.

O tempo da diegese é o tempo da história, ou seja, é o tempo que duraram os acontecimentos narrados e que pode ser marcado com maior ou menor precisão. Trata-se de um tempo objetivo, marcado pelo calendário (horas, dias, semanas, meses, anos) ou por algo que lhe corresponda (estações do ano, época das chuvas, das secas, dia, noite). Sua duração é bastante variável – o tempo de uma história narrada pode ser muito longo, como em *O tempo e o vento*, de Erico Verissimo, ou bastante curto, como no conto "O barril de amontillado", que lemos neste capítulo. Em alguns casos, a duração da diegese vem indicada no título ou subtítulo da obra, como em *Cinco semanas em um balão*, de Júlio Verne.

Nas narrativas modernas, é frequente que o tempo dos acontecimentos narrados não correponda ao tempo físico, cronológico, mas a um tempo vivido interiormente por uma personagem. Trata-se de um tempo subjetivo, vivencial, não linear. Por ele, expressa-se a corrente de pensamento da personagem, filtrada por suas experiências vividas. A esse tempo da diegese damos o nome de *tempo psicológico*, e sua manifestação em geral se dá pela técnica do monólogo interior. Segundo Reis e Lopes (2011, p. 238), o monólogo interior "exprime sempre o discurso mental, não pronunciado, das personagens", como se observa no fragmento a seguir, com os pensamentos da cachorra Baleia pouco antes de morrer.

> Baleia queria dormir. Acordaria feliz, num mundo cheio de preás.
> E lamberia as mãos de Fabiano, um Fabiano enorme. As crianças
> se esponjariam com ela, rolariam com ela num pátio enorme,
> num chiqueiro enorme. O mundo ficaria todo cheio de preás,
> gordos, enormes.
>
> **Fonte:** Ramos, 2009, p. 91.

O tempo do discurso é o resultado da representação do tempo da diegese no nível do discurso. Se o o tempo da diegese pode ser calculado, o mesmo não ocorre com o tempo do discurso. Na narrativa é praticamente impossível ocorrer isocronia, isto é, o tempo da diegese coincidir com o do discurso, uma vez que há elipses e anacronias.

Ocorrem elipses quando o narrador, por um motivo ou outro, exclui do discurso acontecimentos que fazem parte da diegese, provocando saltos temporais. Normalmente essas elipses são marcadas no nível do discurso por expressões adverbias temporais, como *dois anos depois, depois de muito tempo* etc.

As anacronias são recuos ou avanços na diegese. Quando há um movimento temporal para trás a fim de narrar acontecimentos anteriores ao presente da ação, temos a analepse (ou *flash-back*). Quando o movimento temporal é para frente, numa antecipação de acontecimentos da diegese posteriores ao momento da ação, temos a prolepse.

Ressaltamos ainda que há narrativas *in media res* e *in ultima res*. Narrativas *in media res* são aquelas que se iniciam num ponto adiantado da diegese, obrigando o narrador a voltar no tempo para esclarecer o que aconteceu antes. Os poemas épicos (*Ilíada, Odisseia, Os lusíadas*) são exemplos de narrarivas *in media res*.

Nas narrativas *in ultima res*, o final da diegese é apresentado no início. Isso é frequente em romances policiais, em que se começa a narração pela consumação do crime. Um exemplo de narrativa em que o tempo da diegese não coincide com o tempo do discurso é o romance *Memórias póstumas de Brás Cubas*, de Machado de Assis. No nível do discurso, a narrativa se inicia com a morte do protagonista, ou seja, com aquilo que no nível da diegese seria seu final. Apresentamos a seguir um trecho do capítulo que abre essa obra.

Óbito do Autor

Algum tempo hesitei se devia abrir estas memórias pelo princípio ou pelo fim, isto é, se poria em primeiro lugar o meu nascimento ou a minha morte. Suposto o uso vulgar seja começar pelo nascimento, duas considerações me levaram a adotar diferente método: a primeira é que eu não sou propriamente um autor defunto, mas um defunto autor, para quem a campa foi outro berço; a segunda é que o escrito ficaria assim mais galante e mais novo. Moisés, que também contou a sua morte, não a pôs no introito, mas no cabo; diferença radical entre este livro e o Pentateuco.

Dito isto, expirei às duas horas da tarde de uma sexta-feira do mês de agosto de 1869, na minha bela chácara de Catumbi. Tinha uns sessenta e quatro anos, rijos e prósperos, era solteiro, possuía cerca de trezentos contos e fui acompanhado ao cemitério por onze amigos. Onze amigos!

Fonte: Assis, 1979c, p. 513.

Quanto ao foco narrativo, temos um narrador autodiegético. Quem narra os acontecimentos é o protagonista (Brás Cubas). Quanto ao ponto de vista, temos um narrador subjetivo, na medida em que, além de narrar, exprime juízos de valor. Observe que a reiteração da expressão *onze amigos*, marcada por exclamação, tem valor irônico. Quanto à focalização, temos narrador onisciente. Não é comum que um narrador participante da história seja onisciente, pois esse tipo de narrador privilegiado é característico de narradores heterodiegéticos, pois, por não fazerem parte da história, têm uma visão de fora dos acontecimentos. No caso das *Memórias póstumas de Brás Cubas*, a onisciência do narrador autodiegético decorre do fato de ele estar morto. Mas detenhamo-nos na questão do tempo.

Quanto ao tempo da diegese, *Memórias póstumas de Brás Cubas* narra os acontecimentos da vida do protagonista desde seu nascimento até sua morte em 1869. Portanto, temos um tempo objetivo e mensurável delimitado em aproximadamente 64 anos ("expirei às duas horas da tarde de uma sexta-feira do mês de agosto de 1869, na minha bela chácara de Catumbi. Tinha uns sessenta e quatro anos [...]").

No nível do discurso, temos uma narração de acontecimento passado. Detenhamo-nos neste enunciado:

"Dito isto, expirei às duas horas da tarde de uma sexta-feira do mês de agosto de 1869, na minha bela chácara de Catumbi".

A forma verbal *expirei* refere-se a um tempo anterior ao momento da enunciação (o agora). Trata-se, pois, de um passado do presente, ou pretérito perfeito na nomenclatura usada pelas gramáticas, que apresenta aspecto perfectivo, ou seja, nomeia um acontecimento totalmente concluído (a morte do autor). Nos capítulos que sucedem, a narrativa passa a ter uma orientação temporal retrospectiva: o narrador passa a relatar os acontecimentos anteriores à morte. Como você pode notar, os eixos temporais da diegese e do discurso não só não coincidem, como têm orientação contrária. Se, no nível da diegese, os fatos caminham do nascimento para a morte, no nível do discurso, eles assumem direção inversa, pelo menos nos capítulos iniciais. O nascimento do narrador só será contado no Capítulo X.

Temos então, em *Memórias póstumas de Brás Cubas*, uma narrativa *in ultima res*, com retrospesctivas no nível do discurso (analepses).

Para encerrar esta seção, é importante que você perceba os efeitos de sentido decorrentes da organização temporal da narrativa. No caso de *Memórias póstumas de Brás Cubas*, pelo mecanismo da debreagem temporal, o tempo do discurso é o presente, mas o tempo da diegese é o passado. Com isso, o que é passado se presentifica no ato de narrar, tanto para o narrador quanto para o narratário: é como se os acontecimentos estivessem ocorrendo no instante da escritura/leitura do texto.

7.3.5 O espaço

Encerrando os elementos da narrativa, resta-nos tecer algumas reflexões sobre o espaço em que as personagens circulam e as ações ocorrem.

Você viu que, pela enunciação, instalam-se as categorias de pessoa, tempo e lugar. Destas, a única que necessariamente não precisa estar explicitada no texto é o espaço. Portanto, podemos ter narrativas em que não há menção ao lugar em que as personagens atuam. No entanto, é mais comum que as narrativas façam referência a lugares.

A separação que aqui fazemos dos elementos da narrativa em personagem, tempo e espaço é meramente didática, pois essas três categorias se articulam num todo. O espaço costuma ser visto como cenário, que pode ser amplo (uma região, por exemplo), ou restrito (uma sala, por exemplo). Espaços amplos e abertos são mais frequentes nos romances, embora possamos ter romances cuja ação se desenrola em espaços fechados, como *O cortiço*, de Aluísio Azevedo, *O nome da rosa*, de Umberto Eco, *A montanha mágica*, de Thomas Mann, cujas ações se passam, respectivamente, num cortiço no bairro do Botafogo no Rio de Janeiro; em um convento; num sanatório, na Suíça. Nos contos, por se tratar de narrativas condensadas, o espaço costuma ser restrito, como você viu no conto "O barril de amontillado", de Edgar Allan Poe, que apresentamos neste capítulo. No conto "O búfalo", de Clarice Lispector, as ações se passam em um jardim zoológico, em particular na frente do local em que está o búfalo.

A categoria *espaço* tem sido usada como elemento classificatório de romances; assim, fala-se em romances urbanos, aqueles cuja ação se passa em cidades, como *Senhora*, de José de Alencar, e em romances regionalistas, aqueles que não se passam em ambientes urbanos, como *Til*, de José de Alencar.

FECHANDO O CAPÍTULO

Neste capítulo, chamamos a atenção para a estrutura do discurso narrativo. Destacamos que seu propósito comunicativo é contar um fato, verídico ou ficcional, e que as narrativas estão presentes em todas as culturas desde há muito tempo e podem se manifestar em várias linguagens, verbais ou não.

Romances, contos e novelas são atualmente os gêneros literários narrativos mais difundidos. A narrativa, uma sucessão de acontecimentos que se desenvolvem no tempo, apresenta os seguintes elementos: personagem, ação, tempo e espaço. Além disso, há a presença de um narrador, aquele que conta os fatos, que pode ser uma das personagens da história.

SUGESTÕES DE ATIVIDADES

1. Os conceitos teóricos apresentados neste capítulo deverão ser aplicados na análise de um conto de Machado de Assis. Sugerimos o gênero narrativo *conto* em decorrência de sua extensão. O conto por nós escolhido foi "O espelho: esboço de

uma nova teoria da alma humana" (Assis, 1994), que faz parte do livro *Papéis avulsos*. Não o reproduzimos aqui, mas você poderá acessá-lo na íntegra por meio do *site* do Domínio Público, disponível em: <http://machado.mec.gov.br/images/stories/pdf/contos/macn003.pdf>.

Para orientá-lo nesta atividade, propomos um roteiro para ser seguido. Leia inicialmente o texto com atenção. Se julgar necessário, faça anotações. Volte sempre ao texto, antes de dar uma resposta aos itens do roteiro. A atividade pode ser feita também em duplas ou trios.

Roteiro

1) Trata-se de texto temático ou figurativo? Justifique.
2) A narração apresenta dois planos, ou seja, temos uma narração dentro de uma narração. Quais são esses dois planos?
3) Qual é a função do narrador do primeiro plano? Caracterize-o quanto:
   a) à focalização;
   b) ao foco narrativo;
   c) ao ponto de vista.
4) Faça a mesma análise em relação ao narrador do segundo plano.
5) O narrador do primeiro plano instaura um outro narrador que narra um fato para demonstrar algo. O que ele pretende demonstar para seus ouvintes?
6) Quando tratamos do conceito de personagem, comentamos que essa palavra provém de *persona*, que contém a ideia de "máscara". Caracterize a personagem central da narrativa.

7) Comente sobre o tempo da narrativa. Como ele se desenvolve? Como é apresentado?

8) Em que espaço se desenrolam as ações? Observe os dois planos da narrativa.

9) Toda narrativa implica transformações (mudanças de estado). Aponte as transformações ocorridas dentro da narrativa.

10) Toda narrativa se estrutura a partir de um conflito. Qual é o conflito a partir do qual o conto se desenrola?

11) Vimos que os textos apresentam planos. Num primeiro plano, temos o discurso, que encobre um plano mais profundo, o tema. Qual é o tema do conto?

Como atividade complementar, sugerimos que você leia o conto "O espelho", de Guimarães Rosa, que faz parte do livro *Primeiras histórias*, a fim de estabelecer como Machado e Rosa abordam a questão da alma e do espelho.

2. Neste capítulo, vimos que o narrador relata os fatos a partir de determinada perspectiva. Vimos também que ele pode ser um dos participantes da história que narra. Evidentemente, um mesmo fato terá versões diferentes se relatado pela personagem A ou B. A história de Bentinho e Capitu, personagens centrais de *Dom Casmurro*, de Machado de Assis, seria outra se narrada por Capitu e não por Bentinho.

Como atividade, propomos que se realize um debate sobre o papel do narrador. Para tanto, sugerimos que se assista ao filme *Rashomon*, de Akira Kurosawa, disponível em DVD. Nele, contam-se o assassinato de um samurai e o estupro de sua mulher. Os crimes são narrados em *flash-back* (analepses) por quatro personagens distintas: um lenhador, um camponês, a mulher vítima do estupro e o próprio samurai assassinado, cujo depoimento é dado por seu espírito, que é incorporado durante o julgamento. Cada personagem, é claro, apresenta uma versão diferente para os crimes.

No debate, em que devem participar cinco pessoas, cabendo a uma delas o papel de mediador, devem ser ressaltadas as contradições e as dubiedades de cada uma das vozes que narram os fatos.

SUGESTÕES DE LEITURA

BARTHES, R. Introdução à análise estrutural da narrativa. In: BARTHES, R. et al. **Análise estrutural da narrativa**. 7. ed. Petrópolis: Vozes, 2011. p. 19-62.

BENJAMIN, W. O narrador. Considerações sobre a obra de Nikolai Leskov. In: BENJAMIN, W. **Magia e técnica, arte e política**: ensaios sobre literatura e história da cultura. 7. ed. São Paulo: Brasiliense, 1994. p. 197-221.

BRAIT, B. **A personagem**. 8. ed. São Paulo: Ática, 2006.

CANDIDO, A. et al. **A personagem de ficção**. 3. ed. São Paulo: Perpepectiva, 1972.

FORSTER, E. M. **Aspectos do romance**. 4 .ed. São Paulo: Globo, 2005.

MORAES LEITE, L. C. **O foco narrativo**. 4. ed. São Paulo: Ática, 1989.

NUNES. B. **O tempo na narrativa**. 2. ed. São Paulo: Ática, 2008.

Chegamos ao final de nosso percurso. Navegando pelo texto deste livro, você viu que a leitura é algo complexo. Nela, há uma relação intersubjetiva em que o leitor dialoga com o autor por meio do texto, para o qual constrói um sentido com base em seus conhecimentos prévios. Você viu que há também um diálogo do texto com outros que o precederam, numa relação que denominamos *intertextualidade*, cuja presença é essencial que seja percebida para a construção do sentido do que lemos.

CONSIDERAÇÕES FINAIS

É importante que você tenha notado que a leitura tem uma história, vale dizer, as formas de o leitor se relacionar com o texto se alteram em decorrência de avanços tecnológicos. Do pergaminho à tela dos modernos computadores, houve um longo percurso que modificou as práticas de leitura. Hoje, graças à internet, fazemos leituras não sequenciais, construindo o texto a partir de cliques em *links* que podem, até mesmo, nos levar a arquivos em outras linguagens além da verbal (músicas, filmes, imagens). Paralelamente a essa nova modalidade de texto (o hipertexto), textos ainda continuam circulando em suportes tradicionais. Pelo que parece, o livro de papel ainda terá uma vida muito longa.

Dada a natureza deste livro, tivemos de restringir a abordagem da leitura aos textos do discurso literário. Essa escolha teve uma razão. Por serem textos em que o grau de incompletude se mostra mais elevado, trata-se de uma modalidade textual que envolve maior esforço cognitivo por parte do leitor. Por outro lado, se somos capazes de ler com proficiência textos literários, somos também capazes de ler uma receita culinária; no entanto, a recíproca nem sempre é verdadeira.

Os textos têm um duplo caráter: não são apenas unidades de sentido, são também unidades de comunicação, por isso apresentam um caráter sócio-histórico. Vimos que os textos se materializam em gêneros – a poesia, o romance, o conto, a novela –, que sofrem modificações no tempo: o romance moderno difere do romance de folhetim do século XIX, por exemplo. Por isso, ao definirmos *gênero*, afirmamos tratar-se de formas relativamente estáveis. O conhecimento do gênero é um dos conhecimentos prévios a que nos referimos e serve como elemento facilitador da leitura. Insistimos no caráter ficcional dos textos literários e no fato de que estes se situam no domínio da arte, embora, como vimos, não seja pacífico definir o que sejam arte e literatura.

Ainda em relação aos textos, mostramos que eles resultam da superposição de dois planos, o da expressão e o do conteúdo, e que podem ser mais concretos (figurativos) ou mais abstratos (temáticos). No plano da expressão, os textos literários caracterizam-se por um uso especial da linguagem, por isso dedicamos um capítulo para o estudo das chamadas *figuras de retórica*. Nosso intuito foi mostrar que elas não são, como costumeiramente se costumava mostrar, enfeites do discurso, mas formas que têm valor argumentativo, ou seja, formas pelas quais o autor visa levar o leitor a aceitar seu discurso.

Em relação aos textos narrativos, mostramos suas características com base nos elementos que os constituem: narrador, personagem, ação, tempo e espaço. Um conceito que julgamos fundamental para se entender o texto (e isso vale para qualquer texto, literário ou não) é o de enunciação, por isso não foi à toa que dedicamos um capítulo inteiro para tratar do assunto. O texto é produto de um ato de enunciação, ou seja, alguém (o enunciador) se apropria da língua para dizer algo a outro alguém (o enunciatário). Ao realizar isso, ele instala um aqui e agora. O enunciador, além disso, delega a voz a um narrador, que pode delegá-la a interlocutores instalados no texto. Portanto, os textos são reuniões de várias vozes e a leitura competente pressupõe a identificação dessas vozes, que tornam o texto um verdadeiro concerto. Compreender o mecanismo da enunciação nos permite ainda entender que o tempo e o espaço dos textos não são o tempo e o espaço físicos, mas linguísticos. Aquilo que chamamos de *presente, passado* e *futuro* são categorias decorrentes da enunciação, sendo presente o momento que coincide com a enunciação, a partir do qual se estabelece o que é passado e o que é futuro. Isso – cremos – ajuda a compreender o complexo sistema dos tempos verbais em português.

Por último, mas não menos importante, cabe a observação, já mencionada, de que certos conceitos apresentados não têm unanimidade entre os teóricos do texto e da leitura. O exposto no livro reflete o pensamento do autor.

ANALEPSE:
Recuo temporal na narrativa. O narrador interrompe a ação presente para contar um acontecimento futuro no nível da diegese. Também recebe o nome de *flash-back*.

AUTODIEGÉTICO:
Narrador que faz parte da história narrada, como personagem principal.

VOCABULÁRIO CRÍTICO

CONTO:
Gênero literário narrativo que se caracteriza por ser breve, com poucas personagens e centrado num único conflito.

DEBREAGEM:
Mecanismo pelo qual são instaladas no texto as categorias de pessoa, tempo e espaço. Daí ser classificada em actancial, temporal e especial.

DÊITICOS:
Expressões linguísticas cuja interpretação depende da pessoa que as enuncia, bem como do lugar e do momento em que são enunciadas.

DIEGESE:
A história narrada propriamente dita. Também recebe o nome de *fábula*. Opõe-se a *discurso*, que é a forma como a história é narrada.

EMBREAGEM:

Outra forma de instalação das categorias da enunciação (pessoa, tempo e espaço) no enunciado. Há um efeito de retorno à enunciação, com a consequente neutralização das categorias de pessoa, espaço e tempo. Na embreagem, temos o uso de uma pessoa, de um espaço ou de um tempo por outro. Toda embreagem pressupõe uma debreagem anterior.

ENUNCIAÇÃO:

Processo pelo qual os falantes se apropriam da língua e a convertem em atos de fala, os enunciados.

FANFIC:

Abreviação de *fanfiction*, forma de leitura e produção textual compartilhada, disponível em *sites* e *blogs*.

FOCALIZAÇÃO:

Perspectiva adotada pelo narrador para contar os fatos. Pode ser interna, externa ou onisciente.

HETERODIEGÉTICO:

Narrador que não faz parte da história narrada como personagem. Trata-se de um narrador que tem uma visão "de fora" dos fatos narrados.

HIPERTEXTO:

Documento digital, não sequencial, não linear e não hierarquizado que se subdivide.

HOMODIEGÉTICO:

Narrador que faz parte da história narrada, mas não como personagem principal. Nesse caso, quem conta os fatos é uma personagem secundária.

INTERTEXTUALIDADE:
Relação que os textos guardam entre si. Um texto sempre remete a um outro texto que o precedeu.

ISOCRONIA:
Coincidência do tempo da diegese com o tempo do discurso.

ISOTOPIA:
Recorrência, na cadeia sintagmática, de elementos associados a um mesmo campo semântico (temas ou figuras), garantindo coerência ao discurso.

LINK:
Nó ou elo que possibilita ao navegador ir de um texto a outro.

MÍMESIS:
Imitação. Segundo Aristóteles, a arte se caracteriza por ser imitação da natureza.

NOVELA:
Gênero literário narrativo cuja extensão é maior que o conto e menor que o romance. Tem andamento rápido, já que está centrada nas ações das personagens, tendo pouco espaço para descrições e análises psicológicas.

ONISCIENTE:
Uma das perspectivas adotadas pelo narrador para relatar os acontecimentos. Nessa perspectiva, o narrador tem um conhecimento praticamente ilimitado das personagens e dos fatos.

PROLEPSE:
Avanço temporal na narrativa. O narrador interrompe a ação presente para contar um acontecimento futuro no nível da diegese.

ROMANCE:
Gênero literário narrativo que se caracteriza por apresentar certa extensão. Pode conter várias personagens e mais de um conflito e admite avanços e recuos na diegese.

SEMIÓTICA:
Teoria geral da produção social dos significados com base em signos, sejam eles verbais ou não. Portanto, a semiótica abrange o estudo das mais diversas formas de texto: o verbal, o cinematógrafico, a moda, os mitos, a dança, a pintura.

SIGNO:
Segundo Saussure, entidade linguística de duas faces, que relaciona arbitrariamente um conceito (significado) a uma imagem acústica (significado)

VEROSSIMILHANÇA:
Aquilo que parecer ser verdade, que se assemelha ao verdadeiro.

ABREU, M. **Cultura letrada**: literatura e leitura. São Paulo: Unesp, 2006.

ADICHIE, C. N. **Meio sol amarelo**. São Paulo: Companhia das Letras, 2008.

AGUIAR E SILVA, V. M. de. **Teoria da literatura**. 8. ed. Coimbra: Almedida, 2011.

ALENCAR, J. **O guarani**: romance brasileiro. 27. ed. São Paulo: Ática, 2012.

ALVES, C. **O navio negreiro**. [S.l.]: Panda Books, 2011.

REFERÊNCIAS

ANDRADE, C. D. de. **Carlos Drummond de Andrade**: poesia completa e prosa. Rio de Janeiro: Nova Aguilar, 1973.

ANJOS, A. dos. **Eu**: outras poesias. 31. ed. Rio de Janeiro: [s.n.]. 1971.

APOTHÉLOZ, D. Papel e funcionamento da anáfora na dinâmica textual. In: CAVALCANTE, M. M.; RODRIGUES, B. B.; CIULLA, A. (Org.). **Referenciação**. São Paulo: Contexto, 2003.

AQUINO, M. **Eu receberia as piores notícias dos seus lindos lábios**. São Paulo: Companhia da Letras, 2005.

ARANTES, G. Amanhã. In: ARANTES, G. **Maioridade**. Rio de Janeiro: Polygram; Globo/Polydor, 1997. Faixa 12.

ARISTÓTELES. **Arte retórica e arte poética**. São Paulo: Difusão Europeia do Livro, 1959.

ASSIS, M. de. Dom Casmurro. In: ASSIS, M. de. **Machado de Assis**: obra completa. Rio de Janeiro: Aguilar, 1979a. p. 807-944. v. I.

ASSIS, M. de. Esaú e Jacó. In: ASSIS, M. de. **Machado de Assis**: obra completa. Rio de Janeiro: Aguilar, 1979b. p. 945-1093. v. I.

ASSIS, M. de. Memórias póstumas de Brás Cubas. In: ASSIS, M. de. **Machado de Assis**: obra completa. Rio de Janeiro: Aguilar, 1979c. p. 511-639. v. I.

ASSIS, M. de. O espelho: esboço de uma nova teoria da alma humana. In: ASSIS, M. de. **Machado de Assis**: obra completa. Rio de Janeiro: Aguilar, 1994. p. 345-352. v. II.

ASSIS, M. de. Quincas Borba. In: ASSIS, M. de. **Machado de Assis**: obra completa. Rio de Janeiro: Aguilar, 1979d. p. 641-806. v. I.

ASSIS, M. de. Um apólogo. In: ASSIS, M. de. **Machado de Assis**: obra completa. Rio de Janeiro: Aguilar, 1962. p. 554-556. v. II.

BAKHTIN, M. M. Os gêneros do discuros. In: BAKHTIN, M. M. **Estética da criação verbal**. 3. ed. São Paulo: M. Fontes, 2000. p. 277-326.

BANDEIRA, M. **Poesia completa e prosa**. Rio de Janeiro: Aguilar, 1974. Volume único.

BARRETO, L. A nova Califórnia. In: MORICONI, I. (Org.). **Os cem melhores contos do século**. Rio de Janeiro: Objetiva, 2001. p. 34-42.

BARRETO, L. **Clara dos Anjos**. São Paulo: Penguin-Companhia das Letras, 2012.

BARROS, D. L. P. de. **Teoria do discurso**: fundamentos semióticos. São Paulo: Atual, 1988.

BARTHES, R. A morte do autor. In: BARTHES, R. **O rumor da língua**. São Paulo: M. Fontes, 2004.

BEAUGRANDE, R. A. **New Foundations for a Science of Text and Discourse**: Cognition, Communication, and the Freedom of Access to Knowledge and Society. Norwood, New Jersey: Ablex, 1997. Disponível em: <http://www.beaugrande.com/new_foundations_for_a_science.htm>. Acesso em: 21 ago. 2014.

BEAUGRANDE, R. A.; DRESSLER, W. U. **Introducción a la lingüística del texto**. Barcelona: Ariel, 2005.

BEIGUELMAN, G. **O livro depois do livro**. São Paulo: Peirópolis, 2003.

BELO, A. **História & livro e leitura**. Belo Horizonte: Autêntica, 2008.

BENJAMIN, W. O narrador. Considerações sobre a obra de Nikolai Leskov. In: BENJAMIN, W. **Magia e técnica, arte e política**: ensaios sobre literatura e história da cultura. 7. ed. São Paulo: Brasiliense, 1994. p. 197-221.

BENVENISTE, É. **Problemas de linguística geral II**. 4. ed. Campinas: Pontes, 1989.

BENVENISTE, É. **Problemas de linguística geral I**. 4. ed. Campinas: Pontes, 1995.

BILAC, O. **Profissão de fé**. Disponível em: <http://www.biblio.com.br/defaultz.asp?link=http://www.biblio.com.br/conteudo/OlavoBilac/profissaodefe.htm>. Acesso em: 11 fev. 2014.

BILAC, O. **Tarde**. São Paulo: M. Claret, 2002.

BOSI, A. **Reflexões sobre a arte**. 7. ed. São Paulo: Ática, 2003.

BRADBURY, R. **Fahrenheit 451**. São Paulo: Globo, 2003.

BRASIL. Ministério da Educação. Secretaria de Educação Fundamental. **Parâmetros Curriculares Nacionais**: Língua Portuguesa. Brasília, DF, 1997.

BRASIL. Ministério da Educação. Secretaria de Educação Média e Tecnológica. **Parâmetros Curriculares Nacionais**: Ensino Médio. Parte II – Linguagens, Códigos e suas Tecnologias. Brasília, DF, 2000.

BUARQUE, C. Bom conselho. In: BUARQUE, C.; VELOSO, C. **Chico e Caetano juntos e ao vivo**. Rio de Janeiro: Polygram, 1972. Faixa 1.

BUARQUE, C. Folhetim. In: BUARQUE, C. **Ópera do malandro**. Rio de Janeiro: Polygram, 1979. Faixa 10.

BUARQUE, C. Morena de Angola. In: BUARQUE, C. **Chico Buarque**. Rio de Janeiro: Polygram, 1980. Faixa 10.

BUARQUE, C. Pedro Pedreiro. In: BUARQUE, C. **Chico Buarque de Hollanda**. Rio de Janeiro: RGE, 1966. Faixa 3.

BUARQUE, C.; SIVUCA. João e Maria. In: BUARQUE, C. **Chico Buarque ao vivo Paris Le Zenith**. Rio de Janeiro: RCA, 1990. Disco 2, Faixa 4.

CALVINO, I. **Se um viajante numa noite de inverno**. 2. ed. São Paulo: Companhia das Letras, 1999.

CAMÕES, L. de. **Obra completa em um volume**. Rio de Janeiro: Aguilar, 1963.

CARR, N. **O que a internet está fazendo com os nossos cérebros**: a geração superficial. Rio de Janeiro: Agir, 2011.

CAVALLO, G.; CHARTIER, R. (Org.). **História da leitura no mundo ocidental**. São Paulo: Ática, 2002. v. 1.

CHARTIER, R. **A aventura do livro**: do leitor ao navegador. São Paulo: Unesp, 1998.

CHARTIER, R. As representações do escrito. In: CHARTIER, R. **Formas e sentido**: cultura escrita – entre distinção e apropriação. Campinas: Mercado de Letras, 2003. p. 17-48.

CHARTIER, R. Línguas e leitura no mundo digital. In: CHARTIER, R. (Org.). **Os desafios da escrita**. São Paulo: Unesp, 2002. p. 11-32.

CHAUI, M. **Convite à filosofia**. 13. ed. São Paulo: Ática, 2003.

CHIZIANE, P. **Niketche**: uma história de poligamia. São Paulo: Companhia das Letras, 2004.

COSTA, B.; MACHADO, R. MEC vai comprar até 900 mil tablets para dar a alunos. **Folha de S. Paulo**, 31 jan. 2012. Caderno Cotidiano, p. C8.

CULLER, J. **Teoria literária**: uma introdução. São Paulo: Beca, 1999.

DIAS, G. Canção do exílio. In: CANDIDO, A.; CASTELLO, J. A. **Presença da literatura brasileira I**: Das origens ao romantismo. 5. ed. São Paulo: Difusão Europeia do Livro, 1973.

DOMÍNIO PÚBLICO. **Marinheiro só**. Disponível em: <http://letras.mus. br/caetano-veloso/43878>. Acesso em: 14 mai. 2014.

DOYLE, A. C. Um estudo em vermelho. In: DOYLE, A. C. **Sherlock Holmes**: obra completa. 2. ed. Rio de Janeiro: Ediouro, 2002. v. 1.

E-BOOKS chegam a 3% das vendas de livros. **Folha de S. Paulo**, 4 jan. 2014. Ilustrada. Disponível em: <http://www1.folha.uol.com.br/fsp/ilustrada/146228-e-books-chegam-a-3-das-vendas-de-livros.shtml>. Acesso em: 1º ago. 2014.

ECO, U. **Muito além da internet**. dez. 2003. Entrevista. Disponível em: <http://www.ofaj.com.br/textos_conteudo.php?cod=16>. Acesso em: 6 dez. 2013.

ELIAS, V. M. S. Hipertexto, leitura e sentido. **Calidoscópio**, v. 3, n. 1, p. 13-19, jan./abr. 2005.

ESOPO. A raposa e o cacho de uvas. In: ESOPO. **Fábulas**: São Paulo: M. Claret, 2006.

FAIRCLOUGH, N. **Discurso e mudança social**. Brasília: Ed. da UnB, 2001.

FERREIRA, A. B. de H. **Dicionário Aurélio eletrônico século XXI**. Versão 3.0. Rio de Janeiro: Nova Fronteira/Lexicon Informática, 1999. 1 CD.

FERREIRA, L. A. **Leitura e persuasão**: princípios de análise retórica. São Paulo: Contexto, 2010.

FGV – Fundação Getulio Vargas. Centro de Tecnologia e Sociedade da Escola de Direito do Rio de Janeiro. **Relatório de Políticas de Internet**: Brasil 2011. São Paulo: Comitê Gestor da Internet no Brasil, 2012. Disponível em: <http://www.cgi.br/media/docs/publicacoes/1/relatorio-politicas-internet-pt.pdf>. Acesso em: 23 ago. 2014.

FIORIN, J. L. **Figuras de retórica**. São Paulo: Contexto: 2014.

FIORIN, J. L. Polifonia textual e discursiva. In: BARROS, D. L. P. de; FIORIN, J. L. (Org.). **Dialogismo, polifonia, intertextualidade**: em torno de Bakhtin. 2. ed. São Paulo: Edusp, 2011. p 29-36.

FISCHER, E. **A necessidade da arte**. 9. ed. Rio de Janeiro: Guanabara, 2002.

FISCHER, S. R. **História da leitura**. São Paulo: Unesp, 2006.

FOLHA DE S. PAULO. **Mais vendidos**. 11 jan. 2014. Ilustrada, p. E6. Disponível em: <http://acervo.folha.com.br/fsp/2014/01/11/21>. Acesso em: 3 ago. 2014.

FORMAS BREVES. Disponível em: <http://blog.e-galaxia.com.br/formas-breves>. Acesso em: 10 nov. 2022.

FOUCAULT, M. O que é um autor? In: FOUCAULT, M. **Estética**: literatura e pintura, música e cinema. Rio de Janeiro: Forense Universitária, 2001. p. 264-298. (Ditos e Escritos, v. III).

FRANK, A. **O diário de Anne Frank**. 24. ed. Rio de Janeiro: Record, 2007.

FUVEST – Fundação Universitária para o Vestibular. **Lista unificada de livros para o Vestibular 2014**. 23 jan. 2013. Disponível em: <http://www.fuvest.br/vest2014/informes/ii012014.html>. Acesso em: 9 jan. 2014.

GREIMAS, A. J.; COURTÉS, J. **Dicionário de semiótica**. 2. ed. São Paulo: Contexto, 2012.

GUIMARÃES, E. **Texto, discurso e ensino**. São Paulo: Contexto, 2013.

HATOUM, M. **Órfãos do Eldorado**. São Paulo: Companhia das Letras, 2008.

HILST, H. **Júbilo, memória, noviciado da paixão**. São Paulo: Globo, 2003.

HJELMSLEV, L. **Prolegômenos a uma teoria da linguagem**. São Paulo: Perspectiva, 2009.

HOUAISS, A.; VILLAR, M. de S. **Dicionário Houaiss da língua portuguesa**. Versão 3.0. Rio de Janeiro: Instituto Antônio Houaiss; Objetiva, 2009. 1 CD-ROM.

INGARDEN, R. **A obra de arte literária**. 2. ed. Lisboa: Fundação Calouste Gulbenkian, 1979.

ISER, W. O jogo do texto. In: JAUSS, H. R. et al. **A literatura e o leitor**: textos de estética da recepção. 2. ed. Rio de Janeiro: Paz e Terra, 1979. p. 105-118.

JAMES, H. **A outra volta do parafuso**. São Paulo: Companhia das Letras, 2011.

JOUVE, V. **Por que estudar literatura?** São Paulo: Parábola, 2012.

KAFKA, F. **A metamorfose**. São Paulo: Companhia das Letras, 1997.

KFOURI, J. Não chore, Marin! **Folha de S. Paulo**, 18 abr. 2013. Esporte, p. D3. Disponível em: <http://acervo.folha.com.br/fsp/2013/04/18/20>. Acesso em: 7 ago. 2014.

KOCH. I. G. V. **Desvendendo os segredos do texto**. 4. ed. São Paulo: Cortez, 2005.

LEÃO, L. **O labirinto da hipermídia**: arquitetura e navegação no ciberespaço. 3. ed. São Paulo: Iluminuras, 2005.

LUISELLI, V. **Rostos na multidão**. Rio de Janeiro: Objetiva, 2012.

MAINGUENEAU, D. **Discurso literário**. São Paulo: Contexto, 2006.

MANGUEL, A. **Uma história da leitura**. São Paulo: Companhia das Letras, 1997.

MARCUSCHI, L. A. **Produção textual, análise de gêneros e compreensão**. 3. ed. São Paulo: Parábola, 2008.

MÁRQUEZ, G. G. **Crônica de uma morte anunciada**. 36. ed. Rio de Janeiro: Record, 2007.

MELO, P. **Acqua toffana**. Rio de Janeiro: Rocco, 2009.

MOLIÈRE, J. B. **O avarento**. 2. ed. Rio de Janeiro: Ediouro, 1996.

MUSIL, R. **O homem sem qualidades**. Rio de Janeiro: Nova Fronteira, 2006.

NASSAR, R. **Lavoura arcaica**. São Paulo: Companhia das Letras, 2005.

NOVA BRASIL. No Dia do Marinheiro, a história da canção Marinheiro Só. 2022. Disponível em: <https://novabrasilfm.com.br/notas-musicais/curiosidades/no-dia-do-marinheiro-a-historia-da-cancao-marinheiro-so/#:~:text=Em%201973%2C%20com%20Caetano%20j%C3%A1,todo%20o%20resto%20do%20disco>. Acesso em: 26 dez. 2023.

ORECCHIONI, C. K. **L'énonciation**: de la subjetivité dans le langage. 4. ed. Paris: Armand Colin, 1999.

PAES, J. P. Por uma literatura brasileira de entretenimento (ou: O mordomo não é o único culpado). In: PAES, J. P. **A aventura literária**: ensaios sobre ficção e ficções. São Paulo: Companhia das Letras, 2001. p. 25-38.

PATATIVA DO ASSARÉ. **Cante lá que eu canto cá**: filosofia de um trovador nordestino. 14. ed. Petrópolis: Vozes, 2004.

PESSOA, F. **Obra poética em um volume**. Rio de Janeiro: Aguilar, 1972.

POE, E. A. O barril de amontillado. In: POE, E. A. **Ficção completa, poesia & ensaios**. Rio de Janeiro: Nova Aguilar S.A., 2001. p. 365-371.

QUEIROZ, R. **O Quinze**. 23. ed. Rio de Janeiro: J. Olympio, 1977.

RABELAIS, F. **Gargântua e Pantagruel**. Belo Horizonte: Itatiaia, 2003.

RAMOS, G. **Vidas secas**. 109. ed. Rio de Janeiro: Record, 2009.

REIS, C.; LOPES, A. C. M. **Dicionário de narratologia**. 7. ed. Coimbra: Almedina, 2011.

RIBEIRO, J. **A carne**. Cotia: Ateliê, 2002.

RISSI, G. C. **Hipertexto e estratégias de leitura**. 120 f. Dissertação (Mestrado em Língua Poruguesa) – Pontifícia Universidade de São Paulo, São Paulo, 2009.

ROBERTO CARLOS; ERASMO CARLOS. As canções que você fez pra mim. In: ROBERTO CARLOS. **O inimitável**. Columbia/Sony Music, 1968. Faixa 7.

ROBERTO CARLOS. Café da manhã. In: ROBERTO CARLOS. **Roberto Carlos**. Columbia/Sony Music, 1978. Faixa 7.

RODRIGUES, S. **O drible**. São Paulo: Companhia das Letras, 2013.

ROSA, J. G. Desenredo. In: ROSA, J. G. **Ficção completa**. Rio de Janeiro: Aguilar, 1994. v. II.

ROSA, J. G. **Grande sertão**: veredas. 19. ed. Rio de Janeiro: Nova Fronteira, 2001.

RUFFATO, L. **Eles eram muitos cavalos**. 11. ed. São Paulo: Companhia das Letras, 2013.

RUSSO, R. Monte Castelo. In: LEGIÃO URBANA. **As quatro estações**. Rio de Janeiro: EMI, 1989. Faixa 7.

SABINO, F. A mulher do vizinho. In: MORICONI, I. (Org.). **Os cem melhores contos do século**. Rio de Janeiro: Objetiva, 2001. p. 256-257.

SANTAELLA, L. **Navegar no ciberespaço**: o perfil cognitivo do leitor imersivo. São Paulo: Paulus, 2004.

SANTOS, L.; MOTTA, N. Como uma onda. In: SANTOS, L. **O ritmo do momento**. Rio de Janeiro: WEA, 1983. Faixa 4.

SAUSSURE, F. **Curso de linguística geral**. 4. ed. São Paulo: Cultrix: 1972.

SUASSUNA, A. **Auto da Compadecida**. 34. ed. Rio de Janeiro: Agir, 2001.

TERRA, E. **Leitura de professores**: uma teoria da prática. 211 f. Tese (Doutorado em Língua Poruguesa) – Pontifícia Universidade de São Paulo, São Paulo, 2012.

TERRA, E. **Leitura do texto literário**. São Paulo: Contexto, 2014.

TERRA, E. **Linguagem, língua e fala**. 2. ed. São Paulo: Scipione, 2008.

TODOROV, T. **A literatura em perigo**. 2. ed. Rio de Janeiro: Difel, 2009.

TOKARNIA, M. Livros de escolas públicas terão versão digital em 2017. **Agência Brasil**, 17 jan. 2014. Disponível em: <http://www.ebc. com.br/educacao/2014/01/livros-de-escolas-publicas-terao-ver sao-digital-em-2017>. Acesso em: 23 ago. 2014.

TORRES, F. **Fim**. São Paulo: Companhia das Letras, 2013.

VARGAS LLOSA, M. **A guerra do fim do mundo**. 8. ed. São Paulo: F. Alves, 1982.

VILELA, C. **A emparedada da rua Nova**. 5. ed. Recife: Cepe, 2013.

ZILBERMAN, R. Sociedade e democracia da leitura. In: BARZOTTO, V. H. (Org.). **Estado de leitura**. Campinas, SP: Mercado de Letras, 1999.

Ernani Terra é doutor em Língua Portuguesa pela Pontifícia Universidade Católica de São Paulo, onde defendeu a tese intitulada *Leituras de professores: uma teoria da prática*, com estágio pós-doutoral na Universidade Presbiteriana Mackenzie.

É professor de Língua Portuguesa desde 1974, tendo lecionado em diversos colégios da rede particular de ensino. No ensino superior, ministrou as disciplinas Práticas de Leitura e Escrita e Metodologia do Trabalho Científico. Tem participado como palestrante em congressos, seminários e encontros no Brasil e no exterior

SOBRE O AUTOR

em que se discutem leitura e ensino. É também autor de diversas obras nas áreas de língua portuguesa, leitura e produção de textos e leitura literária, bem como de artigos científicos publicados em revistas especializadas.

Impressão: BSSCARD
Abril/2015